# 历史老师没教过的历史 4

忆江南 ◎ 著

ZHEJIANG UNIVERSITY PRESS
浙江大学出版社

**图书在版编目（CIP）数据**

历史老师没教过的历史.4 / 忆江南著.—杭州：
浙江大学出版社，2017.11
ISBN 978-7-308-17126-7

Ⅰ.①历… Ⅱ.①忆… Ⅲ.①中国历史—通俗读物
Ⅳ.①K209

中国版本图书馆CIP数据核字（2017）第164552号

## 历史老师没教过的历史 4

忆江南　著

| | | |
|---|---|---|
| 责任编辑 | 谢　焕 | |
| 责任校对 | 刘　颖　杨利军 | |
| 封面设计 | 偏偏书衣 | |
| 出版发行 | 浙江大学出版社 | |
| | （杭州市天目山路148号　邮政编码310007） | |
| | （网址：http：//www.zjupress.com） | |
| 排　版 | 浙江时代出版服务有限公司 | |
| 印　刷 | 浙江印刷集团有限公司 | |
| 开　本 | 700mm×960mm　1/16 | |
| 印　张 | 17 | |
| 字　数 | 218千 | |
| 版 印 次 | 2017年11月第1版　2017年11月第1次印刷 | |
| 书　号 | ISBN 978-7-308-17126-7 | |
| 定　价 | 36.00元 | |

# 军事篇

# 国事篇

# 家事篇

# 名媛篇

# 名士篇

# 名著篇

# 题外篇

# 军事篇

# 蒙恬不只是名将

廉颇、王翦、白起、李牧并称为"战国四大名将"，其中秦国、赵国各占两名；如果评选"大秦四大名将"，笔者以为入选的将会是王翦、白起、蒙恬和章邯。其中，最与众不同的应属蒙恬，因为他不只是一位名将，而且是有艺术范儿十足的传奇。

蒙恬所属的蒙氏家族三代都是秦国名将，他的祖父蒙骜攻无不克、战无不胜，曾经先后拿下韩、赵、魏三国的一百座城池；他的父亲蒙武人如其名，和名将王翦联手攻楚，两次大破楚军，逼得项燕（项羽的祖父）兵败自杀，楚王束手就擒，最终灭掉了楚国。

蒙恬是伴随着大秦帝国成长起来的一代名将，大秦帝国横空出世的前夕，他被当时还是秦王的嬴政封为将军，担负起了平定齐国的历史重任。

根据现存有关蒙恬的历史资料，他的祖父蒙骜是齐国人，籍贯是如今的山东省蒙阴县，但这个说法其实是有待商榷的。在春秋战国的绝大部分时间里，蒙阴是属于鲁国的，在地图上，它明显位于齐长城（齐鲁两国的分界线）之南，即使齐国在战国末期攻占了蒙阴，那么蒙恬家族也是被迫做了齐国的百姓，而不是真正意义上的齐国人，而且很可能蒙恬的祖父蒙骜就是在蒙阴被齐国占领时才背井离乡西行避难来到秦国的。另外，从蒙恬的性格和后来的言行看，如果齐国是他们家族的故国所在，他是不会去那儿攻城略地的。

假如笔者所言是历史事实，那么蒙恬攻齐就非背国之行，而是复仇之举。

公元前221年，蒙恬和名将王贲（王翦之子）联手向齐国发起进攻，一路势如破竹，高歌猛进，很快就兵临齐都临淄城下，齐王建献城投降。至此，六国尽灭，秦国一统天下，历史从战国时期进入秦朝时代。蒙恬因为灭齐之功而官拜内史，成了秦始皇身边的股肱之臣，内史乃是大秦帝国都城咸阳的一把手。

秦始皇展开统一六国之战的时候，北方的游牧民族匈奴趁机占领了原属赵国的河套地区，威胁着咸阳的战略安全。始皇帝在经过六年的充分准备后，于公元前215年向匈奴宣战，此次用兵的主将就是蒙恬。蒙恬率领三十万精锐秦军，一次次大破匈奴骑兵，很快将敌人赶到黄河以北，成功夺回了黄河大拐弯以南的失地。随后，蒙恬乘胜追击，渡过黄河收复了河套平原，并且在那里建立郡县，发展经济，为长期抵御匈奴侵扰做准备。此后的岁月里，蒙恬多次大败匈奴，威震匈奴各部，被誉为"中华第一勇士"。

因为生活在短命的暴秦时代，能征善战、战功卓著的蒙恬很遗憾地错失了"战神"的称号，但他却意外地收获了另外两个"男神感"十足的名号：一个是笔神，一个是筝神。

众所周知，毛笔是中华五千年文化中至关重要、不可或缺的一个元素，可是很少有人了解名将蒙恬与毛笔之间密切而神秘的特殊关系。

大概是公元前223年前后，蒙恬在驻军中山地区（今河北定州一带）时，偶然发现了更好的制作毛笔的方法，从而为毛笔的发展做出了重大贡献。蒙恬怎样改进制笔技术已经不见于历史记载，这无疑是一个遗憾，但正是这个遗憾成就了各地不同的关于蒙恬造笔的优美传说——定州人民说蒙恬用兔毫造出了中国第一支毛笔，湖州百姓说蒙恬曾与他的夫人卜香莲在湖州善琏用羊毫制笔，并把穿村而过的小河命名为蒙溪。

现存最早的毛笔是在湖南和河南的楚墓中发掘出的战国中期的毛笔，而在湖北云梦睡虎地出土的秦朝毛笔明显比前者要高一个档次，和现在的毛笔几无二致，这应该就是蒙恬改进制笔方法后的新产品。

毛笔是书法绘画的第一工具，而书画与琴棋并称为"文人四艺"，有趣的是，不但书画与武将蒙恬密不可分，四艺之首的琴也与名将蒙恬渊源颇深。

琴瑟筝筑在中国传统文化中都有着非常重要的地位，它们之间的区别主要在于器形和弦的数量，具体来说，琴长匣形，有五弦、七弦，古琴"男神"嵇康诗中有"手挥五弦，目送归鸿"之句；瑟亦长匣形，有五十弦，大诗人李商隐《锦瑟》一诗的首句即是"锦瑟无端五十弦，一弦一柱思华年"；筑呈筒形，有十三弦，与众不同之处是用竹打击出声而非以手弹拨，荆轲西行刺秦时，高渐离在易水河畔就是击筑为他送行的，后来高渐离猛击秦王为荆轲报仇用的也是筑这种乐器；筝原为筒形，后变为长匣形，在弦的数量上也比较灵活，最早为五弦，后增至十二弦，公元3世纪又改为十三弦，其后又经历了十五弦、十六弦的演变过程，直到现在流行的二十一弦。

关于蒙恬与筝之关系的最早记载来自东汉应劭撰写的《风俗通》，原文如下："仅按《礼乐记》，（筝）五弦筑身也。今并凉二州筝形如瑟，不知谁所改作也。或曰蒙恬所造。"由此可见，很可能是在驻守并州、凉州等边地时，蒙恬在公务之余出于兴趣改进了筝身的形状，增加了筝弦的数目，从而"无心插柳柳成荫"，在音乐史上赢得了"筝神"的美誉。

# 楚霸王身边的"五虎将"

"三国粉"最熟悉的名将无疑是刘备身边的"五虎将"，"水浒控"

最喜闻乐见的武将肯定是水泊梁山的"五虎将",殊不知,楚霸王项羽帐中也有五员久经沙场、能征善战的骁将,堪称"五虎将",他们之中既有大家熟悉的,也有不熟悉的。

项羽的"五虎将"之中,最厉害的当属英布,因为他年轻时曾受黥刑,故又称黥布。

英布本是修建骊山陵墓的民夫,陈胜、吴广发动起义时,他趁机带领一批囚徒民夫逃到长江中游一带,举起造反大旗,后来加入了楚国贵族项梁、项羽叔侄的起义军。

英布是项羽最为依赖的大将,不仅经常充当先锋官,而且帮助项羽做了很多别的事情——项羽展开巨鹿大战破秦救赵,英布乃是主力;项羽坑杀大批秦军俘虏,英布积极参与;项羽兵发关中,彻底埋葬暴秦,英布首当其冲;项羽派人暗杀楚义帝熊心,英布正是执行者。正因为英布既有冲锋陷阵的卓越军功,又深受项羽信任,所以他光荣地跻身于项羽分封的十八家诸侯王之列,当时的封号是九江王。

英布后来叛楚投汉,再后来又起兵反汉,最终兵败身死,此事人尽皆知,在此不再赘述。

英布之外,项羽身边还有一"布",他就是以"得黄金千两不如得季布一诺"而闻名古今的季布。

季布一生有三个主要身份,分别是侠客、勇将和循吏。他年轻时任侠仗义,名震江湖,犹如西汉版的宋江宋公明,"千金一诺"的美谈即源于此。后来,季布参加了反抗暴秦的起义军,成了项羽帐下数一数二的名将。季布曾经几次打得刘邦窘迫不堪,找不着北,刘邦因此恨透了他,以至于战争结束后以千金悬赏他的首级。季布在江湖兄弟家中躲藏了好多日子,最后因为夏侯婴(刘邦身边的名将)的帮助得到了刘邦的赦免,并被任命为郎中。

在为官上，季布依然坚持着他一诺千金的风格，在中央时诚心诚意地为朝廷服务，在地方就一心一意地为百姓造福。

如果说英布是咎由自取，季布是不幸中有万幸，那么，项羽的另一员虎将钟离眜则是不幸中遇到了更不幸，这一切都和韩信密切相关。

钟离眜的名字经常被后人错写为钟离眛或钟离昧，这三个字不仅模样相似，意义也非常接近，都有昏暗不明之意。钟离眜作为一员纵横沙场、能征善战的虎将，他的视力应该没有问题，他以眜字为名应该是取"目不正"之意，也就是说他的眼睛有点歪。

和季布一样，钟离眜在楚汉战争期间也给刘邦造成了很多大麻烦，所以战争结束后他也成了汉政府悬赏通缉的逃犯。钟离眜走上逃亡之路是因为楚军在垓下一战中被韩信彻底击垮，但让人大跌眼镜的是，他后来竟然逃到韩信府中藏了起来，钟离眜大概相信最危险的地方就是最安全的地方，可是事情的结局并没有如他所愿。

韩信之所以要收留钟离眜，大概是因为对方是与他惺惺相惜的淮北老乡。但世上没有不透风的墙，刘邦不久知道了钟离眜的下落，他传下旨意命令韩信拘捕钟离眜。韩信开始时犹豫不决，但最终还是决定把钟离眜交给刘邦。钟离眜怒斥韩信失信，随后自刎而死，韩信的人生悲剧亦从此拉开了序幕……

西楚"五虎将"中，就名字而论，最特别的是钟离眜，最大气的当属龙且。

在历史上，龙且的名气不如英布、季布和钟离眜，现在可远非当日可比了，因为这个名字在当下流行的电子游戏和漫画中常常出现，正所谓"两千年河东，两千年河西"。

龙且和项羽是光着屁股一起长大的发小，自始至终深受项羽信任，在推翻暴秦和楚汉对抗的战争中都曾立下汗马功劳。

公元前208年，龙且带兵救援被秦军围困的东阿，和城中的齐军里应外合大败"战神"级别的名将章邯；公元前205年，龙且受命统帅项羽斥巨资雇来的娄烦氏族精锐骑兵，给刘邦集团造成了极大困扰；公元前204年，英布背楚投汉，龙且率兵讨伐叛逆，在淮南大破敌军，打得英布抛妻弃子逃往汉营。

公元前203年，龙且和名将韩信在潍水两岸陈兵对峙。龙且不幸中了韩信的诱敌渡河和水淹敌军之计，结果二十万楚兵溃不成军，兵败如山倒，龙且自己也殒命沙场，遗恨青史。

在蔡东藩的《前汉通俗演义》中，项羽帐下的五虎将是龙且、季布、英布、钟离昧和虞子期，但遗憾的是，虞子期并不见于任何一本史书的记载，应该属于虚构的文学形象。有趣的是，虽然虞姬的弟弟虞子期于史无据，项羽的同族兄弟中却有一个青年才俊可以和上面四员虎将并驾齐驱，他就是项声。

说起项氏家族的子弟，大家首先想到的应该是"项庄舞剑，意在沛公"中的项庄，但项庄好像只擅长单打独斗，并不精于领兵打仗，真正有将帅之才的是项声，他和项佗合称项氏家族的"一将一相"，"一相"是指项佗（又称项他），"一将"自然是说项声。

公元前204年，英布背叛项羽，从淮南向西楚发起攻击，项声奉命率兵南下迎敌。虽然英布名震天下，但项声并不怯阵，他和龙且密切合作，一举击垮了师出无名的英布大军，打出了楚军的威风，也打出了自己的威名。第二年，刘邦违背鸿沟约定，命令韩信指挥三十万大军南下进攻项羽，汉军很快攻下了淮河南北的大片楚地。在这危急时刻，项声率领一支劲旅切断敌军，渡河北上，重新收复了淮北地区的大部分郡县，再一次展示了他独当一面的军事才能。

遗憾的是，公元前203年以后，史书上就没有关于项声的记载了，不知这颗将星是在沙场上陨落了，还是像后来的季布一样在民间隐藏起来了……

# 刘邦手下也有"杨家将"

杨家将抗辽御侮、保国安民的故事在中国可谓脍炙人口、妇孺皆知，杨令公、佘太君、杨六郎、杨宗保、穆桂英等英雄形象早已家喻户晓，深入人心。殊不知，从杨家将向前推一千年，在秦末汉初那段天下纷争、群雄逐鹿的历史岁月中，也曾有一支不容小觑的"杨家将"队伍活跃在推翻暴秦和楚汉相争的战场上，他们就是刘邦的手下杨硕和他的八个儿子。

俗话说，"小孩没娘，说来话长"，故事要从杨姓的两大源流之一讲起。

春秋后期有三位名震华夏的贤臣，分别是齐国的晏婴、郑国的子产和晋国的叔向，叔向看似和杨姓风马牛不相及，实际上却是杨姓的奠基者之一。

公元前7世纪上半叶，位于今山西洪洞一带的杨国被晋献公所灭，然后杨国的土地就被封给了献公的弟弟伯侨，而叔向就是伯侨的玄孙。叔向执掌晋国朝政长达三十余年，自然会得罪一些人，在叔向死后不久，他的儿子食我因为祁盈之乱而被人杀死，他的家族也受到敌对势力的全力进攻，叔向的子孙几乎全部遇难，只有一个孙子得以幸免，这就是真正的杨氏第一人杨道，当时他还叫羊舌道。顺便说一下，羊舌这个姓氏来自于他祖父的官职羊舌大夫。

羊舌道带领家人从杨地沿汾河一路南奔，越过黄河后又逆渭河西上，到了人迹罕至的华山仙峪地带才停住了逃难的脚步，于是，他们就在此隐姓埋名定居下来，为了表达对故土杨地的怀念之情，羊舌道把姓氏从羊舌改成了杨。

时光荏苒，日月如梭，转眼间杨道的后人已经在华山生活了三百年，历史的脚步迈进了公元前209年。这一年，陈胜吴广在大泽乡斩木为兵，揭竿为旗，首先点燃了颠覆秦朝暴政的熊熊烈火，虽然他们建立的张楚政权不久就失败了，但随之而起的刘邦和项羽两支起义军在不到三年的时间内就彻底推翻了曾经不可一世的大秦政权。

公元前206年，刘邦带兵进入咸阳，废除秦朝的严刑酷法，与百姓约法三章，同时开仓放粮，安抚百姓，很快就赢得了关中人民的拥护和支持，其中就包括本文的主人公杨硕和他的儿子们。

杨硕是杨道的第十二代孙，博学多识，闻名遐迩，秦始皇屡次征召他入朝为官，他都以年老体弱为由推辞不就。刘邦主动退出咸阳驻军灞上之时，杨硕老先生亲自带着八个儿子到灞上投军，此后他们父子便跟随刘邦南入汉中，北进关中，东伐中原，一路之上经历了说不尽的艰难困苦，立下了数不清的功劳，八个儿子先后凭借军功成为人人钦羡的将官，杨老先生也因功被封为太史。

但这还不是杨硕一家最荣耀的时刻，那个时刻发生在大家熟知的垓下之战中。

如果说杨硕有八个身为将官的儿子和杨继业有八个儿子驰骋沙场是历史的巧合，那么，杨硕的六儿子杨喜和杨六郎一样在兄弟们之中军功最著、名气最大则堪称历史给出的巨大惊喜。杨喜本来和他的七个弟兄地位相当，难分伯仲，正是垓下之战让他从八兄弟之中、从刘邦手下的众多将官中脱颖而出，成了万众瞩目的英雄，之后更因此得以封侯，光荣跻身大汉开国元勋之列。

话说公元前202年，楚霸王项羽在四面楚歌中兵败垓下，一路向南奔去，杨喜等五员将官带领骑兵在后面紧追不舍，一直追到乌江岸边。英雄末路的项羽不愿受辱，拔剑自刎而死，长达四年的楚汉战争至此以汉胜楚亡彻底结束。杨喜和另外四个将官因为追杀项羽立下大功，战后都被封为可以世代相传的列侯，和萧何、曹参、周勃、樊哙、韩信、张良、陈平等大人物并列在功臣榜上。杨喜在一百四十三名功臣中名列第一百零三位，封号是赤泉侯，封地在如今的河南省鲁山县一带，食邑一千九百户。

在此顺便说一下萧何等人的排名，萧何以"功人"之绩排在首位，曹参紧随其后，周勃、樊哙分列第四、第五位，韩信、陈平、张良的位次分别是二十一、四十七、六十二。"战神"韩信排名如此之低是由于刚刚因罪被贬为淮阴侯，陈平、张良排名靠后是因为文臣没有军功，而张良排在陈平之后原因在于他深知"全功保身"的道理，推辞了高于众人的极高封赏。

杨喜人如其名，是个福大命大的喜庆人，他不仅从多年的杀伐征战中全身而退，还凭借军功坐上了诸侯之位，并且快快乐乐地过了三十多年的王侯日子，直到汉文帝十二年，即公元前168年驾鹤西去。杨喜逝世后，他的长子杨敷继位，杨敷死后由其子杨毋害袭位。公元前133年，杨毋害获罪，侯位被免，存在了69年的赤泉侯国在西汉版图上消失了。

令杨喜家族大感欣慰的是，杨喜的玄孙杨敞，也就是孙子的孙子，在汉昭帝(汉武帝的儿子）时因为行事谨慎得到大将军霍光赏识升任宰相，后更因协助霍光废刘贺立宣帝而被封为安平侯。

杨敞是杨喜家族的第一个宰相，他的后人世世代代以此为荣。从杨敞的玄孙——人称"关西孔子"的大儒杨震开始，杨家一连四代位列朝廷三公之高位，而且个个刚正忠烈、德高望重，浓墨重彩地写下了历史传奇。因为杨震的故乡华阴当时属于弘农郡，以他为代表的杨氏家族就被称为弘农杨氏，而杨敞则被尊为弘农杨氏的第一代。

另外值得一提的是，杨敞的妻子司马英不是别人，正是史学第一人、

《史记》作者司马迁的独生女，司马迁笔下的鸿门宴、垓下之战那么生动传神，引人入胜，应该和女婿杨敞提供的其先人杨硕、杨喜等人的亲身经历不无关系。

# 白帝其实一点也不美

余秋雨先生幼年读李白的《朝辞白帝城》时，想当然地在心中把白帝描绘成一位白衣飘飘、忧郁沉静的美男子，后来，当他真的乘船从白帝城经过时，耳边响起的《白帝托孤》的旋律仿佛告诉他白帝并非他心底的那个翩翩少年，而是战败后无比郁闷、临终时苦心托孤的刘备刘皇叔。实际上，历史上真正的白帝既不是临风玉树般的美少年，也没有英雄迟暮的悲剧之美，毫不夸张地说，白帝其实一点也不美。

因白帝城而千古闻名的白帝究竟是谁呢？此人复姓公孙，单名一个述字，生活在两汉之交那个特殊的年代。

王莽新朝覆灭前后，黄河上下、长江南北出现了很多割据势力，除了大家熟悉的刘玄、刘秀之外，重要的还有河北的王朗、陇右的隗嚣、河西的窦融、巴蜀的公孙述等，其中实力最强的就是自称白帝的公孙述。

公孙述原本是王莽任命的导江卒正（沉溺于标新立异的王莽自己造的官名，其实就是蜀郡太守），王莽政权即将土崩瓦解时，他自称辅汉将军兼益州刺史，宣布和长安的朝廷脱离关系。

公元25年，就是刘秀登上帝位的这一年，公孙述在成都称帝，而且破天荒地创立了一个名为"成家"的政权，以白色为尊，定年号为龙兴，意为他这条白龙正在从巴蜀之地兴风卷浪，腾空而起。

公元30年，刘秀已经基本上平定了函谷关以东的各处割据势力，随后将统一之剑指向占据陇右、一直不肯真正归附的隗嚣。隗嚣吃了败仗后，为求自保不得不向公孙述示好称臣。

在隗嚣迫于刘秀兵威遣使归附的政治形势下，白帝公孙述手下的大臣们分成了两派。一派以大司马延岑、骑都尉荆邯等人为主，他们主张趁着关东的战事还没有完全结束，派兵从北面和东面两个方向向刘秀的汉军发起进攻，然后，北路东出函谷关平定中原，东路沿长江顺流而下占领荆扬二州，进而一统天下；另一派以公孙述的弟弟公孙况为首，主要是蜀地土生土长的官员，他们认为应该让蜀军精兵在边界上严阵以待，拒敌于国门之外，以便维持西蜀现有的安定和平局面。

开始时，公孙述倾向于延岑一派，但公孙况等人多次进谏，坚决反对"空国千里之外，决成败于一举"，公孙述本来就有些安于现状、不思进取，而且他对亲兄弟的信任远远高于对延岑等人，最终他决定采纳公孙况一派的意见，不再考虑派兵出蜀统一天下的事情了。

公孙述梦想着能够在群山环绕的西蜀天长日久地做他的白帝，可是志在一统天下的汉光武帝刘秀并不肯给他这样的机会。公元35年，刘秀在彻底清除了隗嚣父子在陇西的势力后，派遣征南大将军岑彭向公孙述的成家帝国展开了攻势，这就是成语"得陇望蜀"的由来。虽然现在"得陇望蜀"是个贬义词，但在彼时是和明君刘秀的统一大业紧密相连的。

岑彭乃是刘秀身边数一数二的名将，在他的运筹指挥下，北路汉军很快打到了成都附近，而且从北、东、南三面对公孙述形成了包围之势。

光武帝刘秀期待以和平方式得到西蜀，让蜀地百姓和双方军士都免去一场血战，就给公孙述写了一封劝降信，希望他看清形势，选择归顺汉政权。但公孙述这个自负的白帝特别要面子，不肯放下身段，他回应主张求和的大臣说："兴与废都是命运，哪里有投降的天子呢？"面对越来越严峻的军事形势，公孙述和他手下的主战派开始玩弄阴谋诡计，对汉军主将展开了暗杀行动。

首先遭遇不测的是平定陇西隗嚣时战功突出的大将来歙，他是被公孙述部下派来的刺客杀害的，遗憾的是，来歙遇害没有引起汉军将帅的足够警惕，不久，作为主帅的岑彭也在敌人的暗杀行动中失去了宝贵的生命。

杀害岑彭的刺客是公孙述直接派遣的，此人假装是前来投降的蜀地逃犯，成功地混进了汉军大营，然后在一个月黑风高的夜晚杀害了熟睡中的岑彭。一代名将竟然殒命刺客之手，令人扼腕叹息……

多行不义必自毙，公孙述此后的经历和最终结局虽然出人意料，却更加充分地证明了这是一个真理。

汉军的新任统帅名叫吴汉，没错，就是戏剧《吴汉杀妻》里的那个吴汉，但杀妻的故事纯粹是虚构的。

吴汉激励将士们化悲愤为力量，向蜀军展开复仇式的进攻，很快就打到了成都城下，这时，他遇到了一个相当厉害的对手——军事强人延岑。

公孙述对延岑一直有所猜疑，但面对兵临城下的困境，他不得不依赖延岑为他出谋划策。延岑说服一向抠门的公孙述拿出金银财帛组织了敢死队，然后以"明修栈道，暗度陈仓"之计大败吴汉。吴汉在战斗中不幸落水，多亏抓住了马尾巴才捡了一条命。

此后，延岑又在一天里三次打败汉军大将臧宫。这时公孙述吝啬的毛病又犯了，他没给兵士们准备足够的午饭。吴汉抓住这个时机向蜀军发起猛攻，一举将敌人打垮，白帝公孙述本人也胸部中枪，奄奄一息地被人抢回城中。

当天夜里，幻想着在蜀地"醉生"下去直到"梦死"的公孙述伤重而亡，西蜀很快完全归入东汉版图，光武帝刘秀终于完成了他追求了十二年之久的统一大业。

# 斩华雄战吕布的原来是他

在回顾当年关东诸侯讨伐董卓的经历时，曹操写下了这样的诗句：

关东有义士，兴兵讨群凶。

初期会盟津，乃心在咸阳。

军合力不齐，踌躇而雁行。

势利使人争，嗣还自相戕。

……

虽然讨董的军事行动因为"军合力不齐""势利使人争"等原因最终归于失败，但其间还是涌现了几个英雄人物，比如曹操。曹操彼时三十五岁左右，犹自怀着一腔忠君救国的热血，和后来那个挟天子以令诸侯的白脸奸臣不可同日而语。他不肯像绝大多数诸侯一样按兵不动、整日纵酒，而是亲自带领着招募来的义军向董卓发起了进攻。

在我们的印象里，好像非正义的军队都是一触即溃的乌合之众，实际上并不是这样。曹操就遇到了董卓手下一支特别能打的军队，领军者名叫徐荣。一来徐荣的兵马多于曹操，二来徐荣的军队久经战阵，而曹操带领的是一支刚刚招募起来的新军，结果曹操被徐荣打得一败涂地，伤亡惨重，连他自己都被敌箭射伤了，多亏遇到忠心护主的曹洪才逃得了一条命。

虽然曹操吃了败仗，但他并没有因此一蹶不振，返回关东联军大营后，他苦心孤诣地劝说驻扎在那儿的诸侯协同作战，联手破贼，可是没有人愿意听从。最后，曹操不得不东下扬州重新募兵，准备继续为大汉朝鞠躬尽瘁。

当时和曹操一样奉行实干精神的还有一个人，他就是孙坚，而且孙坚的战绩远胜于曹操。

孙坚在和董卓军交战时也曾吃过败仗，那次失败不但让孙坚损失了四员大将中的祖茂（另外三位是程普、黄盖和韩当），还致使大批将士被俘惨死。但孙坚的斗志比曹操还要坚定，他召集起失散的兵将，又一次走上了讨伐董卓的战场。

孙坚军和董卓军之间的转折性战役发生在阳人城（在今河南汝州境内）一带，孙坚先是坚守不战，等到对方攻城失利、疲乏松懈时，他出其不意地打开城门，指挥着将士们以不可阻挡之势冲向敌军，结果把董卓军杀得抱头鼠窜，四散奔逃，并且斩杀了董卓手下的一员大将，这员大将不是别人，正是在《三国演义》里死在关羽刀下的华雄。

阳人一战让董卓见识了孙坚的厉害，董卓改变了策略，派李傕前来讲和，不但要跟孙坚结成儿女亲家，还许诺安排孙家子弟担任刺史、郡守等职。孙坚不为所动，大骂董卓，严词拒绝。孙坚的这一壮举会令人想起后来关羽拒绝孙权提亲时的历史性一幕，但其实二者有着天壤之别，不可同日而语。

随后，两军在洛阳城外展开了大决战。尽管董卓亲自上阵指挥，最终他的主力还是被孙坚率领的军队打得大败。这时，曹操、王匡等诸侯群起响应，表示要与孙坚一起兵发洛阳，和董卓血战到底。董卓被关东联军的气势吓坏了，强迫小皇帝和文武百官跟随他放弃洛阳去了长安，同时安排吕布驻守洛阳负责断后。

吕布虽为一代骁将，却也无奈董卓大败、军心惶惶的境况，在孙坚的凌厉攻势之下，不得不带兵撤出洛阳。孙坚进入洛阳后，祭扫宗庙，修缮皇陵，一片忠心苍天可鉴。

读至此处，肯定会有朋友发出这样的疑问：既然华雄是被孙坚斩杀的，吕布也是被孙坚逼退的，那么，刘、关、张三兄弟在关东诸侯讨董卓之战中做了什么呢？答案很令人遗憾：什么都没做。因为他们没有参与董卓讨伐战，而是正跟随着公孙瓒奋斗在平定第二次黄巾之乱的战场上。在《三国演义》里，公孙瓒名列讨伐董卓的十八路诸侯之一，但在真实的历史上，他并没有参加这次行动，同他情况相似的还有孔融、马腾和陶谦，也就是说，实际上是十四路诸侯讨董卓。

这十四路诸侯中，真正一心为国的实干家只有孙坚和曹操，而后来正是他们两位的后人分别建立了三国中的吴和魏两个政权，因此从某种意义上说，孙坚和曹操在讨伐董卓时的实干精神已经为各自家族将来的发迹辉煌埋下了不可忽视的伏笔。

试想一下，如果刘备和关张二将也在讨伐董卓的历史现场，他们肯定会像孙坚和曹操一样勇往直前，冲锋陷阵，奋不顾身。正是在此基础上，罗贯中虚构了脍炙人口的"温酒斩华雄""三英战吕布"。这两个精彩故事虽非历史真实，但却真实可信，这恰恰是作为文学经典的《三国演义》源于生活、高于生活的地方。

# 最后一支黄巾军

公元184年二月，太平道创立者张角一声呐喊，天下同时响应，在"苍天已死，黄天当立，岁在甲子，天下大吉"的声声怒吼中，近百支起义队伍在全国各地如雨后春笋般骤然出现，瞬间形成了燃遍汉季荒原、照亮无垠天宇的熊熊烈火。

张角振臂一呼的地方是如今的河北省巨鹿县，在这个地方西北方向一百公里的真定县（今河北省正定县），一个名叫褚燕、江湖人称"飞燕"的小伙子在西面的太行山里也拉起了一支主要由年轻人组成的起义队伍，然后开始打家劫舍、劫富济贫，于是，名声越来越响，前来投奔的人越来越多，当他一路凯歌进入真定城时，手下已经有了一支万余人的队伍。

在东汉官兵和各地豪强的联合攻击下，黄巾大起义于当年年底失败了，褚燕带领他的军队撤进太行山区暂避风头，以待东山再起。

第二年，在真定东北方向一百公里的博陵（今河北省蠡县）出现了一支新的黄巾起义军，领导人名叫张牛角，这是一位像《水浒传》里的宋江一样在江湖上很有地位的传奇人物。张牛角领导的黄巾军初生牛犊不怕虎，很快就在冀州中部打出了一片天地，并且引起了褚燕的极大关注。

褚燕早就听闻张牛角的鼎鼎大名，张牛角领导的起义军如火如荼的发展态势更令他钦佩不已，于是他就派人和张大哥联系，表示愿意与之合兵一处，唯其马首是瞻。张牛角也是个爽快人，于是，一支势力更强的黄巾军诞生了，这就是历史上著名的黑山军。

张牛角的名气如宋江那般响亮，命运却和晁盖一样悲惨，合兵之后没有多久，他就在进攻瘿陶（今河北省宁晋县）时中箭而逝了。虽然张牛角和褚燕相处的时间并不是很长，但他们两个一见如故，惺惺相惜，建立了深厚的兄弟情义和"革命"友谊。在张牛角瞑目之前，他把起义军的重要将领都召集到他的床前，用虚弱却又坚定的声音对他们说："必以燕为帅！"为了表示对大哥的感激和怀念，也为了得到更多将领的支持拥护，褚燕从成为黑山军一把手那天起就把名字改成了张燕。

在张燕的领导下，黑山军的实力一步步增强，逐渐控制了八百里太行山及其周围的大片区域，黑山大王张燕俨然成了可以和冀州牧、幽州刺史等相提并论的一方诸侯。

俗话说"饱暖思淫欲"，对于张燕来说则是"饱暖思官位"，他的黑山军在太行山区站稳脚跟、所向无敌之后，他就像《水浒传》中的宋江一样想给兄弟们，特别是自己，谋个前程了。于是，张燕给汉灵帝写了一封长信，先向皇帝请罪，做了深刻的自我批评，然后表示了愿意归顺朝廷之意。汉灵帝虽然昏庸，也知道黑山军是个让朝廷头疼的厉害角色，一见张燕主动服软，也就乐得顺坡下驴，用一个有名无实的官位把张燕和黑山军拉进了汉政府的一亩三分地里。

公元188年左右，汉灵帝任命黑山军领袖张燕为平难中郎将，让他负责太行山地区的行政和治安事务，并且同意他每年向朝廷推荐一定数量的官员候选人。张燕的黄巾军虽然名义上归顺了东汉朝廷，实际上还是一支独立的军事武装，而且是当时实力最强的起义军之一，这也是他们能够成为最后一支黄巾军的重要原因。

两年后，汉灵帝驾崩，东汉朝廷矛盾重重，乱成了一锅粥，西凉军阀董卓趁乱进京，掌握了朝政大权。此贼倒行逆施，杀人如麻，误国害民，激起了全国上下的强烈愤怒，这才有了历史上有名的关东诸侯伐董卓。张燕虽然没有亲自参加征讨董卓的军事行动，但他其实是这次活动的积极支持者，他不仅和反董的诸侯结成了同盟，还派出了部分军队参战。

董卓最终死在了干儿子吕布手中，而关东诸侯则早在伐董失利后就开始了互相争夺地盘的大内讧。作为反董关东军领袖的袁绍首先夺取了韩馥的冀州，接着又和幽州的公孙瓒发生了你死我活的争夺战。

当时袁绍和公孙瓒之间的实力对比已经由势均力敌转向了前者占据上风，张燕担心自己会被越来越强的袁绍吞掉，就选择了和公孙瓒的幽州军共同对抗冀州军。这时，一个超级军事强人投到了袁绍阵营之中，不是别人，正是被誉为"马中赤兔，人中吕布"的三国第一名将吕布吕奉先。

吕布固然了不得，但张燕也的确不得了，两军在张燕的故乡（也是赵云的故乡）常山拉开了战场，冀州军和黑山军大战了十天，直杀得天昏地暗、血流遍野，最后也没分出谁胜谁负。这场大战让张燕的黑山军遭受了不小的损失，但袁绍再也不敢招惹这支最后的黄巾军了，即使在公元199年完全灭掉了公孙瓒的军事势力之后，他也没有再次向援助公孙瓒的张燕发难。

第二年，官渡之战爆发，雄心勃勃的袁绍本来想击败曹操一统中原，结果却由于各种原因被曹操打得一败涂地。这时，张燕面对的政治形势和以前完全不一样了，曾经和他并肩而立的公孙瓒和袁绍都已经败亡身死，现在只有他一方势单力孤地和实力越来越强大的曹操抗衡了。

张燕是一个识时务的俊杰，也是一个有眼光的英豪，他能感觉到曹操非一般人物可比，与其等待对方前来征讨，不如自己前去投诚，于是，他就率领十余万黑山军加入了曹操北伐乌桓的大部队。至此，经历了二十年的风雨征程后，最后一支黄巾军以和平的方式消失在历史的滚滚洪流之中，为后世留下了一段独具风采、与众不同的历史传奇。

# 火烧赤壁的六个小秘密

火烧赤壁的六个小秘密，简而言之可谓"两借、两献、一打、一放"，现在咱们就依照事情发生的先后顺序一起看一看。

一、草船借箭

草船借箭不是虚构，但诸葛亮草船借箭却是张冠李戴、移花接木的结果。

草船借箭这个精彩故事并非在赤壁之战期间上演，而是发生在五年之后，即公元213年的濡须口战役，主人公也不是诸葛亮，而是另一位大人物。另外需要说明的是，这位大人物借箭靠的是轻舟，而非草船。

据《三国志·吴书·吴主传第二》裴松之注记载，建安十八年（公元213年）正月，曹操与孙权在濡须口（濡须为西巢湖入长江的一段水道，在今安徽省巢县境内）展开大战，曹军初战失利，于是坚守不出。

一天，孙权乘轻舟带一部分精兵卫队从濡须口闯入曹军前沿观察曹军部署。曹操见孙军整肃威武，喟然叹曰："生子当如孙仲谋，刘景升儿子若豚犬耳！"随后下令弓弩齐发射击敌船。很快，孙权的轻舟因一侧中箭太多船身倾斜，有翻沉的危险，聪明的孙权下令调转船头使另一侧再受箭。不一会儿，箭均船平，吴军轻舟安然脱险，于是鼓乐齐鸣，安全返航，留下了草船借箭的佳话。

其实，罗贯中在《三国演义》第六回中还写了一次"草船借箭"，主人公是孙权的老爸孙坚——"（刘表部将）黄祖伏弓弩手于江边，见船傍岸，乱箭俱发。坚令诸军不可轻动，只伏于船中来往诱之；一连三日，船数十次傍岸。黄祖军只顾放箭，箭已放尽。坚却拔船上所得之箭，约十数万。当日正值顺风，坚令军士一齐放箭。岸上支吾不住，只得退走。"

孙坚草船借箭应该是孙权草船借箭的原始版。

二、周瑜打黄盖

"周瑜打黄盖——一个愿打，一个愿挨"是一句流传很广的俗语，其后隐藏的故事来自《三国演义》第四十六回"用奇谋孔明借箭，献密计黄盖受刑"，故事的大意是这样的：在赤壁之战中，为了帮助周瑜早日打败压境的曹操八十万大军，周瑜的部下黄盖自告奋勇，使用"苦肉计"骗过了曹操派来的说客蒋干，并诱使曹操上当，最后使用诈降之计火烧曹营打败曹军，取得了赤壁之战的胜利，从而奠定了三国鼎立的基础。

黄盖其人，可谓智勇双全、文武兼备、战功卓著，作为"江表虎臣"，他"姿貌严毅，善于养众，每所征讨，士卒皆争为先"，深受士卒爱戴；他"当官决断，事无留滞"，为各地百姓所拥护；吴主孙权称帝以后，"追论其功，赐子柄爵关内侯"，东吴的百姓也"图画盖形，四时祠祭"，拜祭和缅怀这位名将，但黄盖为后人所熟知，却并不是因为这些实绩，而是因为罗贯中虚构的周瑜打黄盖的苦肉计。

那么，赤壁之战中，老将黄盖究竟做了些什么呢？

据《三国志·周瑜传》记载，赤壁之战之前，面对来势汹汹的曹操，黄盖审时度势，向周瑜提出了"火烧赤壁"的奇策，他认为："今寇众我寡，难与持久。操军方连船舰，首尾相接，可烧而走也。"黄盖的正确主张得到了周瑜的全力支持。

为了麻痹曹操，黄盖写下诈降书给曹操，诱使曹操上当。其书曰："盖受孙氏厚恩，常为将帅，见遇不薄。然顾天下事有大势，用江东六郡山越之人，以当中国百万之众，众寡不敌，海内所共见也。东方将吏，无有愚智，皆知其不可，唯周瑜、鲁肃偏怀浅戆，意未解耳。今日归命，是其实计。瑜所督领，自易摧破。交锋之日，盖为前部，当因事变化，效命在近。"结果，曹操上当，兵败赤壁，铩羽而归。

黄盖不但为东吴战胜曹军献计献策，而且在后来的战斗中身先士卒、英勇作战，险些捐躯沙场。《三国志·黄盖传》写道："赤壁之役，盖为流矢所中，时寒堕水，为吴军人所得，不知其盖也，置厕床中。盖自强以一声呼韩当，当闻之，曰：'此公覆声也。'向之垂涕，解易其衣，遂以得生。"

三、阚泽献书

在《三国演义》中，阚泽献书是火烧赤壁的关键一环，没有这个环节，就没有之后的精彩故事。

咱们先看看智勇兼备的阚泽是怎么忽悠老奸巨猾的曹阿瞒的。

阚泽见到曹操后的第一句话就给对方来了个下马威："人言曹丞相求贤若渴，今观此问，甚不相合。黄公覆，汝又错寻思了也！"使自己在舌战中处于上风。

曹操看完黄盖的降书后一拍桌子，下令把阚泽推出去砍了，想借此观察一下阚泽的表现，探探对方的虚实。

阚泽的胆识与智辩之才此时进一步得到了发挥——

> 泽面不改容，仰天大笑。操教牵回，叱曰："吾已识破奸计，汝何故哂笑？"
>
> 泽曰："吾不笑你。吾笑黄公覆不识人耳。"
>
> ……
>
> 操曰："我说出你那破绽，教你死而无怨：你既是真心献书投降，如何不明约几时？你今有何理说？"
>
> 泽大笑曰："亏汝不惶恐，敢自夸熟读兵书！还不及早收兵回去！倘若交战，必被周瑜擒矣！无学之辈！可惜吾屈死汝手！"
>
> 操曰："何谓我无学？"
>
> 泽曰："汝不识机谋，不明道理，岂非无学？"
>
> 操曰："你且说我那几般不是处？"
>
> 泽曰："汝无待贤之礼，吾何必言！但有死而已。"
>
> 操曰："汝若说得有理，我自然敬服。"
>
> 泽曰："岂不闻'背主作窃'，不可定期？倘今约定日期，急切下不得手，这里反来接应，事必泄露。但可觑便而行，岂可预期相订乎？汝不明此理，欲屈杀好人，真无学之辈也！"

最后，曹操快乐地认输了，他改容下席而谢曰："某见事不明，误犯尊威，幸勿挂怀。"

显而易见，在这场舌战交锋中，曹操中了阚泽的欲擒故纵之计，完全把心思放在了阚泽身上，要他说下去；而阚泽太会把握对方的心理了，说半句留半句，成功地牵住了曹操的鼻子，最终把曹操钓上了钩。难怪黄盖在听闻了献书的细节之后说了这样一句话——"非公能辩，则盖徒受苦矣。"

阚泽舌战曹操固然精彩，却不见于历史记载。在演义中，阚泽主要做了两件大事，一是上述的献书；一是荐逊，即在刘备率领七十五万大军（演义之言也）进攻东吴时，阚泽以全家人的性命向吴主孙权荐举陆逊统兵御敌，虽都激动人心、荡气回肠，但却没有历史证据。

在历史上，阚泽并非一个军事型、谋略型的形象，而是一个文化型、学术型的人物，关于他的一生，有两点值得大书一笔。一是为孙权解惑，向孙权进谏，据《三国志》记载，阚泽博览群书，"每朝廷大议，经典所疑，辄谘访之"；孙权常问："书传篇赋，何者为美？"阚泽"释欲讽喻以明治乱，因对贾谊《过秦论》最善"。另一点则是孙权对他的尊重和深情，他去世时，"权痛惜感悼，食不进者数日"。

四、庞统献计

《三国演义》中有两个使用连环计的故事：一是政治事件，即第八回的"王司徒巧使连环计"；一是军事事件，就是第四十七回的"庞统巧授连环计"。

司徒王允在除掉董卓时所用计策是围绕着美女貂蝉展开的，而庞统给曹操出的妙计则是把战船用铁链锁起来以便统一行动，二者之间好像是风马牛不相及，为什么都被称为连环计呢？

原来连环计是这样定义的："将多兵众，不可以敌，使其自累，以杀其势。在师中去，如天宠也。"翻译成白话就是：敌人兵多将广，不能与之硬拼，应设法使他们自相牵制，以削弱他们的实力。三军统帅如果用兵得法，就会像有天神助佑一样，轻而易举地战胜敌人。

王司徒以貂蝉作为筹码使处于强势的董卓、吕布搞起了窝里斗，成功削弱了对方的实力，最终诱使吕布杀死了老董，自然应该属于连环计。庞统为孙刘联军服务，忽悠兵多将广的曹操把战船用铁环和连环大钉锁在一起，使战船互相牵制，成了一根绳上的蚂蚱，灵活作战能力大大降低，而且为将来火烧战船做好了充分准备，这当然更是连环计。

需要指出的是，在历史上，连锁战船并不是庞统给曹操出的馊主意，而是曹操自己想出的"妙计"，最后几十万大军被烧，兵败赤壁完全是曹操搬起石头砸了自己的脚，怪不得别人。

五、借东风

诸葛亮借东风是妇孺皆知的三国故事，在京剧中更是单独的一折戏，和《群英会》《华容道》合称为"群借华"。

现在科学技术这么发达，也只能人工增雨，好像还没有听说过人工增风，更不用说向老天借风了，所以，借东风理所当然是艺术的虚构。

那么历史的真相是怎么样的呢？

唐代大诗人杜牧在游访赤壁时曾经写下《赤壁怀古》这首名诗：折戟沉沙铁未销，自将磨洗认前朝。东风不与周郎便，铜雀春深锁二乔。诗中提到了"赤壁""东风""周瑜""二乔"，却唯独没有涉及演义中"借东风"的主角诸葛亮，这也可作为诸葛亮没有借东风的佐证。

由大自然控制的东风诸葛亮借不来，周瑜自然也借不来，但在长江边长大的聪明的周郎非常熟悉长江流域的天气变化，他知道洞庭湖一带（赤壁就在洞庭湖以北不远处）有一个特殊的气候现象——因为地形风的原因，当冬季天气放晴时，洞庭湖以北地区可能会逆吹反常的东南风。对于在北方长大的曹操来说，这是他打死也不相信的事情。

但是周瑜毕竟不是神仙，而且那时候科技还很不发达，所以并不能确定什么时候天会放晴，也就不能确定他所渴望的东南风什么时候会刮起来，这也是黄盖的诈降书里有"不明约几时"之语的原因。

六、华容道放曹

赤壁战前，诸葛亮算定曹操必败走华容，且夜观天象发现曹操不该身亡，又考虑到曹操对关羽有恩，于是派关羽把守华容道，留个人情给他做。曹操赤壁兵败后果然由乌林向华容道败退，并在途中三次大笑诸葛亮、周瑜智谋不足，未在险要处暗设伏兵。然而，曹操一笑笑出赵子龙，二笑笑出张翼德，三笑笑出关云长，而且正在一夫当关、万夫莫开的华容狭路上。屡遭打击的曹军此时已无力再战，曹操只得厚着脸皮亲自哀求关羽放行，关羽想起旧日恩情，义释曹操，让曹操捡了一条命回到许都。

上述《三国演义》中的描写虽然并非凭空之笔，但与事实还是有着较大出入。曹操从赤壁败退时走的确实是华容道，但并没有关羽什么事；曹操在途中的确曾经大笑，但不是三次，而是一次；曹操笑的也不是诸葛亮与周瑜智谋不足，而是笑刘备虽有计谋却晚了一步；曹操大笑之后确实出现了敌情，但那时他已是脱钩鱼儿有惊无险。

《三国演义》写曹操三次大笑，笑出三个英雄，是为了表现曹操虽然奸诈，但终归赶不上诸葛亮神机妙算；写关羽在华容道义释曹操，是为了表现关羽知恩图报、义重如山的人格，这都是作者神化诸葛亮、关羽二人的虚构之笔，并非史实。然而我们要感谢罗贯中源于史实、高于史实的神来之笔，因为正是他的虚构为后世的亿万读者塑造了"智绝"诸葛亮、"义绝"关羽和"奸绝"曹操等经典文学形象。

# 蜀国灭亡与诸葛亮无关

诸葛亮是公元234年在北伐前线的五丈原病逝的，那时，蜀国立国十三年。263年，刘备创立的西蜀在刘禅手里被司马氏控制的曹魏灭掉。两者之间隔着虽算不上漫长却也不短的三十年，如果贸然把蜀国灭亡归咎于诸葛丞相，那这个时间差就是个不可逾越的障碍。

三国人物中，就综合能力而论，最有资格和诸葛亮PK的恐怕非曹操莫属，他们一样具有雄才大略，且慧眼独具，一样能写能打、文武双修，所以在此我们不妨拿曹操说事。

虽然魏、蜀、吴三国中第一个遭遇亡国之灾的是蜀国，但其实最早衰亡的是曹魏帝国——曹操死后仅仅过了二十年，魏国的军政大权就已经从曹操家族转到了同姓的曹爽手里，十年之后再次易手，完全落入司马氏囊中。奇怪的是，好像从来没有人就魏国早衰一事向曹操发起责难，怀疑他运筹生前、决胜身后的能力，而只是宿命地认为这是上天对他们父子篡汉行为的惩罚报应，或者将其归因于司马氏父子的狡诈阴险、手腕高明。

既然人们不认为曹操对曹魏的衰亡负有责任，那么蜀国灭亡也应与诸葛亮无关，不但如此，诸葛亮生前为蜀国定下的人事安排也完全经受得住历史的考验。

试问，三国后期政局最稳定的是哪国呢？毫无疑问是诸葛亮死后的蜀国。

魏国从公元239年起先是曹爽专权，继而发生高平陵政变，接下来就是司马氏欺君废君乃至弑君的十五年。同时期的吴国则先后经历了孙权晚年的乱政、诸葛恪专权、孙峻专权，后来好不容易有了一个有自由的皇帝，却是个出了名的暴君。

相比之下，蜀国政坛称得上风平浪静，一派和谐。诸葛亮举荐的蒋琬和费祎先后担任政府首脑，二人不但做到了济世安民，而且得到了国家元首后主刘禅的充分信任。之后接任的姜维虽然引起过后主的猜疑，但君臣二人的关系总体上还是比较融洽的。因此可以说正是有了诸葛亮的高明安排，才保证了蜀国的长治久安。

那么，蜀国为什么会早于魏吴两国灭亡呢？这主要是由西蜀的综合实力和地理位置决定的。

魏蜀吴三国之中，魏国占有东汉的七八个州，吴国拥有三个州，而蜀国却只有益州一州之地和蛮荒落后的南中地区。就人口而言，蜀国人口仅仅九十万，大约是魏国的五分之一，和吴国相比也不到其二分之一。在这种情况下，司马氏若想统一南方，肯定会先挑蜀国这只软柿子开刀。

在防御魏国上，吴蜀两国各有一道天险可以倚恃，吴国是长江，蜀国是秦巴山脉。魏国的水军实力远远不如吴军，因此不会贸然向吴国发起全面进攻。但如果魏国先从陆路征服西蜀，然后从长江上游顺流直下，则平定东吴指日可待。所以，当邓艾带兵暗渡阴平天险成功时，蜀国的覆亡已经难以挽回了。

如果非要让诸葛亮为蜀国的灭亡担负一份责任的话，那就是他没能使他的儿子诸葛瞻成为一位运筹帷幄、能征惯战的军事家，但这事好像也怪不得诸葛亮，因为他去世时，诸葛瞻只有七岁，应该是姜维没有把老师的儿子教育培养好。

最近几年，为了全面深入地看待历史人物，避免以偏概全的错误，我们一直在寻找正面人物身上的缺点，搜寻反面人物身上的亮色，这无可厚非，但不应矫枉过正。如果因为求全责备而使得一位位仁人志士灰头土脸，因为人性关怀而把奸邪小人弄得扬扬得意，那是不是和我们建设文明进步社会的初衷南辕北辙、背道而驰了呢？

# 谢玄：并非主要靠运气

淝水之战是中国历史上以少胜多、以弱胜强的典型战例之一，后人分析东晋取胜的原因时，往往着眼于前秦皇帝苻坚骄傲轻敌，前秦军队各怀异志，降将朱序阵前反水等运气因素，从而忽视乃至否定了东晋主将谢玄的军事才能和其军队的战斗力。

谢玄和他手下的军队有多么强呢？不是一般的强。

中国人都知道，宋朝的岳飞有一支战无不胜攻无不克的岳家军，令敌人发出了"撼山易，撼岳家军难"的感叹；明朝的戚继光有一支保家卫国、抵御外侮的戚家军，把倭寇打得狼奔豕突，永远退回了日本本岛；谢玄也有一支这样的军队，只不过名字不叫谢家军，而是叫"北府军"。

北府军是谢玄一手创建起来的，堪称白手起家的典范，之所以在历史上的名气不如岳家军和戚家军响亮，很大一个原因是谢玄之后的领导人出了问题。

公元4世纪60年代，氐族建立的前秦日渐强大，十年间先后灭掉了东面的前燕，西面的仇池、前凉，北面的代国等割据政权，于376年把北方的广大土地都纳入了版图，并且将军事势力延伸到了现在的新疆和四川。早在统一北方之前，前秦皇帝苻坚就已经把侵略的矛头指向了南方的东晋，一而再、再而三地进犯东晋北部边境。当时主持东晋政事的是一代名相谢安，他对此深为忧虑，预感将来秦晋两国间必有一场大战，于是开始物色能够治军统兵，且赤心报国的将帅级人物，这时，他想到了侄子谢玄。

俗话说"知子莫若父"，对于谢安、谢玄而言则是"知侄莫若叔"，因为谢玄自幼丧父，是由谢安抚养成人的。谢玄自幼聪明过人，堪比芝兰玉树，步入仕途后做事细心缜密，用人各尽其能，充分显示出了治国治军之才。

公元377年，谢安"举贤不避亲"，推荐谢玄统率江北诸路军马，兼任广陵相。

谢玄来到广陵（在今江苏中部）之后，强烈感受到集中于此的北方流民间洋溢着的复仇雪耻、收复失地的激昂情绪，感动之余，他决定从流民中招募勇士组建一支崭新的军队。

谢玄的招兵令发布之后，大批年轻力壮的北方勇士应征入伍，其中就包括后来成为名将的刘牢之、何谦、诸葛侃、孙无终、高衡、刘轨、田洛等人。这支军队中的大部分将士和氐、羯、羌、鲜卑、匈奴等胡人有着血海深仇，他们同仇敌忾，日夜操练，时刻准备着上阵杀敌，一雪前耻。

公元378年，前秦军队兵分两路入寇东晋，西路军来势汹汹，不久攻陷襄阳，名将朱序不幸被俘；东路军则包围了重镇彭城（今江苏徐州），东晋北部边境陷入了前所未有的告急态势。谢玄组建的新军在这样的危急时刻开赴前线，取得了一个又一个胜利，向百姓和朝廷交上了一份令人满意的答卷。

谢玄对外宣称要进攻前秦军辎重所在的留城，然后声东击西，暗中派遣精兵解了彭城之围，直杀得敌军丢盔弃甲，抱头鼠窜。

前秦军不甘心就此结束战争，他们绕过彭城，向淮河南岸的三阿（在今江苏高邮境内）发起猛攻。此时，攻占襄阳的前秦军的一部分赶来助战，这支军队乘着胜利的余威很快就攻陷了三阿附近的盱眙城，城中将士死伤惨重。正在路上的东晋各地援军得到消息纷纷撤退，只有谢玄的队伍依旧毫不畏惧，勇往直前。

在谢玄的率领之下，刘牢之、何谦、诸葛侃等将领一路高歌猛进，势如破竹，所向披靡，先解了三阿之围，又收复了盱眙，然后在白马、君川等地几次大破敌军。在谢玄军的沉重打击下，侵入淮南的前秦军几乎全军覆灭，只有几个命大的家伙逃回了北方。

谢玄组建的新军一战成名，名动天下，因为此战后谢玄驻守的京口（今江苏镇江）又称为北府，故这支军队被尊称为"北府军"。

公元383年，平定了国内叛乱，获得了"国际尊崇"的苻坚又一次信心爆棚，不顾众人反对，悍然发起了对东晋的进攻，于是，真的以少胜多、以弱胜强的那场淝水之战在历史舞台上上演了。

淝水之战的经过大家非常熟悉，笔者在此不再赘述，但有两个情节必须要浓墨重彩地描述一下，因为这足以证明谢玄领导的北府军实力之强大。

其一，两军隔着淝水对峙之际，苻坚曾经和反对他进攻东晋的弟弟苻融登上寿阳城楼观察敌情，当他看到晋军军容齐整、士气正盛时，不由得面露惧色，怅然若失，对苻融说出了下面的话："这也是劲敌，怎能说他们弱呀！"如果不是内心确实被北府军的气势震撼到了，不可一世的苻坚大帝怎么可能会向意见不同的弟弟示怯呢？

其二，谢玄从东面向淝水战场进军时，前秦军已经攻占了寿阳和郧城，并且把战线推进到了东边的洛涧。为了阻挡晋军西进，苻坚派梁成率领五万精兵在洛涧前后部署了两道防线，但当谢玄派出的猛将刘牢之率兵发起冲击时，前秦军的双保险也是那么的不堪一击，北府军的战斗力于此可见一斑。当时刘牢之手下只有五千士兵，仅仅是敌军的十分之一，可他们毫无惧意，以一当十，以不可阻挡之势冲垮了敌人的两道防线，杀得敌军尸横遍野，血流成河，而且杀死了对方十员大将，其中包括主将梁成。随后他又分兵控制了战略位置非常重要的淮河渡口，为晋军的最终决胜创造了一个重要条件。

淝水之战后，谢玄指挥北府军乘胜收复了兖州、青州、司州、豫州的大片土地，等于攻取了前秦四分之一的国土。谢玄本来是有可能驱除胡虏出境、完全恢复故土的，但由于朝廷中的保守势力满足于偏安江南，不愿意进行北伐，谢玄不得不遵从圣命，带领北府军含恨回师，空前绝后的北伐良机就此付诸东流，徒留一声慨叹……

# 陈子昂经历的那场惨烈战争

盛唐大诗人陈子昂在登上北部边塞的幽州台时，遥望四野，伤时怀古，写下了那首震古烁今、撼动人心的《登幽州台歌》："前不见古人，后不见来者，念天地之悠悠，独怆然而泣下。"殊不知，陈子昂在登台前后所经历的那场战争和这首名诗一样有着令人深感震撼、永世难忘的力量，而其中的某些小细节却又让人忍俊不禁，哑然失笑。

话说公元696年，大唐（严格说是大周，因为当时在位的是女皇武则天）东北边境的契丹族地区发生灾荒，百姓食不果腹，流离失所，急需中央和地方政府拨粮赈灾，但是，当时唐政府正在集中精力对付吐蕃的侵犯，而营州（治所在今辽宁朝阳）都督不仅对灾情漠不关心，还照常征收赋税，奴役边民，在这种情况下，某些野心家打起了反唐自立的大旗。

契丹的一个部落联盟首领，松漠都督李尽忠自称"无上可汗"，任命他的大舅子孙万荣为大元帅，向临近的营州和崇州发起了大举进攻。营、崇二州相继陷落，主将被杀，军民遭难。

消息传到东都洛阳，女皇武则天大为震惊，随即派遣曹仁师、张玄遇、李多祚、麻仁杰等二十八员大将率兵征讨契丹叛军。

同时，为了一泄心头之恨，也为了诅咒叛臣，武则天下圣旨把李尽忠和孙万荣的名字分别改为"李尽灭""孙万斩"。

八月底，曹、张、麻三将所率军队在黄獐谷（今河北迁安一带）中了李尽忠的诱敌深入之计，几乎全军覆没。此后，李尽忠故技重施，又给唐军造成了重大损失。

在这种情况下，大诗人陈子昂跟随建安王武攸宜奉命来到了战争前线。武攸宜是武则天的娘家侄子，太平公主丈夫武攸暨的堂兄，陈子昂在他的幕府中担任参谋。

陈子昂满怀报国之志，渴望建功立业，但武攸宜却并非胸有韬略、知人善任之人。在武攸宜的错误指挥导致前锋受挫后，他便只是敷衍观望，不敢再次出战了。陈子昂主动请缨，要求带领一支军队上阵杀敌，武攸宜却因为他"素是书生，谢而不纳"，报国心切的陈子昂几天后二次请战，竟然激怒了武攸宜，被削去参谋之职，降为军曹。

陈子昂壮志难愁，悲愤难抑，在日落黄昏时分，独自一人登上了幽州台，燕昭王当年招贤纳士复兴燕国的地方，这才有了流传至今的《登幽州台歌》。

不知是武则天的诅咒起了作用，还是纯粹属于意外的巧合，李尽忠在这个两军对峙的关键时刻竟然染上了重病，而且很快就死了，契丹军一时间士气低落，人心涣散，只好暂时撤退。

为了尽快解决契丹人的叛乱，武则天又派出了名将王孝杰和苏宏晖率领的十万大军。

然而，兴奋过度的武则天忽视了这个事实——虽然"李尽灭"死了，但"孙万斩"还活着，而且后者比前者野心还大。

孙万荣也是个不好对付的角色，面对强敌，他临危不乱，想出了兵分两路的对敌之策，这边用诱敌之计将求胜心切的王孝杰的精锐前锋包围在东硖石谷，那边派兵把随后赶来的苏宏晖大军拦在峡谷之外。最终，寡不敌众的前锋部队几乎全部为国捐躯，主将王孝杰坠崖殉国。

大获全胜的孙万荣随后展开了更大规模的军事行动，他把军队分成三部分，战斗力不够强的兵士们跟随他妹夫乙冤羽在后方修建新城，同时负责保护老弱妇幼；一部分精兵良将由他亲自率领，向武攸宜驻守的幽州（今北京天津交界处）发起进攻；另一部分在别帅（即副元帅）何阿小、骆务整的带领下南下入侵现在的河北中部一带。

为了造成更大的声势，获取更大的战果，孙万荣还派出五个使臣去联络西边的后突厥的墨啜可汗，希望和他联起手来抢占大唐的土地、人口和财富。

孙万荣万万没有想到的是，他的使臣们在路上走散了，三个先至，两个后到；他更没想到的是，他们带给墨啜可汗的是截然相反的消息，这个事件足够可笑，产生的结果则着实可悲。

先到的三个使臣告诉墨啜："我契丹已破王孝杰百万之众，唐人破胆，请与可汗乘胜共取幽州。"墨啜闻言大喜，以绯袍赐之。后至的两个使者见墨啜有责怪之意，吓得把李尽忠已死、唐军主力犹存以及契丹军的动向全盘端了出来。墨啜这时才知前三个使臣企图骗他出兵，大怒之下将三人杀死，把绯袍改赐给后两个使臣。

墨啜得知契丹后方空虚的消息后改变了主意，决定发兵进攻契丹新城，先捞一笔大财再说。新城在被围三天后陷落，墨啜掳走了城里的所有人口和物资。

后院失火的噩耗传到孙万荣军中时，军心登时散了，因为很多契丹兵将的家人都在被突厥掳走的民众之内，在这种情况下，被迫和契丹人一起作战的奚族将士悄悄站到了他们的对立面。

唐军大将杨玄基注意到了孙万荣有撤退的动向，就抓住时机向敌人发起了进攻，奚族兵将则趁势退出并顺手给了契丹军一击。腹背受敌的契丹军被打得狼奔豕突、死伤惨重、丢盔弃甲、狼狈不堪的孙万荣眼见兵败如山倒，大势已去，只好带着身边的几千精锐骑兵拼命突围而出，一路向东奔逃。

在逃回契丹故地的路上，孙万荣又遭遇了唐军另一骁将张九节的阻击。张九节根据已经获得的军事情报，在孙万荣可能经过的地方排兵布阵，以逸待劳，把敌军的精锐骑兵打得人仰马翻，满地找牙，几乎全军覆没，最后只有孙万荣带着几个亲兵亲将侥幸逃脱。

在各路唐军的围追堵截之下，孙万荣身边的兵将越来越少，当他逃到潞水（今京津冀交界处的潮白河）东面的一片树林，停下来喘口气时，才发现跟在身后的人已经屈指可数了。眼见得自己前无退路，后有追兵，上天无径，入地无门，孙万荣不由得暗自哀叹："今欲归唐，罪已大。归突厥亦死，归新罗亦死。将安之乎！"他的这声叹息让他身边的奴仆彻底心理崩溃了，他们绝望地杀死了曾经的主人，带着孙万荣的脑袋向唐军投降。

见到"孙万斩"的头颅，女皇武则天方才大大地出了一口恶气，余怒未消的她下令把这个叛贼的脑袋挂在四方馆大门上示众多日以儆效尤，四方馆就是大唐朝廷接待周边民族和国家使者的官方机构。

大诗人陈子昂经历的这场惨烈战争至此终于画上了一个沉重的句号……

# 兴致与性命

唐朝是我国历史上国力最为强盛的朝代之一，可谓四夷臣服、万国来朝，能征善战的名将当然也少不了——李靖、李绩、裴行俭、薛仁贵、高仙芝、封长清，不一而足。唐朝是一个诗歌的朝代，著名诗人像夜空中的璀璨星光，数也数不清。但是，唐代人物里既是沙场名将又有诗名传世的却屈指可数，甚至可以说绝无仅有，而郭元振就当得起这份荣光。

《唐诗鉴赏辞典》中有一首大气磅礴、汪洋恣肆的长诗，名曰《古剑篇》，那就是郭元振早年的佳作之一。

开篇的"君不见昆吾铁冶飞炎烟，红光紫气俱赫然"和李白笔下的

"炉火动天地，红星乱紫烟"之佳句相比毫不逊色，而且此作远早于李白的《秋浦歌》，结句的"虽复尘埋无所用，犹能夜夜气冲天"则写得回肠荡气，意蕴沉深，冥冥之中竟道出了他晚年的人生遭遇。

熟悉历史的朋友都知道，武则天是一个慧眼识英雄的女皇，郭元振这个人才就是她碰巧发现的。当时有人告发郭元振任职蒲城县尉期间有不法行为，武则天本来想治他的罪，却发现这是一个不可多得的军事人才，就当机立断将他留在身边任职。后来，吐蕃首领向大唐发起挑衅行为，郭元振向武则天献反间计，不用一刀一枪就成功解除了吐蕃的威胁，不久即因功被任命为独当西北的凉州都督。

郭元振在凉州都督任上严格治军，保国安民，新建边城，为国拓疆，大兴屯田，为民造福，在不到几年的时间里就把千里凉州变成了和平安定、牛羊遍地、路不拾遗的塞外福地。郭元振深得当地百姓的拥护和爱戴，五年后他奉命西上升任安西都护府大都护时，凉州人民扶老携幼、提壶担酒前来相送，其热烈感人之场面在有唐一代可谓空前绝后。

安西都护府是大唐朝廷和西域各国之间的联系纽带，郭元振非常完美地完成了他作为大都护所肩负的国家重任。他对西域的每个国家、每个部落、每个百姓都以诚相待、将心比心，一方面保护他们不受侵凌，一方面帮助他们排解争端，很快就赢得了各个民族、各个阶层民众的衷心支持和赞美。四年后，当郭元振离开西域回京任职时，很多国王酋长，无数牧民百姓前来为他送行，有的酋长情绪激动得不能自已，热泪滚滚而下，甚至以刀割面来表达心底的无尽悲伤。

回到长安后，郭元振先后两次拜相，又因在唐玄宗诛灭太平公主的政变中居功甚伟而被封为代国公。

但就是郭元振这样一位功勋卓著、德高望重的老臣，竟然因为坏了皇帝的兴致而差点丢掉性命。

公元712年十月的一天，唐玄宗亲自统筹安排的军事演习隆重拉开了帷幕，演武场上战旗猎猎，军容齐整，群情振奋，袍甲鲜明，一派"沙场秋点兵"的豪迈壮观景象。刚刚坐稳皇位的玄宗皇帝被将士们的风采和激情深深感染了，他走下检阅台，登上演奏台，亲自擂响了战鼓。参加军演的兵士们见到皇帝也参与了进来，情绪更加激昂，喊声更加嘹亮，唐玄宗临风击鼓，扬首观阵，不禁陶醉于"今日何日兮"的超级美好感觉中，甚至有些飘飘然起来……

就在皇帝兴致达到高潮的时候，一个大臣急匆匆地奔到演奏台前，手持笏板朗声说道："陛下，臣郭元振有紧急事务上奏!"虽然郭元振已经把音量提到了最高，但是他的声音还是被演武场上震耳欲聋的鼓乐声完全淹没了，唐玄宗根本没听到他说的是什么，但是此时他上奏的内容早已不重要了，因为他的做法使得皇帝雷霆大怒，竟然起了杀心。唐玄宗当场宣布郭元振破坏了军事演习的壮观场面和严肃气氛，下令将他推出演武场外斩首。陪在玄宗身边的两位大臣见状连忙过来给郭元振求情，尽管皇帝想起了郭元振为大唐建立的重大功勋，但犹自难消兴致被坏的怒气，一纸诏命把郭元振流放到了五千里外的新州去。新州就是广东新兴，现在当然属于极好的地方，彼时却是瘴疠盛行的偏州远郡。

本来怀着一腔忠心上奏紧要政事，却落得个破坏军容的罪名，而且还在鬼门关上走了一遭，接着一下子从一人之下、千万人之上的国公爷变成了流放海疆的罪人，这样的人生际遇即使正当盛年者也难以承受，何况郭元振已是一个年近花甲的苍苍老者呢!数月后，心情大好的皇帝又想重新起用这位忠心耿耿的老臣，可郭元振已经病体沉重，难以任事，不久就含恨辞世了，从此，世上再无"上马击狂胡，下马草战书"的绝世儒将郭元振……

# 孙承宗：不应忘却的抗清英雄

说起明朝后期的英雄人物，大家会想起戚继光、郑成功，会记起袁崇焕、史可法，但是有一个人的功业和气节并不在他们之下，在历史上却没有他们那样的鼎鼎大名，他就是堪称"抗清保明老黄忠"的孙承宗。

孙承宗公元1563年生于河北高阳，他寒窗苦读三十余载，四十岁时才苦尽甘来得中进士，随后进入翰林院任职。

公元1620年，年近花甲的孙承宗被万历皇帝任命为皇长孙朱由校的老师，小皇孙很喜欢这个白须飘飘的老爷爷，孙承宗无意中等来了"野百合的春天"。就在这一年，万历皇帝和随后继位的成泰皇帝在一个月内先后驾崩，朱由校在群臣拥护下登基称帝，史称明熹宗。

当时正值大明和后金在辽东地区长期对垒的阶段，孙承宗作为皇帝信任钦佩的老师，经常以钦差大臣的身份出使辽东。忠君爱国的孙承宗对边防事务非常关注，经常深入兵士百姓了解军心民情，从而积累了充足的第一手军事资料。

1622年，报国心切的孙承宗自请督师蓟辽，踏上了"壮志饥餐胡虏肉，笑谈渴饮匈奴血"的浩荡征程，这一年他已经是年届花甲的老人，随风飞舞的皓发银须令人肃然起敬、钦佩不已。

孙承宗到任后，抚恤百姓，精简军队，修建亭障，垦荒屯田，不但有力地阻击了努尔哈赤的进攻，还给大明赢得了养精蓄锐的机会。在督师辽东的四年里，孙承宗前后修复九座大城、四十五座堡垒，招练兵马十一万，建立十二个车营、五个水营、两个火器营、八个前锋后劲营，制造甲胄、器械、弓矢、炮石等军事装备几百万，开疆扩土四百里，屯田五千顷，年收入十五万两白银，同时他和天津巡抚李邦华、登莱巡抚袁可立遥相呼应，携手御敌，于是"中朝宴然，不复以边事为虑矣"。

正当孙承宗和袁可立准备凭借数年之养精蓄锐向后金展开大反攻时，北京的朝廷却发生了大变动。明熹宗完全被大宦官魏忠贤给迷惑了，什么事都交给这个家伙定夺，反对宦官干政的东林党人遭到严厉压制，一批仁人志士相继被逐出京城，结果阉党势力遍布朝堂，猖獗肆虐，不可一世。

孙承宗向来对宦官是不冷不热的。宦官监军到辽东狐假虎威、作威作福，孙老爷子只以茶水相待。魏忠贤知道孙承宗德高望重，便派亲信宦官与他交结。他在会见时面沉似水，一言不发。魏忠贤因此怀恨在心，时刻伺机报复。

1625年，孙承宗部下大将马世龙误信降将造成将士伤亡，魏忠贤趁机指使阉党大肆弹劾孙承宗。孙承宗眼见皇帝被奸人蒙蔽，朝堂上乌烟瘴气，一时间心灰意冷，自请辞职回到了故乡高阳。

公元1628年，明熹宗驾崩，他的弟弟朱由检即位，是为崇祯帝。崇祯皇帝坐上皇位后，以迅雷不及掩耳之势剪灭了魏忠贤和他的阉党，大明政坛气象为之一新。遗憾的是，内贼易除，外贼难攘，关外的后金铁骑依然在东北和北部边境虎视眈眈，这时他们的领头人已从努尔哈赤变成了他的儿子皇太极。因为努尔哈赤死在名将袁崇焕的大炮之下，皇太极以为父报仇的名义发起了更加凌厉的进攻。

皇太极用反间计使得崇祯皇帝把袁崇焕投入了大牢，随后对明朝都城北京展开合围。强敌入侵、无人统兵之际，崇祯帝想起了曾经成功御敌于国门之外的孙承宗，便一纸诏书将这位老师从高阳召到了危机四伏的北京城，年近古稀的孙承宗又一次承担起了救国安民的历史重任。

孙承宗赶到北京后，亲自带领二十七名勇士连夜奔往情势紧急的通州，在当地军民的支持下，以勇气和智慧守住了北京的东大门。

此后，孙承宗凭借自己的威望团结各方力量，打退了西面的清军，收复了东边的遵化、滦州等四座城市，崇祯帝龙颜大悦，封赏之余将蓟辽前线的军务都委任给了孙承宗。

崇祯皇帝性格中有着刚愎自用的一面，这意味着他习惯于推诿责任。当一年半后孙承宗的一支军队（带兵将领之一是吴三桂的父亲吴襄）因为地方官的干预打了败仗时，崇祯帝就借着大臣们的弹劾对孙承宗展开了批评，孙承宗在朝廷舆论的压力下被迫再次辞职回乡。

孙承宗回到故乡高阳后，仍然难以割舍对蓟辽前线的牵挂，他给崇祯帝写了一封长信提出了十六条建议，可他等了又等，等了又等，却连一个字的回复也没有收到，对皇帝再次意冷心灰的老帅只好把满怀报国激情都放在教导子侄孙辈上，让他们在用功读书的同时习练武艺，时刻准备着抗敌御侮，保家卫国。

公元1636年，后金把国号改为大清，实力更加强大。

此后的第二年，清军绕过长城南侵，不久进入孙承宗的故乡高阳，并且向高阳城发起了猛烈进攻。

孙承宗这时已是七十六岁的老人，但他不顾年老体衰，毅然带领子孙们登上城楼，和城内的军兵百姓一起守城抗敌。不幸的是，高阳地处平原地带，而且城小兵少，最终被兵势正盛的清军攻破。城破之日，孙承宗面朝北京拜了三拜，从容自缢而死，他的五个儿子、六个孙子、两个侄子、八个侄孙在战斗中先后为国捐躯，正可谓：

> 一腔热血守蓟辽，
>
> 满门忠烈保家乡。
>
> 虽无青山埋忠骨，
>
> 名照汗青万古芳。

# 国事篇

# 第二个齐桓公

说起齐桓公，大家想到的肯定是那位在名相管仲的辅佐下，尊王攘夷，到处救火，在焦裕禄奋斗过的兰考县（当时叫葵丘）召集"国际会议"，终成春秋第一霸主的姜小白，可如果笔者说战国时期还有一个诸侯王级别的齐桓公，您会不会感到意外、诧异，甚至震惊呢？

俗话说"小孩没娘，说来话长"，故事要从公元前7世纪说起。

公元前672年，陈国的陈宣公为了把宠妃的儿子立为太子，派人杀害了太子陈御寇，并且开始追杀跟太子关系特别密切的人。陈完既是颇有威望的陈国宗室，又是太子的好友，为了逃命，他带领家人来到了千里之外的齐国都城临淄。

陈完到达齐国时，齐国在位的君主正是大名鼎鼎的齐桓公，齐桓公以无比宽广的大国心态接纳了前来避难的陈完家族，不但分给了他大片田地，还封他做了管理工程的官。为了彻底摆脱陈国国君的追捕，也为了表示对齐桓公的感激之情，陈完将家族的姓氏从陈改为田，这是历史上最重要的田姓渊源，而陈完则被尊为田姓始祖。

到陈完（即田完）的第四代田文子时，田氏家族已在齐国宫廷站稳了脚跟，成了举足轻重的大夫。田文子的孙子田僖子是一个非常有心机的人，他用大斗借出、小斗收进的方法收揽民心，赢得了大批百姓的拥戴，田氏家族日益强大。当时的国相晏子注意到了这个现象，并且向齐景公进谏，希望他采取相应对策。但齐景公被田僖子所蒙蔽，对晏子的谏言置若罔闻，晏子非常痛心，在接见晋国使者叔向时曾经无奈地预言齐国之政终将归于田氏。

田僖子的儿子田成子担任齐简公的左相，地位比他老爸更高了一级。为了和右相竞争，田成子进一步加大了大斗出贷、小斗收还的力度，结果他最后不但除掉了右相，还杀死了偏宠右相的齐简公，另立简公的弟弟为齐国君主，自任相国。从这时起，齐国进入了田氏家族"挟齐君以令诸大夫"的时代，田氏集团越做越强，大有功高盖主、取而代之之势。

等到田成子的重孙子田和凭借父祖遗泽登上齐国相位时，他已经不满足于做傀儡戏的幕后操纵者，他要踢开已做傀儡好多年的姜姓齐王，然后自己粉墨登场过一回诸侯王的瘾。碰巧姜姓齐国的最后一任君主齐康公是个嗜酒如命、不理政事、荒淫无道的主儿，为田和窃国篡位提供了前所未有的大好机会。于是田和在公元前391年自立为君，成功上位，同时把可怜巴巴的齐康公迁到了一座远离大陆的海岛上，仅仅给他留下一座城邑赖以活命。

五年后，田和的诸侯王地位得到了周天子的认可，"窃国者为诸侯"至此成了板上钉钉的铁一样的事实。由姜太公开创，曾经在齐桓公治下一领风骚的齐国在延续了将近七百年后彻底退出了历史舞台，代之而起的是田氏家族创立的新齐国，而其第一任君主田和也被他的后代子孙尊称为太公，这简直是在挑战老神仙姜子牙和一代霸主齐桓公的忍耐底线。

然而，还有更让齐桓公生气的咄咄怪事。

田和死后，他的长子田剡继位。田剡一直想有个儿子来继承新齐国的锦绣江山，可是天不遂人意，他一直没能达成心愿。公元前375年，田剡终于收获了日思夜想的大胖小子，并且给孩子起名为喜，以便纪念父子俩人生中这一幸福而重大的时刻。然而，田剡万万没有想到，就在他大排筵宴、欢歌起舞、庆祝宝贝儿子的降生时，他的亲弟弟田午已经"磨刀霍霍向兄长"了。结果，沉浸在狂欢中的田剡和他那刚刚出生的儿子一起死在了田午沾满鲜血、寒光凛冽的屠刀之下。

随后，田午华丽登场，晋升齐王，他就是田氏齐国的齐桓公，也就是第二个齐桓公，我们不妨称之为齐桓公二世。

齐桓公二世在位十八年，留给后世一所"大学"，两个成语，三个有名的诸侯王。

一所"大学"是稷下学宫。为了招揽各国贤才、汇集天下智慧治国强兵，齐桓公二世开创性地在齐都临淄的稷门建立了"稷下学宫"，这是我国历史上乃至世界历史上第一所政府创办的大学，孟子、荀子、慎子、邹衍、淳于髡、申不害、鲁仲连等大师级人物都曾在此讲学授徒，一时蔚为天下盛事，在中国文化史上写下了浓墨重彩、百世流芳的辉煌一笔。

两个成语是"讳疾忌医"和"病入膏肓"。这两个成语来自大家熟知的《扁鹊见蔡桓公》一文，但历史上并没有什么蔡桓公，只有蔡桓侯，而且是春秋中期在位的君主，比名医扁鹊足足早生了三百年，他们两个是无论如何都不可能碰面的。在扁鹊生活的战国中期，有幸成为他的病人，并且被称为桓公的只有齐桓公二世。那么，为什么齐桓公被以讹传讹变成了蔡桓公呢？可能是因为"齐"的繁体字"齊"和"蔡"字颇为相像，以至于被某个有些地位的马虎先生错看成了"蔡"字！

齐桓公二世留下的三个有名的诸侯王分别是他的儿子、孙子和重孙。他的儿子是大名鼎鼎的齐威王，就是《邹忌讽齐王纳谏》中的齐威王，当然也是孙庞斗智、田忌赛马中的齐威王；他的孙子是喜欢听合奏，让南郭先生的滥竽得以充数的齐宣王，也就是那位把丑女钟无盐娶进王宫的国王；他的重孙则是喜欢听独奏，让南郭先生的滥竽不能充数的齐闵王，也就是支持苏秦身佩六国相印合纵伐秦的那个国王。

# 赵盾的可贵之处

春秋时期的晋国史官董狐秉笔直书的故事大家是非常熟悉的，请允许笔者在此再叨唠一遍。

公元前612年，昏君晋灵公在同正卿（执政大臣兼最高军事统帅）赵盾饮酒时，忽然把酒杯摔到地上，于是他预先埋伏下的铁甲武士汹涌而出，赵盾命悬一线，多亏提弥明拼死相救，才得以逃出晋国都城。不久，赵盾族人赵穿设计在桃园将晋灵公杀死，把赵盾迎回都城，继而，赵盾扶立了新君晋成公。

太史董狐在记载此次政变时，写下了这样的文字："赵盾弑其君夷皋（即晋灵公）。"赵盾辩解说晋灵公不是他杀的，董狐回答说："你身为执政大臣，在逃广未出国境时国君被杀，回到朝中又不讨伐乱臣，难道弑君之罪不应该由你承担吗？"赵盾见事已至此，就没有再说什么，也没有再做什么。

在董狐直笔这个故事中，我们往往只看到董狐不畏权势、忠于职守的品格，却往往忽略赵盾宽容大度、权不滥用的胸怀。而齐庄公时齐国太史兄弟的惨烈遭遇更能让我们感受到赵盾对史官的包容，对生命的敬畏。

齐庄公是个色迷心窍的君主，竟然迷恋上了权臣崔杼的妻子棠姜，而且"挟国君之势"强迫棠姜跟他私通。崔杼乃是曹操一样的人物，甚至比曹操还牛气，怎么会忍受这样的耻辱，从发现自己戴了绿帽子那天起，他就一直在找机会除掉齐庄公。

一天，莒国贵宾前来齐国访问，齐庄公设宴招待，崔杼本该出席这场宴会，但他却假装生病没去，而是在家里布下天罗地网等待齐庄公上钩。齐庄公听说崔杼病了，不由色心大动，宴席一结束就带着几个侍卫急匆匆赶到崔杼府中幽会佳人。可是，他等到的不是华装丽服的棠姜，而是崔杼埋伏下的众多杀手。虽然齐庄公在侍卫的保护下逃到了一个高台上，但最终还是为他的无耻好色付出了生命的惨重代价。

齐国的太史听到齐庄公被杀的噩耗，匆忙赶来，在竹简上庄重写下"夏五月乙亥，崔杼弑其君"。崔杼要求太史把庄公写成暴病而死，但齐太史不肯屈服，崔杼一怒之下杀了太史。太史的二弟不畏崔杼淫威，依旧提笔写下"崔杼弑其君"，不幸又被崔杼杀害。太史的小弟弟面对哥哥们的热血和崔杼的死亡威胁，还是选择了秉笔直书"崔杼弑其君"。崔杼终于被齐太史兄弟的正气震撼了，这才放下鲜血淋漓的屠刀……

晋灵公之死和齐庄公之死都是咎由自取，罪有应得，但此后赵盾和崔杼在面对史官"弑其君"的记录时却分别采取了不同的做法——崔杼丧心病狂，滥用威权，接连夺走了两位史官的宝贵生命，同时也把自己钉在了历史的耻辱柱上；而赵盾则控制住了内心的怒气，把冲动和权力的魔鬼锁在了理智的铁笼之内，从而既保全了太史董狐的性命，又保住了自己的青史美名，这正是赵盾的可贵之处。

# 争强好胜害死人

好强是一种好品质，但争强好胜就有些过分了，如果因此而伤害了自己的身体，就非常不值了；如果因此把性命都赔上，那绝对是蠢透了，可历史上还真有这样的人，而且还不是一般人物，谁呢？战国时期秦国的君主秦武王，也就是秦始皇他爷爷的同父异母哥哥。

秦武王的祖父乃是任用商鞅进行变法的一代明君秦孝公，父亲则是因为反对新法而被商鞅责罚的秦惠文王，公元前310年，秦惠文王驾崩，作为嫡长子的嬴荡继位成为秦国的新国君，这就是历史上的秦武王。

虽然秦武王的名字听起来和"淫荡"颇为相近，给人荒淫好色的感觉，但其实他对女色并不在意，而是别有所好——大力士才是他心底的最爱。

秦武王为什么喜欢大力士呢？俗话说"物以类聚，人以群分"，他自己就是一个天赋神力、力大无穷的人。秦武王的力气有多么大呢？和著名大力士孟说不相上下。孟说的力气有多么大呢？请看下面这个生动而传奇的故事。

某年某月的某一天，孟说在野外看见两头大公牛正在展开一场生死决斗，他想试一试自己的力气，就走上前去，一手抓住一只牛角，然后，伴随着一声震天怒吼，他硬生生把两头牛给分开了。公牛甲被他镇住了，趴在地上一动也不敢动，公牛乙却是个不肯轻易服输的家伙，一直在左冲右突，负隅顽抗。孟说生气了，后果很严重，只见他左手摁住牛头，右手握住牛角，接着两手同时用力，竟然把牛角给拔了出来，公牛乙头顶血流如注，疼痛而死。

秦武王一登位，就发布诏令征召全天下的大力士到秦国建功立业，封妻荫子，孟说就是在这时带着一家老小从东方来到了西方的秦国。当年积极响应秦武王殷切召唤的大力士应该说是络绎不绝，数不胜数，但只有三个顶尖级人物得以青史留名，孟说自然是其中之一，另外两个分别是任鄙和乌获。

秦武王没有食言，他对孟说、任鄙和乌获等大力士都委以重任，使得本来就兵强马壮的秦军进一步加强了实力。此后，在秦武王和名臣甘茂、樗里疾的运筹帷幄之下，秦军成功平定了蜀国的叛乱，攻占楚国商于之地建立了黔中郡，又在一番苦战后夺取了韩国重镇宜阳。顺便说一下，大力士乌获在宜阳之战中不幸为国捐躯了。

攻取宜阳勾起了秦武王多年来埋藏在心底的一个美好而强烈的愿望。

秦武王从小就向往周天子那巍峨雄伟、辉煌壮丽的王宫，登上王位时他就曾明确表达过这个夙愿："得游巩、洛，生死无恨。"当他带领千军万马开进刚刚拿下的宜阳城时，他知道自己的这个梦想马上就要实现了，因为宜阳距离周王宫所在的洛邑（就是现在的洛阳）仅有三十里的路程。

当时在位的周天子是周赧王，他闻听秦武王要来洛邑访问，一面派出使者到郊外迎接，一面在王宫内准备盛礼相待。可是，人家秦武王并没有和他见面，而是直接奔向了陈列着九个古代巨鼎的太庙。

这九个巨鼎每个都有千钧之重，乃是当年大禹收取九州贡金铸成的，上面绘着山川河流，载有风物特产，分别代表冀、青、兖、豫、徐、扬、荆、梁、雍九个古州。秦武王之所以对巨鼎特别感兴趣，一是因为在中国古代，特别是先秦时期，鼎是国家权力的象征，"问鼎中原""三足鼎立"等成语即是最好的证明；二是因为举鼎乃是古代考验大力士神力指数的最佳方式，当我们说起某个古人力大无穷时，总是会首先想起"力可扛鼎"的精彩场面。

秦国所处位置属于古九州之中的雍州，因此秦武王最为关注的就是象征着雍州的那个巨鼎。他围绕着那鼎细看了一番后，忽然对身边人说："这个雍鼎就代表我们秦国，我要把它带回咸阳，你们谁能将其举起呀？"任鄙当时离秦武王最近，但他不想冒这个险，听到问话连忙退后一步说："臣只有百钧之力，此鼎重达千钧，无法举起。"孟说自认力量在任鄙之上，他往前迈出一步，大声喊道："我来试试！"

孟说摩拳擦掌走上前去，站稳脚跟，双手紧紧抓住巨鼎的两耳，运足力气，大喝一声"起！"竟然慢慢地把巨鼎举了起来，可是，那雍鼎实在是太重了，在空中停了不到百分之一秒就重重地落在了地面上，鼎足下大周太庙那几块坚实的石板被震得四分五裂。

秦武王看了一眼累得眼珠突出、眼眶充血的大力士孟说，朗声道："你虽然举起来了，可是举得太勉强，看寡人给你做个标准的示范！"只见秦武王脱掉锦衣华服，束紧缠腰玉带，踱着步子走到雍鼎跟前，然后伸出双手，用力握住了两只鼎耳。他没有像孟说那样发出震天动地的喊声，而是让自己的神力在沉默中最大限度地爆发出来，但是当他将巨鼎在空中举起时，周围的臣子和兵士忽然发出震耳欲聋的掌声和欢呼声。秦武王本来在成功举起代表秦国的雍鼎后就有些激动，众人的疯狂反应更使得他飘飘然在一刹那间忘记了手中的巨鼎，于是，一场空前绝后的不幸发生了——巨鼎从空中坠落，无情地砸在了他的脚踝上，脚和腿登时骨碎筋断，血肉模糊，惨不忍睹……

当天夜里，壮志未酬的秦武王在剧痛中英年早逝，为自己的争强好胜付出了生命的惨重代价。但在此事的相关人员中还有比秦武王更悲惨的，那就是首先举起巨鼎的大力士孟说。失去君主的秦国朝廷把愤怒的火焰喷向了倒霉的孟说，他们众口一词地认为是孟说的愚蠢举动引发了秦武王的好胜之心，从而导致了这场深重的悲剧，结果孟说一家老小都被推上了刑场……

秦武王死后，他同父异母的弟弟嬴稷被迎回秦都咸阳继位，史称秦昭襄王，这才有了其后的秦孝文王、秦庄襄王和千古一帝秦始皇。

# 赵佗：百岁皇帝的人生传奇

说起中国历史上寿命最长的皇帝，大家想到的一般是享年88岁（虚岁89岁）的乾隆帝爱新觉罗弘历，但是，如果不局限于正统王朝这个范围，乾隆皇帝就要把最长寿皇帝的宝座让出了。那么，哪位九五之尊有足够实力把乾隆爷取而代之呢？那就是南越王朝的创立者武帝赵佗。

话说公元前221年，秦始皇完成了扫灭关东六国的宏图伟业，建立了大一统的秦王朝。秦始皇并不满足于他已经占有的广大土地，他那细长而凌厉的双眼又锁定了新的目标——北方的匈奴和南方的百越。秦朝建立后不久，秦始皇命令任嚣和赵佗率领五十万大军翻越南岭开辟新领土，经过四年多的艰苦征战，岭南地区终于成了大秦帝国的三个郡——南海郡、桂林郡和象郡，任嚣被任命为南海郡尉，同时兼管另外两郡，赵佗则担任军事重镇龙川县的一把手。

赵佗在龙川既有文治又有武功，既爱护汉族士兵，又关心当地越族百姓，在军民中树立了自己坚不可摧的声誉和威望，远在番禺（今广东省广州市）的任嚣对赵佗的善政和民望也印象深刻，赞赏有加，所以，公元前208年他病重时把这个老部下召唤到了番禺，让赵佗代替他担任南海郡尉这一重要职位，并且将保卫岭南百姓不受战火袭扰的重任托付给了赵佗。

当时的黄河上下、长江南北早已是烽烟四起、战火遍地，农民大起义的熊熊烈焰几乎烧裂了大秦朝的天空，在赵佗的安排部署下，岭南一直没有受到战争的冲击影响，成了秦朝末年绝无仅有的一处世外桃花源。秦朝灭亡后，赵佗着手建立属于自己的国家，在汉族越族军民的衷心拥戴和大力支持下，赵佗很快拥有了包括南海郡、桂林郡和象郡的大片土地，成了项羽、刘邦等十八路诸侯之外的一个大诸侯。公元前203年，赵佗自称越王，建立了南越国。

南越国最强大时的四界说起来特别有意思，因为每一界都有一个甚至两个"南"字——北起湘粤赣桂交界处的南岭，南至越南中段狭长地带的南端，东到现在的福建南部，西连云南省的东南。就面积而言，南越国南北纵贯两千里，东西横跨三千里，绝对是一个不容忽视的大政权，所以，汉高祖刘邦在安定了国内局势、恢复了国民经济后，就把目光投向了赵佗的南越国。刘邦对南越采用的是先礼后兵的政策，他在公元前196年派来了第一位出使南越的使者，此人说起来也是大大的有名，就是以"可以马上取天下，不可以马上治天下"名震青史的政治家陆贾。

陆贾是历史上有名的辩士，口才绝对是一流中的一流，但在战场政界摸爬滚打了几十年的赵佗也不是浪得虚名的，他在与陆贾的交锋中充分展示了自己的智慧和胆气，请看这段精彩的对话——

赵佗问：我与萧何、曹参、韩信相比谁更强？

陆贾答：好像越王您更强。

赵佗进一步问：我与汉朝皇帝相比呢？

陆贾说：皇上于丰沛起兵以来，征伐暴秦，诛灭强楚，为天下兴利除害，继承五帝三皇的事业治理中国。中国人口以亿计，方圆万里，土地富饶，人众车舆，万物殷富，政由一家。自天地开辟以来从未有过这样繁荣的景象。大王手下不过几十万人，所辖之地又都是山岭、海滨，最多也就抵得上汉朝一个郡，怎么可能与汉帝相比呢？

赵佗大笑道：我不在中原起兵，所以于此称王，我若在中原，未必不如你家皇上？

虽然陆贾的口若悬河、滔滔不绝大显其天下第一辩士之风采，但赵佗的那一句"使我居中国，何渠不若汉？"自有四两拨千斤之妙！

尽管赵佗对刘邦有些不服气，可他毕竟是个识时务、重大局的俊杰人物，在一番斟酌权衡之后，最终表示向大汉王朝称臣，使岭南地区又回到了中原朝廷的怀抱。其实，对赵佗来说，做出这个决定非常不容易，要知道，当年赵佗作为大将军带兵南下开疆拓土时，刘邦还不知道在哪儿混吃混喝呢！

此后的十几年中，南越和大汉之间一直保持着友好往来，汉朝的先进技术和文化源源不断地传到了岭南。本身就来自大中原地区的赵佗非常重视新文化、新技术的传播，在他的大力推广下，南越国的经济和教育得到了非常快的发展——铁器进入了人们的农事耕作和日常生活，新建的学堂里传出孩子们琅琅的读书声，一座座城市沿着江河要津建立起来……现在和北京、上海并称"北上广"的国际大都市广州就是以赵佗扩建的番禺城为基础发展起来的，因此这个美丽的南国花城又被人们称为"佗城"。

汉惠帝英年早逝后，历史进入了吕后执政时期，这个以狠毒著称的女政治家在国家政策方面其实颇有可圈可点之处，唯独在处理和南越的关系上犯了一个相当大的错误。

吕后当权不久就向赵佗抛出了"别异蛮夷"的政策，下令严禁与南越的贸易往来，明确规定"毋予蛮夷外粤金铁田器马牛羊，即予，予牡毋予牝"。用现在的话说就是——禁止向南越输送铜铁工具和马牛羊等牲畜，即便给马牛羊，也只给公的，不给母的。赵佗不想让南粤百姓的生活因为两国关系恶化而受到影响，他多次忍辱负重上书吕后，恳请对方收回成命，恢复汉越之间的友好往来，但吕后却是王八吃秤砣——铁了心肠，不但对赵佗的请求不予理睬，还在公元前183年公然挑起战争，派兵攻打南越。

赵佗在外交上奉行的是"不惹事但也不怕事"的政策，既然吕后选择了刀兵相见，那他肯定会奉陪到底，于是，双方在与南越毗邻的大汉藩属长沙国展开了交锋，结果劳师远征的汉朝军队因为水土不服被赵佗的南越军打败了，而且还失去了几个县的土地。赵佗是一个热爱和平的君主，并无心行侵略之事，达到了给吕后点儿颜色看看的目的后，就立刻班师回朝了。但是，南越击败汉朝的消息早已不胫而走，传遍了周围的各个少数民族王国，很快，闽越、西瓯、骆越等国都派来使者表示愿意臣服归属于南越国。赵佗有点骄傲起来，就宣布脱离汉朝，自立为帝，开始和大汉朝廷分庭抗礼。

四年后，吕后去世，汉文帝即位，赵佗又一次面临着"要和平还是要帝号"的重大抉择。汉文帝派到南越的使者不是别人，正是十八年前说服赵佗归附大汉的杰出外交家陆贾。赵佗和陆贾老朋友见面格外亲切，谈起话来分外投机，而且赵佗不愿意让南越百姓因为他的帝位而陷入水深火热的战争，另外他当初自立为帝在很大程度上是为了表示对吕后"别异蛮夷"的不满，所以，赵佗又一次接受陆贾的建议，宣布放弃帝号，重归大汉朝廷。此后的半个多世纪里，南越国和汉朝一直和平共处，友好往来，共同谱写了民族交往的美好篇章。

和上一次归顺汉朝时一样，赵佗走出这一步需要相当开阔的胸襟，因为他当时已经是一个年过花甲的老者，而他所臣服的汉文帝年仅二十三岁，比赵佗的儿子还要年轻很多。

赵佗的儿子名叫赵始，是一个幸运而又不幸的人。说他幸运，是因为他当了一辈子无忧无虑的太子爷；说他不幸，是因为他最终没有获得从父皇手中接过帝位的机会。之所以如此，不是由于别的，只是因为赵佗老先生的身体实在是太好了，先后奉陪了西汉王朝的汉高祖、汉惠帝、高后（吕雉）、汉文帝、汉景帝和汉武帝共六位国家一把手，一直活到一百零三岁才乘仙风驾黄鹤向西而去，正可谓：

> 故人已乘黄鹤去，此地空余五羊州。
>
> 黄鹤一去不复返，白云千载空悠悠。
>
> 晴川历历珠江树，芳草萋萋海心洲。
>
> 百岁皇帝写传奇，放眼寰宇谁堪俦？

# 秀才造反，三年即成
## ——光武帝刘秀的成功之道

俗语曰"秀才造反，三年不成"，而汉光武帝刘秀的创业经历向我们展示的却是"秀才造反，三年即成"的历史传奇。

先说说秀才是怎么回事。

"秀才者，秀异之材也"，语出《管子》中的《小匡》一章。公元前107年，汉武帝下旨求贤，诏令"州郡察吏民有秀才异等可为将相及使绝国者"，从这年起，举秀才成为一个全国性的制度，并且延续了数百年，秀才也随之拥有了新的含义，即有"秀异之材"的人。后来，唐宋年间参加科举考试的举子都被尊称为秀才，明清时期被称为秀才的则是府学、州学、县学的生员们。

如果说秀才是读书人的代名词，那么光武帝刘秀就是最典型的秀才。

众所周知，刘备是东汉末年的大汉皇叔，但其真实性是有待考证的，而刘秀却的的确确、确确实实是西汉末年汉哀帝和汉平帝的皇叔。刘秀是汉高祖刘邦的九世孙，出自汉景帝之子长沙王刘发这一支脉，可是到了刘秀这一辈上早已没有了公子王孙的气派，而是似乎淹没在平民百姓之中，"泯然众人矣"。

刘秀的父亲刘钦是个小县令，不幸中年辞世，把几个孩子留给了在春陵老家务农的兄弟刘良，当时刘秀只有九岁。五年后，即公元9年，王莽颠覆汉朝自立为帝。消息传到春陵，刘秀与他的家人痛心疾首，望北而泣，整个家族笼罩在一片愁云惨雾之中。刘秀的大哥刘縯是个任侠仗义、快意恩仇的汉子，王莽篡汉后，他便"怀复社稷之虑，不事家人居业，倾身破产，交结天下雄俊"，积极投入中兴汉室的秘密事业，相比之下，十四岁的弟弟刘秀在沉着稳健、冷静持重上好像更胜一筹。

作为大汉皇帝的后人，刘秀自然也对篡汉的王莽充满愤恨，但他并没有像大哥刘縯那样"一门心思闹革命"，而是一边继续"晨兴理荒秽，带月荷锄归"的耕读生涯，一边关注着风云变幻的天下大势。

二十多岁的时候，刘秀暂时中断了半耕半读的生活，不远千里来到京城长安，并且成功进入当时的最高学府太学就读。在太学求学期间，刘秀系统地研读了以《尚书》为代表的古代典籍，博观约取，厚积以待薄发，为他日后的儒术治国奠定了坚如磐石之基。求学间隙，刘秀走遍了长安城的名胜古迹、大街小巷，在游玩放松的同时，既领略了千年帝京的风土人情，又了解了京城百姓的人心向背，这些经历对他以后起兵反莽和平定天下都起到了不可小觑的作用。但那时的刘秀好像没有想那么深、那么远，他当时的理想好像很简单、很直观、很浪漫，即"仕宦当作执金吾，娶妻当得阴丽华"，执金吾是皇家警卫队的领军人物，刘秀羡慕他们那一身英姿飒爽的装束；阴丽华是刘秀故乡的第一美女，后来真的成了刘秀的妻子，再后来又做了刘秀的皇后。

公元17年，新市人王匡、王凤在绿林山一带率领流民举起了反抗王莽滥政的起义大旗，这就是历史上大名鼎鼎的绿林军。绿林军在南方纵横驰骋，攻城夺邑，北方则有山东人樊崇领导的赤眉军与之遥相呼应。在这种形势下，刘縯决定起兵加入推翻王莽统治的历史洪流，从而恢复刘氏江山，中兴大汉王朝。但刘秀认为造反的时机还不够成熟，于是就以探访故人为名离开家乡来到了几百里之外的南阳城，以免在大哥起兵时受到牵连。

此后，王莽又推出了新一轮荼毒百姓的滥政，某些地区还发生了旱灾、蝗灾和瘟疫，越来越多的农民倾家荡产，无以为生，越来越多的农民被迫铤而走险，揭竿而起，各地的农民军已如星星之火般遍布新莽王朝这片黑暗的荒原，就连京城长安周围都出现了攻击官府的小股起义军。所有这一切都使得刘秀更加坚定了乘天下大乱之机重建大汉江山之心，而大哥刘𬙂约他共同起事的"鸡毛信"就在这时送到了他的手中。于是，刘秀带着他的新朋故交回到舂陵，和刘𬙂共同举起了"复高祖之业，定万世之秋"的起义大旗。

时值新莽地皇三年，即公元22年，请各位记住这个对于刘秀和东汉王朝有着重大意义的年代。

刘秀和大哥刘𬙂领导的起义军在历史上被称为舂陵军。因为是新生力量，舂陵军兵微将寡，装备简陋，粮草不足，和敌军相比明显处于弱势，但刘秀兄弟卧薪尝胆，因陋就简，和敌人展开了一场场生死恶战，刘秀甚至骑着耕牛冲锋陷阵，以激情和热血写下了"牛背皇帝"的历史传奇。

为了给王莽的军队以更大的打击，同时也为自己的发展创造更好的条件，刘秀兄弟决定带领舂陵军加入已经壮大起来的绿林军，于是，绿林军的中军帐内多了两位胸藏韬略、能征善战的帅才。昏君王莽的暴虐统治在绿林、赤眉等起义军的冲击下，根基松动、摇摇欲坠。

公元23年，为了获得更多百姓的拥护，绿林军的领袖们在南阳宛城城南拥戴身为汉室宗亲的刘玄登位称帝，这就是历史上的更始帝。就能力而言，刘𬙂比刘玄更适合做皇帝，因为多数绿林军领袖认为如果刘𬙂称帝他们的权力会受到削弱，所以他们最终选择了能力差但容易控制的刘玄。刘玄登基后，刘𬙂被封为大司徒，刘秀被封为太常偏将军。

王莽自然不甘心坐等垮台，他孤注一掷地向绿林军发起了反扑，派大司空王邑、大司徒王寻带领四十万大军浩荡南下，要与南阳的农民军决一死战。王莽的大军很快包围了刘秀率军据守的昆阳城（现在河南中部的叶县），当时昆阳的守军只有九千人，和敌军相比处于绝对的弱势，全城军民陷入恐慌。

刘秀临危不乱，镇定自若，一方面努力说服众将坚守城池，一方面细心筹划破敌之策。一天深夜，刘秀亲率十三名勇士拼死突破重围，奔赴东面的两座城池搬取救兵，不久，刘秀就带领调集到的一万七千步兵骑兵赶回昆阳，向敌军发起一轮又一轮的猛攻。早在救兵向昆阳进发的时候，刘秀就故意传开了一个真假不明的消息——王莽军的宛城已经被绿林军拿下，起义军主力即将赶到昆阳助战，这个消息令救兵和昆阳守军精神抖擞，兵威大振，也让王莽军士气低落，无心恋战，为绿林军赢得昆阳之战的胜利奠定了基础，铺平了道路。

王莽军的士兵已经军心动摇，统军的王邑对此却毫无觉察，因为他一直沉溺在视敌如蚁、骄傲轻敌的美梦里。力量已经今非昔比的刘秀抓住这个机会向王邑的大本营发起了突袭，他带领三千勇士，在夜间偷渡昆水，然后以迅雷不及掩耳之势从侧后方冲进了敌军的营盘。很快，王邑被困，王寻被杀，王莽军阵势大乱，昆阳城内的守军也乘势打开城门，向敌人展开进攻，结果，号称百万的王莽大军于昆阳城外在农民军将士的冲杀声中兵败如山倒，轰然覆灭……

正当刘秀准备一路高歌猛进，追着敌军的残兵败将直捣长安时，传来了他的大哥刘縯被刘玄等人杀死的噩耗。刘秀深知这场悲剧的根源是大哥在宛城之战中居功甚伟以至于功高震主，但他不能表露出自己的愤怒和不满，甚至连悲痛都不能显露出来，因为他知道自己头上正高悬着一把时刻能致他于死命的利剑。

为了消除更始帝的猜忌，刘秀放弃了大好战机，赶往宛城向刘玄认错请罪，同时坚决不和大哥的部下私自接触。刘玄等人本来要对刘秀下手，但最终刘玄被刘秀的谦恭打动，不仅没有怪罪他，还因为昆阳之战的胜利封其为武信侯。面对皇帝赐予的"武信"封号，忍辱负重、无比痛苦的刘秀想到的应该不是"勇武守信"这四个字，而是别人可能在讽刺他"无心无肺"，对大哥的死无动于衷。

为了进一步去除刘玄对他的戒心，刘秀不久在宛城迎娶了他后来的皇后阴丽华。

刘秀虽然获得了暂时的安全，却深知宛城并非久留之地，因为刘玄身边的人始终对他心怀叵测、虎视眈眈。就在这时，一个千载难逢的好机遇来到了他的面前——招抚河北。在是否任命刘秀为招抚大使一事上，刘玄又一次陷入了矛盾纠结。刘秀接受冯异的建议，对刘玄最信任的左丞相曹竟展开公关行动，成功获得了逃离魔掌、开辟事业新天地的机会。

更始元年十月，刘秀奉命行大司马事招抚河北，揭开了开创东汉王朝的历史序幕，这时距他在舂陵起兵只有一年左右的时间，王莽的新朝此时已经被农民起义的熊熊烈火烧得灰飞烟灭。

脱离了刘玄等人的势力范围后，刘秀如蛟龙入海，猛虎归山，感到了从未有过的轻松。虽然面临着不少的困难，但他终于可以像碧空中的雄鹰一样自由自在地纵横驰骋、建功立业了。在邓禹、耿弇、吴汉等将相之才的辅佐下，刘秀在河北地区"延揽英雄，务悦民心，立高祖之业，救万民之命"，很快就站稳了脚跟，拥有了自己的第一块根据地。不久，刘秀又击败了占据河北中部的铜马起义军，收编了数万精锐力量，军事实力进一步增强。至此，刘秀已完全占有了黄河以北的广袤土地，成了"跨州据土，带甲百万"的一方诸侯。

公元25年6月，刘秀在如今河北省柏乡县（当时叫鄗城）的千秋亭登基称帝，此时距他和大哥刘縯在舂陵起兵举事正好三年，正所谓"秀才造反，三年即成"。此后，他击破赤眉，扫平中原，西取关中、河陇，南定巴蜀、百越，从而一统全国，使大汉王朝真正得以中兴，他也因此被一代伟人毛泽东评价为"最有学问，最会打仗，最会用人"的千古明君。

# 成也《隆中对》，败也《隆中对》
## ——诸葛亮《隆中对》的疏漏之处

唐代大诗人杜甫诗云：

> 丞相祠堂何处寻，锦官城外柏森森。
>
> 映阶碧草自春色，隔叶黄鹂空好音。
>
> 三顾频烦天下计，两朝开济老臣心。
>
> 出师未捷身先死，长使英雄泪满襟。

早在当年刘备三顾茅庐时诸葛亮就提出了心系天下的《隆中对》，然而，诸葛亮最终还是在第六次北伐出师未捷的情况下抱憾而逝了，之所以如此，一来是因为彼时的政治军事形势已和《隆中对》诞生时大不相同，二来是因为《隆中对》本身就有一个很大的疏漏。

笔者为什么这么说呢？咱们还是先从《隆中对》的具体内容说起吧。

公元207年，刘备三顾茅庐后终于见到了诸葛亮。就在二人初次会面的时，诸葛亮提出了彪炳史册、千古流芳的《隆中对》：

> ……将军既帝室之胄，信义著于四海，总揽英雄，思贤如渴，若跨有荆、益，保其岩阻，西和诸戎，南抚夷越，外结好孙权，内修政理；天下有变，则命一上将将荆州之军以向宛、洛，将军身率益州之众出于秦川，百姓孰敢不箪食壶浆以迎将军者乎？诚如是，则霸业可成，汉室可兴矣。

刘备对诸葛亮的《隆中对》非常欣赏，"于是与亮情好日密"，如鱼得水，以至于惹得关羽、张飞这两个铁杆兄弟都不高兴了。

君臣二人相见恨晚、鱼水相得固然是好事，遗憾的是，诸葛亮的《隆中对》疏忽了一个重要因素，而刘备也没有注意到这一点，最终造成了关羽，乃至蜀汉政权的悲剧结局。这个重要因素就是孙权的性格和志向。

在《隆中对》里，诸葛亮为刘备制定了从荆州、益州两路出兵北定中原的军事路线，并且给出了"天下有变"的大前提，实际上这个军事行动还应该有一个同样重要的前提：江东孙权按兵不动，坐山观虎斗。然而，这好像只是诸葛亮的一厢情愿，事实上孙权不但不肯在刘备两路北伐时做一个无所事事的旁观者，而且他对荆州一直虎视眈眈，无论如何也不会让刘备顺利得到整个荆湘九郡。孙权对荆州的觊觎早在刘表逝世时就已经充分表现出来了。

如果说孙权早年攻打江夏黄祖还有为父复仇的成分，那么他在杀死黄祖后仍然强烈关注荆州就完全是出于开拓领土、扩展势力的想法了。刘表病逝后，孙权派鲁肃以吊孝为名前往襄阳打探荆州集团的军政信息，当他得知刘表二子争位，冲突一触即发时，心里就有了剑指荆州、一统江南的宏伟计划，无奈曹操动作比他更快，在他行动之前已经向荆州派出了浩浩荡荡的十几万大军，这才有了孙刘联手、赤壁鏖兵、三国鼎立的精彩故事。

诸葛亮在《隆中对》里把孙权定位为可以联合的对象，即"此可以为援而不可图也"，当然是非常正确的，但如果他认为孙刘联盟是风雨无虞的铁板一块，那就大错特错了，要知道，即使在联刘抗曹的代言人鲁肃担任东吴大都督的时候，孙刘之间仍然爆发了十分激烈的荆州争夺战。

公元217年，鲁肃病逝，孙权对鲁肃做出了这样的最终评价："子敬东来，致达于孤。孤与宴语，便及大略帝王之业，此一快也。后孟德因获刘琮之势，张言方率数十万众水步俱下。孤普请诸将，咨问所宜，无适先对，至子布、文表，俱言宜遣使修檄迎之，子敬即驳言不可，劝孤急呼公瑾，付任以众，逆而击之，此二快也。且其决计策，意出张苏远矣；后虽劝吾借玄德地，是其一短，不足以损失二长也"，这段话充分表明孙权并不满足于和刘备平分荆州的江南部分（江北部分主要由曹操控制），他甚至认为如果没有按照鲁肃的建议借地给刘备，说不定他早就把整个江南收入囊中了。

鲁肃初见孙权时提出的《榻上策》，即东吴版的《隆中对》，是深得孙权之心的，这说明孙权也有着北伐中原、一统天下的远大抱负，他并不满足于仅仅割据江东做个东吴之主。实际上，孙权一直在等待机会先拿下荆州，然后北上灭曹，一统华夏。

公元219年，在刘备夺取汉中的战役中，老将黄忠斩杀夏侯渊，威震定军山，远在荆州的关羽坐不住了，他立功心切，在没有请示的情况下悍然发动了襄樊战役。

遗憾的是，螳螂捕蝉，黄雀在后，如果把被杀的庞德、被俘的于禁比作蝉，关羽就是洋洋得意的螳螂，而吕蒙则是背后插刀的黄雀。在吕蒙白衣渡江、袭取荆州的情况下，被人断了后路的关二爷上演了败走麦城、身首异处的悲剧戏码。其实，早在鲁肃逝世，甚至更早的时候，诸葛亮就应该意识到了，在荆州的归属上，孙刘之间必定会有一场你争我夺、你死我活的大战，但不知为什么，他没有为此做出足够充分、切实有效的准备。

按照《隆中对》的设想，诸葛亮和刘备本来是想两条腿从南方挺进北方的，荆州的丢失使刘备集团成了心有余而力不足的独脚汉，北伐大业的成功概率因此大打折扣，紧接着刘备又在报仇伐吴中惨遭失败，含恨而死，这更令北伐大业雪上加霜，前途渺茫。

孙权之叛，荆州之失，刘备之死，让诸葛亮的《隆中对》在某种意义上成了镜中花、水中月，成了不可能完成的任务，这也就注定了此后诸葛亮的六出祁山、北伐中原只能是以攻为守的无奈之举，只能是"知其不可为而为之"的悲壮之举，也正是这种无奈的悲壮铸就了诸葛亮"出师未捷身先死，长使英雄泪满襟"的伟大形象。

千古传颂的《隆中对》让诸葛亮帮助刘备得到了荆州和益州，有了和曹操、孙权相抗衡的实力，但从某种意义上说，《隆中对》的疏漏导致了诸葛亮北伐中原光复汉室的失败。因此，我们不妨做出这样的感慨：诸葛亮此生，成也《隆中对》，败也《隆中对》。

# 吴质其人

唐代大诗人李贺有一首非常精彩的诗作《李凭箜篌引》，其中最后两句是这样写的："吴质不眠倚桂树，露脚斜飞湿寒兔。"此处，李贺很可能一不小心犯了一个错误，把吴刚写成吴质了。

中国人都知道，月亮上有一个挥动斧头砍桂树不止的神仙吴刚，关于他的最早文字见于《酉阳杂俎》一书，作者是稍晚于李贺的段成式，但是吴刚斫桂的故事在此书面世之前就已经在流传了，所以吴刚才会由于李贺的小疏忽以吴质之名出现在他的诗句中。

吴质虽然不如吴刚有名，却是历史上真实存在的一个人，而且和很多三国名人有着剪不断的密切关系。

首先，吴质和曹操父子，特别是曹丕，关系不一般。

"三曹"（曹操、曹丕和曹植）和"建安七子"是建安文学的代表人物，他们时常诗酒唱和，书信往来。遗憾的是，伴随着公元217年陈琳、刘桢、应玚、徐幹先后殁于瘟疫，"建安七子"离"三曹"远去，曹氏父子没有了知音，只好"挫子里头拔将军"，在文臣中寻找新的唱和者，文采不错的吴质于是成了曹丕和曹植都想拉入其阵营的人物。

曹植写了一封《与吴季重书》（吴质字季重），希望吴质能够和他站到一起。但吴质深知就政治能力而言曹丕远在曹植之上，就回了一封《答东阿王书》，婉言谢绝了曹植的邀请，进而死心塌地为曹丕出谋划策。在帮助曹丕赢得魏国世子之位上，吴质主要做了两件大事：一是告诉曹丕在给曹操送行时以动人的眼泪战胜曹植天下第一的才华，为曹丕上位打下了感情基础；二是以一招妙计瞒过曹操，打败杨修，最终成功地把曹丕推上世子之位。

在第二件事上，吴质可谓技高一筹，竟然让曹操这个天天打鸟的被鸟啄了眼睛。其实吴质这一招曹操早年就用过。

曹操年轻时整天和袁绍等人一起斗鸡走狗，他的叔父对此非常不满，就总是在大哥曹嵩耳边说侄子的不好。某一天曹操假装得了癫痫并且故意让他叔看见，于是他叔就跑去给曹嵩报信，可曹嵩见到儿子曹操时却发现他好好的，从那以后，曹嵩再也不信曹操他叔的话了。

吴质打败杨修靠的也是这一招，只不过曹操是自导自演，吴质是后发制人。

曾经有一段时间，曹操好像打算立曹植为世子。曹丕又气又急，便让吴质藏在车上装绢的竹筐内进府商量对策，不巧被曹植的心腹、主簿杨修看见了，杨修便到曹操那里告了曹丕一状，但曹操并未派人前去查验。曹丕知道后害怕了，问吴质怎么办。吴质道："这有什么？明日再把绢放在竹筐中用车运进府来就是。"第二天曹丕依计而行，杨修又去向曹操报告并且要求派人去查，结果看到的却是满筐的绢，于是曹丕躲过了一场大麻烦，而杨修却被曹操认为是心怀叵测，为他日后被杀埋下了伏笔。

曹操父子之外，还有三个三国大名人和吴质有着非常密切或特殊的关系，他们分别是大名鼎鼎的司马懿、创立九品中正制的陈群和曾与司马懿并肩作战的名将曹真。吴质和司马懿、陈群都是曹丕身边的智囊级人物，他们和另一个重要谋士朱铄并称为"四友"，曹丕能够战胜曹植夺得世子之位并最终登上皇帝宝座，"四友"可谓劳苦勋高，居功甚伟。

吴质这个人本事确实不小，而他的脾气和傲气又远比本事要大，这一点朱铄深有体会。

吴质虽然出身低微，却狂傲自负，他的父老乡亲们都对他颇为不满，他则我行我素，满不在乎，直到遇见既有才华又有权势的"三曹"，他那一对一直伸展着的扑棱棱的翅膀才有了铄一铄的倾向。但是，吴质不在曹氏父子身边时，其狂傲之气还是会不由自主地发作出来，最厉害的一次发生在公元224年。

这一年的某个月，吴质从他任职的河北回到京城洛阳向皇帝曹丕汇报工作。曹丕安排众将军到吴质府上为他接风洗尘，吴质本来就自以为文采盖世，根本不把众武将放在眼里，他见皇帝这么给他长脸，心中的狂气越发澎湃汹涌，暗中决定要拿两个形象特别突出的将军开涮。在魏国军界举足轻重的曹真是一个大胖子，而掌管禁军的朱铄是一个竹竿似的瘦子，他们两个不幸成了吴质搞恶作剧的对象。

正当众将觥筹交错、举杯畅饮之际，两个说书艺人在吴质的安排下走上舞台，作揖施礼后就开始一唱一和，声情并茂地讲演关于胖子和瘦子的笑话，吴质则故意不时地看看曹真，瞅瞅朱铄，把众人的眼光往他们两个身上引，结果武将们一个个笑得挥手顿足、前仰后合。

身为魏国宗室的曹真回过味来后感觉深受其辱，站起身来怒视吴质，质问对方此举何意。吴质居然毫不示弱，手按宝剑怒斥曹真无事生非。朱铄赶上前来想打个圆场，目中无人的吴质根本不给他面子，让他哪儿凉快哪儿待着去。朱铄见吴质如此狂妄，也急了，怒气冲冲拔出宝剑插在地上。结果，一场欢迎酒会弄得剑拔弩张，不欢而散。

吴质就是这样一个狂人，除了才华远胜于他的"三曹"，他好像谁都不放在眼里，所以对他来说，有一个正常的人际关系几乎是不可能的。如果他死在曹丕前面，那也算得功德圆满、名利双收了，不幸的是，曹丕先他而去，等到他七年后去世时，非常讨厌他的文武群臣和对他不感冒的皇帝曹叡给他拟定了一个充满嘲讽的谥号——丑侯，这也算是他为自己的狂妄付出的代价吧。

## 拓跋珪：搬起石头砸了自己的脑袋

老百姓中有一句话叫"搬起石头砸了自己的脚"，而北魏开国皇帝拓跋珪却是搬起石头砸了自己的脑袋，而且把自己砸得头破血流，呜呼哀哉，这其实也怨不得别人，罪魁祸首就是他创下的"子立母死"的立储制度。

拓跋珪给儿子和大臣们洗脑时是拿汉武帝杀死钩弋夫人那段历史说事的，可是如果我们了解一下他和他母亲贺兰氏的关系，应该可以感受到他创立"子立母死"的制度，很大程度上是由于贺兰氏给他留下了巨大的心理阴影。

但是，犯下大错的并不是作为母亲的贺兰氏，而是身为儿子的拓跋珪。

拓跋珪原本是代国太子，代国被前秦灭亡后，他和母亲贺兰氏在母亲的娘家贺兰部落寄人篱下，相依为命，这样的日子一直持续了十年之久，直到383年淝水之战的爆发。

淝水之战的失败导致前秦国势大衰，崩溃在即，在贺兰部落的支持下，拓跋珪母子抓住机会重新竖起了代国的大旗。

拓跋珪登基之后不久，将国号改为魏，史称北魏。

实际上，拓跋珪与母亲贺兰氏的关系在很多年里还是比较融洽的，后来却因为一个人的出现而陡转直下、裂痕处处。

此人是谁呢？拓跋珪的小姨妈，历史上称为小贺兰氏。

拓跋珪一见到他的小姨妈就疯狂地迷上了这个女人，以至于完全忘记了自己的身份，"必欲得之而后快"。

为了得到小贺兰氏，拓跋珪将皇权发挥到了为所欲为的极致，他完全不顾母亲的劝阻和警告，派人暗杀了小贺兰氏的丈夫，然后将她强行纳入皇宫。

此后，拓跋珪对他眼中的地方豪强展开了猛烈打击，其中包括某些当年给他大力支持的贺兰部落贵族。贺兰氏主张从宽处理有功之臣，但拓跋珪丝毫不为之所动，毫不手软地除掉了他曾经的恩人。

贺兰氏本来是想帮助儿子做一个不惑于声色、有感恩之心的好皇帝，可拓跋珪却认为母亲的这些行为是染指皇权，干预朝政，把母亲当成他必须除之而后快的人物。

公元396年，贺兰氏在对儿子的莫大失望中死去了，拓跋珪竟然平静得像什么都没发生一样，他们的母子关系已经到了什么地步于此可见一斑。

为了给后世的皇帝彻底消除母后干政的隐患，拓跋珪向汉武帝学习，炮制了"子立母死"的立储制度，并且将其付诸实施。

公元409年，拓跋珪立长子拓跋嗣为太子，随后赐死了拓跋嗣可怜的母亲刘贵人。

拓跋嗣是一个孝顺重感情的孩子，对母亲的惨死久久不能释怀，整天整夜地悲伤流泪，即使见到父皇时也控制不住伤心的眼泪。拓跋珪认为自己这样做完全是为了儿子好，而拓跋嗣竟然如此不理解，如此不懂事，于是他内心越来越烦闷。

拓跋嗣一直没能够从失去母亲的痛苦中恢复过来，拓跋珪终于恼怒了，他要用鞭子好好教训一下这个没出息的儿子。深受儒家教育影响的拓跋嗣秉承着"小则受之，大则避之"的孝道精神，逃到城外山里的一个地方躲了起来。

拓跋珪派人四处搜寻太子拓跋嗣，却都无果而终，他一气之下起了换人的心思：既然你这个儿子如此不知好歹，那我就再找个儿子做太子，让你后悔一辈子!

这时，拓跋珪想起了拓跋绍，他曾经万分宠爱的小贺兰氏生下的儿子。拓跋绍虽然比拓跋嗣小两岁，但也不是小孩子了。

一旦打定了主意要立新太子，拓跋珪就派人把这个事告诉了小贺兰氏，让她做好为儿子的将来而牺牲的准备，因为按照"子立母死"的立储规矩，小贺兰氏在儿子立为太子后将被赐死。

小贺兰氏并不愿意为了不确定的太子之位而搭上自己的性命，她悄悄派人出宫去给儿子送信求救，说自己犯错惹怒了皇帝，皇帝已经将她囚禁以便第二天赐死。

拓跋绍得到母亲身陷图圄的消息，心中充满了对父皇的仇恨，要知道，父亲是他和很多人共有的，而母亲是他自己的，于是他召集起亲信的臣属随从秘密地出了王府，向皇宫进发。

拓跋绍一行不敢从皇宫正门进入，他们找了一个隐蔽而合适的地方翻过高高的宫墙，闯进了夜色中的皇宫。

拓跋绍担心先去救母亲会惊动父皇，如果那样他和母亲就都难以活命了，所以，他带领手下直接奔往拓跋珪的寝宫，这样，他不仅可以救下母亲，还能得到他一直觊觎的皇帝宝座。

当拓跋绍等人出其不意杀死十几个侍卫，冲到拓跋珪的龙榻之前时，被刀剑声惊醒的拓跋珪穿好衣衫正要下床。

拓跋珪见到拓跋绍带着一帮人气势汹汹地立在面前，就知道自己在劫难逃了……

在北魏旧臣魏收撰写的《魏书》中是这样记载拓跋珪之死的："冬十月戊辰，帝崩于天安殿，时年三十九。永兴二年九月甲寅，上谥宣武皇帝，葬于盛乐金陵。庙号太祖。泰常五年，改谥曰道武。"显而易见，魏收在著史时"为尊者讳"，没有写出北魏开国皇帝拓跋珪被杀这个事实。

然而，真相是掩饰不住的，等到初唐的李延寿写《北史》的时候，凶手拓跋绍终于在拓跋珪之死中出现了："十月戊辰，清河王绍作乱，帝崩于天安殿，时年三十九。永兴二年九月甲寅，上谥曰宣武皇帝，葬于盛乐金陵，庙号太祖，泰常五年改谥曰道武。"

拓跋绍杀死父皇拓跋珪后，并没有如愿以偿地登基称帝，因为被拓跋珪吓跑的太子拓跋嗣得知消息后回来了，并且在大臣们的拥戴下以为父报仇、为国除逆的名义向拓跋绍集团发起了进攻。

当太子拓跋嗣带领众多臣子和大批军马浩浩荡荡出现在皇宫正门前时，势单力孤的拓跋绍母子一时慌了手脚，不知所措。宫内的一些侍卫本来就是被迫从逆，见此情形临阵倒戈逮捕了拓跋绍，随即开门向拓跋嗣请降。

北魏宫廷这一场由"子立母死"的立储制引发的血腥政变最终以拓跋绍母子被杀、拓跋嗣登上帝位而结束。作为这个残酷制度的炮制者，拓跋珪也为此付出了死在儿子刀下的代价，他本来是要用太子生母的生命来换取政局的稳定，却没想到不但给自身带来了杀身之祸，还让北魏朝廷经历了一次空前的大动荡。

拓跋珪的悲剧给后来的北魏最高统治者一个沉重的教训，但是他们并没有废除这个制度，而且其中的某些人，比如古装剧《锦绣未央》里李未央的原型冯太后，做出了更为残酷的选择：皇帝的大皇子一出生就杀死他的生母。直到魏孝文帝的儿子元恪做皇帝时，"子立母死"的悲剧才寿终正寝，堕入历史的滚滚尘埃……

# 徐有功：他更应该被后人铭记

一部经典名剧《谢瑶环》让人们记住了为民请命的女巡按谢瑶环、执法如山的女皇武则天、祸国殃民的奸臣武三思、残害忠良的酷吏来俊臣、豪气干云的义士袁行健，却往往忽略了那位主持正义的清官徐有功，实际上徐有功更应该被后人铭记，特别是我们，因为我们生活在一个高度提倡法治的大时代。

谢瑶环当然值得赞美歌颂，但她与她的恋人袁行健都是虚构的艺术形象，在史书中完全寻不见她美丽的身影与他帅气的背影；武则天固然是了不起的女皇帝，可她同时也是一个毁誉参半的历史人物；武三思、来俊臣俱是大奸大恶之徒、万民唾弃之贼，虽然被人记住，但人们更愿意像他们那样的人渣在这个世界上永远消失。相比之下，历史上确有其人、一生以维护正义为己任的徐有功更应该被后人铭记在心。

徐有功从政多年，一直工作在司法战线，先后担任过蒲州司法参军、司刑寺丞、秋官郎中、侍御史、司刑寺少卿等职，一生之中有很多值得大书特书的不凡经历。

徐有功在蒲州做地方官时，当地的老百姓送给他一个"徐无杖"的美名，因为他审案时主要凭借劝说教谕让有罪者认罪，很少杖责（就是俗话说的打板子）嫌疑人，严刑逼供更是从来没有过的事。"徐无杖"的大名后来传到了皇太后武则天（当时她还没有称帝）的耳中，武则天很欣赏这个人，就一纸诏命将徐有功调进京城长安做司刑寺丞（即大理寺丞），负责全国范围内重大案件的审理。

　　徐有功上任不久就遇到了一个特别棘手的案件——颜余庆案。颜余庆和一年前因起兵反对武则天而死的李冲（越王李贞之子，李贞亦死于反武事变）有过交往，并替李冲征过债，于是，有人告发他通贼谋反。酷吏来俊臣知道武则天是个宁可错杀亦不可使敌人漏网的人，便用尽酷刑折磨颜余庆，颜余庆受刑不过，屈打成招，被判死刑。案子发到徐有功所在的司刑寺，徐有功认为颜余庆通贼谋反证据不足，不顾位卑言轻，冒死与武则天当廷争辩。武则天虽心中不悦，但叹服于徐有功的勇气和见识，最终同意由其复审。徐有功由此得罪了来俊臣等一帮酷吏。

　　公元690年，武则天登基称帝，改唐为周，对旧唐宗室的防范之心进一步强化，一有个风吹草动就给他们扣上图谋不轨的帽子。大唐宗室子弟、道州刺史李仁褒和弟弟在家中练武比箭被小人发现并告到京城，接着便被定为意图谋反，一家人性命危在旦夕。这个案件发生时，徐有功已经升任秋官郎中，虽然职务变了，但他和以前一样坚持正义，维护法律的尊严。案子报到徐有功这里时，他发现明显是诬告陷害，就又一次在金銮殿上和武则天展开争辩。另一个酷吏周兴趁武则天恼怒之时火上浇油，弹劾徐有功包庇罪犯，欺君罔上，要求将其和李仁褒兄弟一起判处死刑。尽管武则天相信徐有功的忠诚，但还是在盛怒之下把他削职为民了。

　　皇帝一生气，后果很严重，皇帝一高兴，严重的后果就烟消云散了。不久之后，怒火已消的武则天又把徐有功召回朝廷，让他担任侍御史。

　　武则天不是一般的人物，她发起狠来那是六亲不认的，称帝前逼死过亲生儿子，称帝后又害死了儿媳窦妃（唐玄宗的生母）和刘妃。窦妃的母亲庞氏在女儿死后一直心神不宁，便在夜间焚香驱邪祈福，却被人诬告为暗中诅咒武则天。做贼心虚的武则天闻讯大怒，诏令有司严查，酷吏薛季昶蓄意迎合皇帝，判处庞氏死刑，家属流放三千里。徐有功依据法律认定庞氏无罪，就站出来为其辩护喊冤。

武则天又一次大为不快，回想起徐有功几年前对她的冒犯，更是怒气冲天，薛季昶则在一旁落井下石，煽风点火，怒不可遏的武则天命令把徐有功轰出宫殿，让司刑寺给他定罪，结果徐有功被判处死刑。徐有功被绑缚刑场时从容不迫，毫无惧色，以实际行动践行了自己"为护法而死，死何足惜"的铮铮誓言。这让武则天又一次对他刮目相看，于是就借着数位老臣为其求情的机会，赦免了他的死罪，改判为流放边疆。

酷吏的残暴和武则天的淫威吓不倒徐有功，边疆的恶劣环境当然也不能使徐有功屈服，因为他心中始终有一把无私无畏的正义之剑。后来徐有功从流放之地返回京城，并被任命为司刑寺少卿，此时，失去了利用价值的酷吏们已经被武则天剪除殆尽了，这不禁令人想起了一百多年后刘禹锡写下的那首《再游玄都观》："百亩庭中半是苔，桃花净尽菜花开。种桃道士归何处，前度刘郎今又来。"

当年曾有人问徐有功他在和酷吏斗争时为什么能做到不改初心、九死不悔，徐有功给出了下面的回答："尔所言者私忿，我所守者公法，不可以私害公。"一千多年过去了，这句话仍然可以激励我们当代的法律工作者努力去维护法律的尊严，追求人间的正义……

# 唐玄宗是怎样沦为昏君的

"安史之乱"爆发后，避难成都的唐玄宗曾与大臣裴士淹谈论他任命过的宰相们。关于姚崇，他说，"若姚崇在，贼不足灭也"；谈起宋璟，他有些不悦，"彼卖直以沽名耳"；说到张九龄，唐玄宗给予高度评价；提及李林甫时，他说："是子（这个家伙）妒贤嫉能，无人能比。"裴士淹顺势问道："陛下既知，何用之久也？"唐玄宗默然不语。

　　从这段历史记载来看，当时的唐玄宗尽管已经经历了"安史之乱"的惨痛教训，却仍旧没有恢复开元时期欢迎逆耳忠言的明君心态，因为他竟然将当年他亲自提拔、以正直敢言著称的名相宋璟定位为"沽名卖直"。实际上，唐玄宗早在刚过了五十岁时，就已经开始反感逆耳忠言，偏爱顺耳之言了，进而又生出别的昏庸乃至无耻行态，一发而不可收拾，最终导致大唐王朝由盛转衰，江河日下，荣耀不在……

　　公元735年，唐玄宗李隆基迈入知天命之年，他觉得自己开创了空前的"开元盛世"，而且已是年过半百的长者，所以再也不需要臣子们在耳边聒噪着进谏了，他现在需要的是服从，甚至是无条件的服从。就在这个时候，口蜜腹剑的李林甫来到了唐玄宗的身边。

　　李林甫的升职之路说起来颇为诡秘，唐玄宗当时最爱的女人和最信任的内臣都参与其中了。

　　开元二十一年，即公元733年，侍中裴光庭病逝，这看似和李林甫风马牛不相及的事情居然成了他得以拜相的重要契机。顺便说一下，唐朝的侍中是几个宰相职位中的一个。

　　裴光庭的妻子武氏是武三思的女儿，和李林甫曾有过私情，而唐玄宗的亲近侍臣高力士也出身于武三思府中，于是，裴光庭死后，武氏请求高力士推荐李林甫接任宰相，但高力士没敢答应。不久，唐玄宗接受中书令（也是宰相之一）萧嵩的举荐，即将任命韩休为侍中。高力士特意把这个消息告诉武氏，让李林甫透露给韩休，以便卖对方一个人情。韩休拜相后果然对李林甫非常感谢，不时在皇帝面前为他美言，赞扬他有宰相之才。

　　唐玄宗当时最宠爱的女人武惠妃是武则天的侄孙女，和李林甫的旧情人武氏乃是堂姐妹关系，李林甫在结交高力士的同时还拉上了这条线。身为御史中丞的李林甫通过武氏给武惠妃送去珍贵礼品，并且表示坚决支持武惠妃和她的儿子寿王李瑁。

在武惠妃、高力士和韩休等人的共同撺掇下，唐玄宗很快便把李林甫提拔成宰相，居然和开元名相张九龄平起平坐了。

等李林甫坐上了宰相的宝座，帮他上位的武惠妃就对太子之位动起了歪心思、坏心眼、狠主意。

武惠妃是武则天侄子的女儿，和她姑奶奶一样是个世上少有的狠角色，早在十年前就通过诬陷对方搞巫蛊厌胜之术除掉了她的眼中钉王皇后——王皇后先是被废打入冷宫，不久即郁郁而终了。现在，武惠妃又将沾满鲜血的黑手伸向了太子李瑛。

唐玄宗不但宠爱武惠妃，而且爱屋及乌，对武惠妃生的儿子寿王李瑁也非常喜爱，这自然引起了太子李瑛的不满，于是，武惠妃就不停地给唐玄宗吹枕边风，梨花带雨地控诉太子结党营私，意欲谋害寿王。唐玄宗大为震怒，第二天就向三位宰相宣布要废掉太子。忠心为国的张九龄以史为鉴，力劝皇帝收回成命，老奸巨猾的李林甫却说"此乃天子家事，何必与外人商议"，最终，唐玄宗虽然没有废掉李瑛的太子之位，却对张九龄的抗旨不遵深为不满。

身边有了凡事点头称是、随声附和的李林甫，骄傲自满的唐玄宗对勇于直言进谏的张九龄越来越看不惯，他将这位大唐名相一贬再贬，后来干脆让他离开京城到外地做官去了。张九龄一走，李林甫便可以一手遮天了，他喜欢的人都被安排到国之重位上，他不喜欢的人有的被排斥，有的被贬官，有的甚至被杀害，首当其冲的就是被武惠妃视为绊脚石的太子李瑛。

开元二十五年（737）四月，武惠妃派人假唐玄宗之名召太子李瑛和与太子关系密切的鄂王李瑶、光王李琚入宫捉贼。当他们兄弟三个披坚执锐带着侍卫来到皇宫为父皇解忧纾难时，武惠妃却跑到玄宗跟前去告状，说是太子和鄂王、光王三人全副武装进宫，意图作乱谋反。已然昏聩的唐玄宗竟然听信了武惠妃的谗言，根本不容太子三人分辩，一纸诏书就把三个皇子废为庶民，不久又在武惠妃等人的撺掇下将三个亲生儿子赐死。虽然父子相残在封建宫廷中并不少见，但像唐玄宗这样一次杀死三个儿子的悲剧仍然是空前绝后的……

玩火者必自焚，武惠妃设计除掉太子三人后，总是害怕他们的鬼魂前来复仇，内心一直惊悸不安。她想尽各种办法镇邪赎罪，却无论如何也是摆脱不了心底的恐惧感和罪恶感，最终在几个月后因此而死。

那时武惠妃是唐玄宗最爱的女人，她的死让玄宗皇帝感觉一半的天塌了，整日魂不守舍，茶饭不思，身体日渐憔悴，就在这时，他遇见了一身缟素、楚楚可怜的杨玉环。杨玉环入宫是来给婆婆武惠妃守孝的，却没想到被公公唐玄宗看上了，大唐的历史到了此时此刻真的要改写了，当然这个责任主要在色迷心窍、不顾廉耻的玄宗皇帝身上。

如果一个皇帝已经色令智昏了，那么他看中的女人无论如何也要弄进皇宫的，哪怕她是自己的亲儿媳妇，于是，杨玉环一夜之间就从王的女人变成了皇的女人，紧接着，《长恨歌》中的场景就上演了——

春寒赐浴华清池，温泉水滑洗凝脂。

侍儿扶起娇无力，始是新承恩泽时。

云鬓花颜金步摇，芙蓉帐暖度春宵。

春宵苦短日高起，从此君王不早朝。

当一个皇帝为了他宠爱的女人不再上朝，而是把军国大事交给李林甫那样的臣子处理时，那么国事日非、国势日下、国将不国已经是不可避免了，这才有了"一骑红尘妃子笑，无人知是荔枝来"，这才有了"渔阳鼙鼓动地来，惊破霓裳羽衣曲"，这才有了"淮西有贼五十载，封狼生貙貙生罴"，这才有了"天街踏尽公卿骨"，"甲第朱门无一半"，这才有了公元907年，起义军叛徒出身的大军阀朱温废掉唐哀帝建立后梁，从唐玄宗后期开始衰弱了一个半世纪的大唐至此彻底落幕，成为历史……

# 宋高宗：其实我也恨秦桧

关于岳飞之死，史学界基本上已经达成了这样的共识：表面上岳飞是被奸相秦桧害死的，实际上背后的主谋乃是昏君宋高宗赵构，但是细究之下，问题又并非如此简单，如果宋高宗地下有知，他可能会发出如此的感叹：其实我也非常憎恨秦桧。

清朝史学大家赵翼在他的代表作《廿二史札记》中曾经直截了当地指出了宋高宗和秦桧之间存在着异常激烈的敌对情绪，"几如曹操之于汉献帝矣"，为什么会这样呢？因为秦桧当丞相时，"诛赏予夺，悉其所主持"，作为一国之主的宋高宗"反束手于上，不能稍有可否"，总而言之一句话，皇帝赵构在很大程度上被奸相秦桧架空了，成了金銮殿上的摆设，恰如木偶戏里的傀儡。

也许诸位觉得赵翼所言有些夸大其词，危言耸听，但实际上，这个推断有着充分的历史证据。

先请看《宋史·李浩传》中的记载："自秦桧用事，塞言路。及上总揽威权，浩与王十朋等始相继言事。"用现在的话说，就是秦桧当政的时候，就像一扇闸门一样挡在宋高宗和臣子之间，他圈子里的人自然唯其马首是瞻，他圈子外的人几乎不能和皇帝直接交流，直到宋高宗恢复行使权力，李浩、王十朋等忠正之士才真正获得了向皇帝进言的机会。

再请看《宋史·王纶传》的一段文字："（绍兴）二十六年(秦桧死于二十五年)，试中书舍人。高宗躬亲政事，收揽威柄，召诸贤于散地，诏命填委，多纶所草。"从此处我们可以发现两个重要信息：其一，秦桧死后，宋高宗才开始"躬勤政事"，才得以"收揽威柄"；其二，秦桧掌权时把贤良方正的大臣都排挤到了有名无权的闲散官职上（所谓"散地"也），以便他和他的爪牙控制朝政，专权独断。

也许有人会说，人家宋高宗是懒得费心费力，才让秦桧站在前台替他吃苦受累挨骂的，实际上不是赵皇帝做傀儡，而是秦丞相当木偶。真实情况究竟如何呢？南宋名臣虞允文给宋高宗所上奏章中的一句话可以作证——"秦桧盗权，十有八年，桧死权归陛下。"一个"盗"字，早已把奸相秦桧权欲熏心、欺上压下的丑恶行径揭露得明明白白、彻彻底底。

秦桧第一次拜相是在绍兴元年，即公元1131年，那时他根基未稳，第二年就因为被人弹劾下了台。公元1138年，秦桧抓住主战派之间的矛盾东山再起，第二次登上相位，这一登就是十八年，一直到他死亡才撒手放权，也就是虞允文所说的"秦桧盗权，十有八年"。

二次任相后，秦桧的求和政策跟宋高宗心底的想法不谋而合，而秦桧在高宗面前又毕恭毕敬，唯命是从，于是赵皇帝对秦丞相的宠信达到了空前的程度，以至于前者忽略或者放纵了后者的结党营私、排斥异己，让他的党羽爪牙几乎占据了所有的朝堂重位，把主战派大臣赶出京城或者放到闲职上挂了起来。长此以往，秦桧最终成了大宋王朝金銮殿的实际主宰者，宋高宗则沦为高高在上、空有其表的名义皇帝。

后来，宋高宗意识到了问题的严重性，但奸相专权的局面早已形成，难以撼动，他也只能无可奈何地面对现实，同时他对秦桧的感觉逐渐发生了改变，由宠信而怀疑，由怀疑而憎恶，由憎恶而忌惮。忌惮之下，宋高宗采取了一个意料之外却又在情理之中的做法，并且一直坚持到秦桧死去那一天。公元1155年，当宋高宗听说秦桧已经死亡时，不禁长吁一口气，对身边的人说出了这样一句话："朕自今日始，免得膝裤中带匕首。"

（从今天起，朕再也不用在靴筒里暗藏匕首了。）此事见于记录大理学家朱熹言行的《朱子语类》，而朱熹与岳飞的儿子岳霖是同时代人，比宋高宗和秦桧只晚二三十年，因此这个记载的可信度还是非常高的。

# 一句话要了自己的命

我们在欣赏宋朝大词人辛弃疾那些力主恢复、壮怀激烈的作品时，经常会与南宋时期的一个重要历史人物不期而遇，他就是开禧北伐的发起者韩侂胄。

胜者王侯败者贼，北伐兵败的韩侂胄早已被归入了误国权臣的行列，但就最后的结局而言，可以说，他彻彻底底是一个悲剧人物。为什么这么说呢？因为他某一天的一句话竟然在五年后要了他的命。故事要从南宋第四个皇帝宋宁宗的后宫说起。

宋宁宗的原配韩皇后因病逝世后，宋宁宗陷入了深深的矛盾——他想把端庄聪慧的杨贵妃立为皇后，却又担心自己宠爱的曹美人缠着自己哭闹不休……

作为皇帝最信任的大臣，韩侂胄看出了宋宁宗心中的纠结，就找了个机会表明了自己的看法——把一个有才华、性机警的女子立为皇后不是好事。韩侂胄这句话完全是冲着杨贵妃说的，因为她乃有宋一代后妃中才华最高的女子。顺便说一下，杨贵妃名叫杨桂枝，南宋优秀女词人。

韩侂胄的话传到杨贵妃耳中，她一边气得咬碎了满口银牙，一边充分展现出了其性格中机警的一面，使出各种公关手法进一步获取皇帝的信任。宋宁宗最终没有采纳韩侂胄的建议，而是在1202年把杨贵妃推上了皇后宝座。

　　韩侂胄是一位主战派，在他执政期间，抗金名将岳飞被追封为鄂王，奸臣秦桧的爵位被削夺，谥号改为谬丑。

　　公元1205年，在辛弃疾、陆游等人的支持下，韩侂胄发动了开禧北伐，意欲驱除胡虏，恢复中原。开始，宋军取得了几次重要胜利，给金国政坛造成了不小的冲击，遗憾的是，由于奸人弄权、主和派捣乱和敌军的策略调整，这个势头没能一直持续下去，开禧北伐最后在南宋主战派的叹息声中拉上了帷幕。

　　既然北伐失败了，主和派自然又在大宋朝廷占了上风，于是宋金两国开始和谈。这时，六十多年前的一幕重演了，就像当年完颜宗弼（即金兀术）要求杀死岳飞一样，金章宗提出的一个条件竟然是韩侂胄的人头。

　　宋宁宗是个重情重义的皇帝，他不愿意把韩侂胄的生命作为和谈的筹码，但是，因为立后时的那句话一直对韩侂胄充满仇恨的杨皇后，在这个时候暗中出手了，她和主和派的首领史弥远联合起来向韩侂胄射出了一支致命的暗箭。

　　公元1207年夏月的一天，韩侂胄上朝时被刺客劫持，继而在玉津园被暗杀，据说刺客的凶器是一柄大锤，韩侂胄死时血流满面，脑浆崩裂，惨不忍睹。

　　宋宁宗闻听噩耗，痛心疾首，却已是无力回天，只好任由史弥远带着韩侂胄的首级到金营和谈，结定了进一步丧权辱国的"嘉定和议"，南宋不但要每年送给金国更多的金银绸缎，金国皇帝还从宋朝皇帝的叔父升格成了伯父。

　　从"嘉定和议"开始，南宋历史进入了史弥远专权的时期。人到中年的宋宁宗早已经习惯了重臣执掌朝政，所以对史弥远专权没有什么大的不满，但少年气盛的太子赵竑却忍受不了史弥远朝纲独断、一手遮天。

　　在此有必要说一下宋宁宗和太子赵竑的特殊关系。

宋宁宗虽然贵为皇帝，但在天伦之乐上却是个苦命人，他的后妃先后给他生下了九个儿子，可是这九个儿子先后夭折了。在这种情况下，宋宁宗不得不选了个侄子做太子，但这个太子也是个薄命人，早早地就因病离世了。赵竑原本是宋宁宗的弟弟沂王的养子，沂王去世后，他被皇帝召进宫中，做了太子。

皇太子赵竑看不惯史弥远在朝堂上的嚣张气焰，回到东宫自然要发泄一下胸中的闷气，有一次竟然孩子气地指着地图上的琼崖地区（现在的海南岛）对身边的宫女说："有朝一日我掌了权，一定要把史弥远流放到这个蛮荒的地方去！"就是这句话，让他陷入了万劫不复的悲惨境地。

赵竑万万没有想到的是，他的贴身宫女中居然有一个人是史弥远安排在太子宫的卧底，于是，他的愤激之语被那个卧底的宫女传到了史弥远耳中。

史弥远当然不是坐以待毙的主儿，他很快有了应对之策，并且开始行动。

在征得了宋宁宗的同意后，史弥远从大宋的远支宗室中选了一个无依无靠、聪明伶俐的男孩作为沂王的继承人，这就是赵昀，然后就非常努力地朝着皇太子的方向培养这个孩子。

两年后，宋宁宗不幸驾崩，杨皇后遵照皇帝遗嘱让史弥远宣召皇太子赵竑入宫即位，然而，史弥远叫来的不是赵竑，而是沂王赵昀。杨皇后开始时是坚决不同意的，但她一个妇道人家哪里是老谋深算的史弥远的对手，最后不得不表示屈服，流着眼泪同意了废掉赵竑的皇太子之位，同时把赵昀推上了皇帝宝座。

第二天，赵竑眼睁睁地看着赵昀鸠占鹊巢，面南背北登基称帝，而昨天还是皇太子的自己却被赶出京城去做什么济王。在奸臣当权的情况下，赵竑因为自己的一句话失去了至高无上的皇位。但这还远不是他为此付出的全部代价。

赵竑曾经发誓要把史弥远流放到大宋国最偏远的地方，史弥远对赵竑则是必须彻底除之而后快。

赵竑被封到湖州做济王的第二年，当地发生了小股渔民暴动，虽然被造反者劫持的赵竑最后设法平息了这起民变，却仍然难以逃脱史弥远的魔爪。史弥远派人给了赵竑两个选择：要么以反贼的恶名被枭首示众；要么自缢而死，对外宣称病故。赵竑万般无奈之下只得选择了后者，在湖州济王府以三尺白绫结束了自己年轻的生命……

抛开忠奸暂且不论，韩侂胄和赵竑因为一句话而最终殒命的不幸经历在中国历史的巨幕上留下的是这样十个大字：官场有风险，从政需谨慎。

## 独一无二的明孝宗

说起皇帝的女人，自古即有"三宫六院七十二嫔妃"之说，更有甚者，如秦始皇、晋武帝，在皇宫中蓄养着成千上万的女子供其淫乐。令人大跌眼镜的是，历史上竟然也有实行一夫一妻制的皇帝，比如隋文帝和明孝宗，但他们两个的情形又颇有不同。隋文帝是有名的"妻管严"，他大半辈子只有独孤皇后这一个老婆并非心甘情愿，而是有贼心没贼胆。但独孤皇后在世时他就有过偷腥行为，独孤皇后死后他更肆意临幸宫中女人，最终因为儿子杨广欺辱他宠爱的宣华夫人而雷霆震怒，最终命断深宫。明孝宗则是在自觉自愿地履行一夫一妻的婚姻制度，和隋文帝相比高下立见。

明孝宗朱祐樘是明朝的第七代皇帝，他和皇后张氏的婚姻是由其父宪宗皇帝决定的，结婚当时皆如此（公元1487年）举行，当时孝宗十七岁，张氏十六岁。

张氏出身于书香门第，活泼可爱，知书达理，有着大家闺秀和小家碧玉的双重气质，深得孝宗喜爱。据明人陆楫的《蒹葭堂杂录摘抄》记载，孝宗"平生无别幸，与后相得甚欢"，下面这几则出自其中的小故事足以证明明孝宗对张皇后的爱有多真多深。

按照明朝后宫制度，皇帝在乾清宫中宠幸皇后时，皇后是不能于此过夜的，必须在事后由太监宫女们高举宫灯大排仪仗送她回居住的坤宁宫。孝宗皇帝打破了这个规定，允许皇后在乾清宫一直陪他到天明，这样就免去了张皇后和宫女太监们受月黑风凉、路滑霜浓之苦。

孝宗皇帝的关爱和体贴在张皇后生病时体现得更充分更深刻。有一次，张皇后生了一场大病，孝宗皇帝神思不安，放心不下，就亲自到坤宁宫来照料皇后，又是给她喂药，又是帮她漱口，又是招呼宫女，又是嘱托太医，比平常人家的老公还像老公。就在孝宗扶着皇后慢慢坐起时，忽然招手示意宫女替他服侍皇后，原来他那时有了想咳嗽的感觉，怕自己的咳声让皇后心中不安，故而暂时离开一下。陆楫写到此处，不由感叹明孝宗"厚伦笃爱若此"。

古语曰"爱屋及乌"，孝宗皇帝对张皇后的爱就到了这个程度，皇后的家人和她本人一样在皇帝心中有着非常重要的地位。在一个隆重的节日里，张皇后的母亲金夫人到皇宫赴宴。宴席摆好之后，帝后在正殿用餐，金夫人则坐在旁殿的客席。孝宗皇帝注意到自己和皇后用的是金器，而作为长辈和客人的金夫人用的却是银器，就问在场的太监是怎么回事，太监回答说乃是旧制。孝宗不便违背旧制，就想了个别的办法表示对皇后家人的厚爱——宴会结束后将金夫人所用银器恩赐于她，并且另外准备一席御膳让她带给皇后的父亲品尝。

在长达十八年的时间里，明孝宗与张皇后一直像寻常百姓家一样过着一夫一妻、举案齐眉、互敬互爱的幸福生活，在中国历史上留下了一个美好而温馨的难解之谜。

孝宗皇帝为什么要在偌大的皇宫里坚持一夫一妻制呢？笔者在此为大家提供几个原因作为参考。其一，明孝宗是三百五十多个皇帝中最大的爱情幸运儿，他娶到的第一个女子恰好就是他的最爱。其二，明孝宗是个心系天下、爱民如子的皇帝，他在位期间一直励精图治，勤于政事，不愿被儿女私情占去太多的心思和精力，这才有了明朝中期独一无二的弘治中兴。其三，明孝宗的生母生前备受万贵妃迫害，最终刚刚生下宝贝儿子就含恨而死，这种特殊经历让孝宗对后宫的争宠倾轧心有余悸，干脆来个彻底了断，不纳妃嫔，只爱张皇后一个。

明孝宗不但只有一个后妃，而且只有一个儿子，就儿子的数量而言也几乎是独一无二的，要知道，儿子成群的皇帝为数众多，因为身体原因或年纪幼小而没有儿子的皇帝也不在少数，但只有一个儿子的皇帝却是凤毛麟角。

实际上，张皇后为孝宗皇帝生过两个儿子，但二儿子出生不久就夭折了，幸存下来的大儿子就是正德皇帝（明武宗）朱厚照，也就是"游龙戏凤"那个故事里的多情天子。遗憾的是，武宗皇帝在传宗接代上还不如他老爸孝宗皇帝，他虽然有不少后妃，却连一个儿子都没有，这直接造成了孝宗这一支皇脉和张皇后个人的大悲剧。

因为正德皇帝没有儿子，已经升为太后的张皇后不得不在痛失爱子之余从他的堂兄弟中找一个来继承大统，这个幸运者就是朱厚熜，即嘉靖皇帝。嘉靖皇帝要尊奉他已逝的父亲为皇帝，要封他的亲生母亲为皇太后，这引起了朝廷重臣和张皇后等人的不满，从而引发了明史上著名的"大礼议"事件。一番论争博弈之后，嘉靖皇帝取得了最后的胜利，他和伯母张皇后的和谐关系再也不可能真正恢复，张皇后的余生是在孤独寂寞中度过的，长达二十年的清冷凄凉，一般人难以想象。如果孝宗皇帝地下有知，会怎么看待自己当年的决定呢？

# 不说话的隆庆帝

老子在《道德经》中曾经这样评价不同层次的领导："太上，下知有之。其次，亲而誉之。其次，畏之。其次，侮之。"按照老子的说法，明朝的隆庆皇帝肯定属于太上，即最高层次的领导人。

说起明朝皇帝，大家会想起开国的明太祖、亡国的崇祯帝、残酷的明成祖、荒唐的明武宗、昏庸的嘉靖帝、怠政的明神宗，再往下会想起下落不明的建文帝、土木之变的明英宗、保卫北京的景泰帝、沉迷木器的明熹宗，但很少会提到隆庆帝、弘治帝、明仁宗和明宣宗，可恰恰就是这几位低调的皇帝创造了既兴盛又和平的隆庆之治、弘治中兴和仁宣盛世。

隆庆帝朱载垕的确是一个非常低调的人，低调得不像一个领导，当然更不像一个国家级领导。

隆庆帝的低调是和他成为皇帝前的经历密切相关的，而且这些相关经历笼罩着一个神秘的咒语。

隆庆帝的老爸嘉靖皇帝二十七岁才得到了他的第一个儿子朱载基，可是他还没从得子的喜悦中回过神来，那可怜的小皇子就不幸夭折了。嘉靖帝向他最信任的道士陶仲文询问原因，陶道士搬出了"二龙不相见"的神秘理论。为了保证大明江山后继有人，嘉靖帝决定尽最大努力去遵守"二龙不相见"的天意。

三年后，嘉靖帝的次子朱载壑出生，又过一年，朱载垕和朱载圳相继出生，嘉靖帝虽然也喜欢自己的皇儿们，但当年的悲剧使他一直尽力坚守着"二龙不相见"的神秘规定。

在这种情况下，朱载垕兄弟三个一年到头也见不着几回皇帝老爸的面，虽然身边有母亲、祖母和成群的宫女、太监，但谁也不能代替父亲的位置，父爱的缺少对于朱载垕寡言性格的形成应该有着很大的影响。

朱载垕三兄弟就这样在缺乏父爱的环境里长到了十二三岁，到了要出阁讲学的年龄。

所谓"出阁讲学"就是邀请儒学名臣轮流进宫给皇子讲授儒家经典著作，这是一件非常严肃的事情，需要举行隆重的仪式来宣布它的开始，而且作为父亲的嘉靖帝必须出席。

嘉靖皇帝本来想打破常规不参加皇子们出阁讲学的启动仪式，但经不住皇太后的一次次劝说，最后勉为其难地在这个隆重仪式上现身了。

"二龙不相见"的咒语显然是无稽之谈，但巧合的是，那场仪式结束后，也就是"二龙相见"后，没有多少日子，太子朱载壑就不幸得了一场怪病离世而去了。

第二个儿子的夭折使得嘉靖帝对"二龙不相见"深信不疑，他不但把和儿子们的见面次数减到了最低水平，而且还不敢再将谁立为太子了，要知道，皇子是龙，太子也是龙呀！

朱载垕是嘉靖帝的第三个儿子，大哥、二哥夭折后，按理应该立他为太子了，但他却因为"二龙不相见"的神秘说法一直待在裕王的位置上，直到1566年他老爸嘉靖帝驾崩。尽管朱载垕没有被立为太子，皇位继承人却是非他莫属的，因为这时他已是嘉靖帝唯一在世的儿子了。

细数往事，仿佛朱载垕天生就是皇帝命。虽然如此说有"事后诸葛亮"之嫌，但相关历史记载确实值得一提。其一，朱载垕一岁生日时，大人让他玩"抓周"游戏，他从许多好玩意儿里抓出来的是象征皇权的龙旗；其二，嘉靖帝立朱载壑为太子时，太监们错把立储诏书送到了朱载垕的王宫；其三，一直觊觎皇位的朱载圳在嘉靖帝驾崩前一年病逝，朱载垕成了唯一的皇位继承人。

公元1566年，朱载垕登上帝位，史称隆庆帝或明穆宗。

隆庆帝没有做太子的经历，而且一直生活在皇宫之外，对朝政事务不够熟悉，因此，他成为皇帝后选择了多观察、少说话的行事方式，从来不说那些空话套话，把这些机会都让给了大学士和相关官员。

后来，隆庆帝已经对朝廷内外人事心知肚明、了如指掌了，但他仍然保持着遇事沉默少言的执政风格，因为他心底正在确立最适合自己的治国思路，那就是道家的无为而治。隆庆帝之所以做此抉择，原因有二：第一，他既不想像伯祖孝宗那样勤劳国事，也不想像父皇世宗那样不理朝政；第二，他身边的大学士徐阶、高拱、张居正都是长于理政、值得信任的臣子。

当今社会有句俗话："不管领导讲话不讲话，事情该做照做，地球该转照转。"其实隆庆帝早在四百多年前就深刻地意识到了这一点。他尽最大努力少说话，坚决不搞"假大空"的讲话，为大臣们创造了安静自然的工作环境；他自己不扰民，同时严禁官员干扰百姓的农事商业活动，为大明子民提供了简单有效的政府服务；他对军事行动不指手画脚，完全信任戚继光、谭纶、俞大猷、杨博、王崇古、李成梁等名将的指挥能力，不仅成功遏制了倭寇、蒙古和女真的侵略势头，还使得蒙古的俺答汗请求两国交好互通贸易，为边境人民带来了数十年的安定生活。

遗憾的是，就在大明的政治、经济、军事乃至文化都呈蒸蒸日上、前途无量之势时，隆庆帝不幸因病辞世，谥号契天隆道渊懿宽仁显文光武纯德弘孝庄皇帝，虽然皇帝的谥号多有溢美之词，但隆庆帝总体上是受之无愧的。

顺便说一下，大家熟悉的京剧《二进宫》演的就是隆庆帝身后的事情，虽然剧中人物都有原型，比如李艳妃的原型是隆庆帝的李贵妃，兵部尚书杨波的原型是名将杨博，但实际上隆庆帝病逝后政局是和平过渡的，这也证明隆庆帝是一个长于识人、善于用人的皇帝。

对比一下隆庆帝和他的老子跟儿子，总会感叹上天和命运的不公——无视百姓福祉的嘉靖和万历皇帝竟然各自在位四十多年，心中装着百姓的隆庆帝却仅仅享位六年有余。

《明史》对隆庆帝的评价是这样的："穆宗在位六载，端拱寡营，躬行俭约，尚食岁省巨万。许俺答封贡，减赋息民，边陲宁谧。继体守文，可称令主矣。"令主者，贤德君主也。

# 沾了儿子大光的皇帝们

废掉太子李瑛后，一代明君唐玄宗陷入了极度苦闷的心境，因为他不知道该选哪个儿子当皇位继承人了。

唐玄宗大大小小共有三十个儿子，除了被废的李瑛与其他早夭的和获罪的之外，还有十几个皇子可以作为太子的人选，多子多福本来是求之不得的喜事，此时却成了唐玄宗最为头疼的事情。就在玄宗皇帝为立谁做新太子食不甘味、寝不安席时，一个孩子的到来让他豁然开朗、茅塞顿开。

这个孩子是谁呢，后来的唐代宗李豫。

李豫生于公元726年，当时正是十二三岁的花季少年，读书之余经常跑到爷爷玄宗身边玩耍。据史书记载，李豫"宇量弘深，宽而能断，喜惧不形于色。仁孝温恭，动必由礼。幼而好学，尤专《礼》《易》，玄宗钟爱之"。正在为立储之事双眉紧蹙的唐玄宗一见自己最喜欢的孙子来了，就暂时把心事放到一边，仔细询问起李豫的生活和学业来，看着言行举止谦恭有礼，回答问题头头是道的宝贝孙子，唐玄宗忽然想到，如果将来这个孩子能够承继大统，肯定是一个深受臣民爱戴的好皇帝，于是，他心里的天平就开始向孩子的父亲——忠王李亨那边倾斜了。

公元736年六月，忠王李亨被唐玄宗立为太子，他就是后来的唐肃宗。六年后，李豫如唐玄宗所愿，继位成为皇帝，史称唐代宗。

唐肃宗李亨凭着有个好儿子上位的经历也许不是空前的，但绝对不是绝后的，在他之后的历史上至少有两个皇帝与他有着相似的立储之路。

和唐玄宗一样，明成祖朱棣也是胸有雄才伟略、开创了一代盛世的皇帝，也曾在皇位继承人的选择上陷入迷惑，所不同的是，他的候选人名单比较简单，只有两个人——皇长子朱高炽和皇二子朱高煦。朱棣明白"废长立幼"乃是取乱之道，而且他知道大部分朝臣不支持他这样做，但他又真真切切地感觉皇二子朱高煦更像他这个父皇，更适合做大明江山的接班人，在这种情况下，朱棣想到了他非常欣赏非常信任的一个大臣——翰林学士解缙。解缙也不同意废长立幼，一番周折之后，他最终用"好圣孙"三个字说服了朱棣。

"好圣孙"者，朱棣长孙，朱高炽长子朱瞻基也。

朱高炽和朱瞻基在历史上分别被称为明仁宗和明宣宗，他们父子二人共同创造了和平安定、繁荣富强的仁宣之治，事实证明明成祖的选择是完全正确的。

沾了儿子大光的明仁宗是个幸运者，相比之下，清朝的雍正帝则更加幸运，因为后者享国的时间远远长于前者。

雍正帝能够在康熙大帝之后走上国家一把手的工作岗位，因素应该是多方面的，但他的儿子弘历——也就是日后的乾隆皇帝——深受爷爷康熙喜爱，无疑是一个不可忽视的原因。

弘历从小天赋异禀，聪明过人，读起书来一目十行，过目成诵，而且长得清秀俊逸，气质不凡。康熙皇帝一见之下就喜欢上了这个小孙子，很快颁下圣旨让弘历进皇宫与他一起生活，并且亲自教授他诗书礼仪和治国之道。雍正帝应该知道自己能够继承皇位在很大程度上是沾了儿子的光，所以，在登基的第二年，他就以秘密立储的方式为弘历确定了皇位继承人的身份，这才有了延续百年之久的康乾盛世。

# 家事篇

# 历史上的另一对伯夷叔齐

古公亶父共有三个儿子，长子是泰伯，次子叫仲雍，小儿子名季历。按照王位继承的惯例，即将接班成为周国国君的应该是泰伯，但是古公亶父却在此时陷入了空前的纠结矛盾状态。因为老三季历的儿子昌儿一生下来就被占卜师认定为有圣人之相，而且从小就明显比同龄的孩子聪颖灵透，如果将王位传给泰伯，昌儿就不可能有机会成为国君，那么他们家族就会辜负上天的特别眷顾和恩宠。但如果把王位传给季历，然后再传给昌儿，他又觉得无颜面对祖先的训教和善良稳重的大儿子泰伯。

父王的纠结被泰伯看在眼中，记在心里，他心中像打翻了五味瓶——百感交集。关于这件事，泰伯的感受应该有委屈甚至有不满，但更多的是对父亲的理解和包容，他最后做出的决定就是最好的证明。

泰伯在做了一番思考后找到了二弟仲雍，兄弟俩商定一起放弃王位的继承权，彻底从周国的土地上消失，这样，父王就可以毫无顾虑地把王位传给三弟季历，然后再传给有圣人之相的昌儿。那么，他们应该去哪儿呢？兄弟俩选定的目的地是长江入海口一带，那是他们所知道的最遥远的地方。

于是，在一个没有月亮的夜晚，泰伯与仲雍带着家人悄悄离开生活了多年的周原，向几千里之外的江南地区进发了。他们披星戴月、跋山涉水，经历了千辛万苦后终于到达了长江口以南的太湖流域。

那个时候的江南可不像现在一样繁华富丽、人文荟萃，而是一副原始社会的古朴景象：人们身穿粗麻，断发文身，在经常被淹没有时却干涸的田地里耕作，遭遇荒年就不得不重新拾起采集打猎的旧营生。在这个陌生的地方，泰伯、仲雍兄弟俩举目无亲，但他们很快就像父亲古公亶父一样，凭借自己的诚信仁义赢得了人们的尊敬和拥护。

泰伯、仲雍之所以受到江南民众的爱戴，其中一个原因是他们来自经济发达的黄河流域，有能力帮助当地人开发水利，发展农业。在兄弟二人的领导下，江南百姓开挖新河，疏浚旧河，修港建城，改造沼泽，把旱涝频仍的太湖流域变成了富饶丰美的鱼米之乡。江南大变样之后，泰伯在万千百姓的拥戴下建立了一个崭新的国家——句吴，定都梅里城，这就是后来灭越伐楚、会盟天下的吴国最早的雏形。

后来，泰伯因病辞世，句吴百姓不胜悲恸，纷纷前来为他们的国君送行。他们感激泰伯的恩德，都自觉地把他生前最喜欢的苎麻系在腰间，表示对这位英明仁慈之君的悼念和缅怀，中华民族为去世先人披麻戴孝的风俗就始于此时。

泰伯没有儿子，他去世后，仲雍被人们拥戴为句吴的第二任国君。仲雍的曾孙周章在位的时候，灭掉商朝的周武王奖赏功臣分封天下，并且派人四处寻找泰伯、仲雍的后人，以便回报他们当初的让位之德，这样，古公亶父分隔大江南北的后人们才重新取得了联系，此时距离泰伯、仲雍离家南下已经足足有半个世纪了。

# 秦惠文王和他的儿子们

在热播的电视剧《芈月传》中，秦惠文王至少有十个儿子：公子荡（秦武王）、公子华、公子封、公子通、公子壮、公子稷（秦昭襄王），不一而足。有趣的是，就身份认证而言，秦惠文王的这些儿子在历史上几乎各人有各人的特殊情况。

　　秦武王和秦昭襄王是秦惠文王的儿子，这是毫无疑问的，需要说明的是，武王的母亲的确是惠文后，但不是后人杜撰的芈姝，而是来自魏国的魏后。

　　关于公子壮，《史记》中的记载很少，只有如下的一小段文字："（昭襄王）二年，彗星见。庶长壮与大臣、诸侯、公子为逆，皆诛，及惠文后皆不得良死。"因为公子壮的封号是季君，此次未遂政变又称为"季君之乱"。从公子壮的封号和称呼以及惠文后同意拥立他为秦王来看，他很可能是秦惠文王的庶长子。细心的读者可能会提出这样一个问题：怎么能证明庶长壮和公子壮是一个人呢？证据在另一部史书《竹书纪年》里——"秦内乱，杀其太后、公子雍、公子壮"。

　　从《竹书纪年》的这段记载来看，秦惠文王应该还有一个被称为公子雍的儿子，他和公子壮结成联盟，跟公子稷一派展开了王位争夺战，就像后世的李建成、李元吉联起手来和李世民对抗一样。

　　《史记》中有好几个地方出现了"庶长壮""庶长封""庶长奂"这样的字眼，既然庶长壮就是公子壮，那么，庶长封、庶长奂应该就是公子封、公子奂，但我们不知道他们的出生年代，因此不能确定他们究竟是秦孝公的儿子还是秦惠文王的儿子。另外，庶长壮应该是右庶长嬴壮的简称，因为在秦国，很长时间内右庶长只能由秦国的宗室担任。

　　身份存疑的还有公子华。《史记》中的《六国年表》有这样的记载："秦惠王（即秦惠文王）十年,使公子华与张仪围蒲阳，降之。仪因言秦复与魏，而使公子繇质于魏。"秦惠文王生于公元前356年，公子华参与的蒲阳之战发生在公元前328年，即秦惠王十年，这一年，秦惠文王二十八岁，彼时已经可以率兵打仗的公子华是他儿子的可能性不能说没有，但微乎其微，所以，公子华更可能是秦惠文王的兄弟。

　　蒲阳之战后被送到魏国做人质的公子繇则应该是秦惠文王的儿子，原因有二：其一，到别的诸侯国做人质几乎没什么年龄限制，襁褓中的婴儿也有资格；其二，被送到别国做人质的几乎都是国君的亲生儿子，比如太子横（即楚顷襄王）、秦始皇的父亲、太子丹等等。再者，公子繇很可能就是被封到蜀地为侯的公子通国，而公子通国可以确定是秦惠文王的儿子。

关于公子通国，地方志巨著《华阳国志》记载如下："周赧王元年，秦惠王封子通国（又称繇通）为蜀侯，以陈壮（又称陈庄）为相。置巴郡。以张若为蜀国守。戎伯尚强，乃移秦民万家实之。三年，分巴、蜀置汉中郡。六年，陈壮反，杀蜀侯通国。秦遣庶长甘茂、张仪、司马错复伐蜀，诛陈壮。"周赧王元年就是秦惠文王后元十一年，即公元前314年，公子通国于此年被封为蜀侯，四年后不幸被反叛的国相陈壮杀害，那时在位的秦王已经是秦惠文王的嫡子秦武王嬴荡了。陈壮反叛被杀一事《史记》中亦有明确记载——"（秦）武王元年，与魏惠王会临晋。诛蜀相壮"。这证明《华阳国志》所言非虚。

公子通国被害后，秦武王把公子辉封为蜀侯。秦武王继位时年仅十九岁，按照常理判断，公子辉应该是他的兄弟而非儿子。

三年后，秦武王因为举鼎受伤而死，公子稷在其舅父魏冉和母亲芈八子（后称宣太后）的帮助下成功登上王位，史称秦昭襄王。随后，不肯臣服的公子壮、公子雍等人在惠文后的秘密支持下发动季君之乱，结果以失败告终，大批秦国宗室子弟受到株连，惨遭杀害。公子辉因为远在蜀地侥幸避开了这一场血腥政变，但在咸阳城中有一个人一直在用敌视的目光关注着他……

转眼到了公元前297年，即秦昭襄王十年。这一年，蜀侯公子辉在成都举行了一次规模盛大的祭典，为了表示对秦王的敬意和忠诚，他特意派人翻山越岭将祭典中最重要的那块胙肉送到千里之外的咸阳，没想到却因此招来了塌天大祸。

那个时候，秦国的一把手名义上是秦昭襄王，实际上是宣太后，所以蜀国送来胙肉时宣太后自然也是在场的。宣太后一直将蜀侯视为秦昭襄王潜在的巨大威胁，一则蜀侯是秦武王分封的，算是前朝的臣子；二则蜀地远离咸阳，易守难攻，适合作乱。于是，她就在那块胙肉上动了手脚，"加毒以进"，并且故意提醒秦昭襄王要检验一下蜀侯进奉的食物。一查之下，那块胙肉"果然"有毒，秦昭襄王勃然大怒，当即派司马错为使携剑前往成都赐死公子辉夫妇。公子辉和他的正妃不得不伏剑自杀，宣太后就这样借助一块胙肉毁掉了秦昭襄王和蜀侯公子辉之间本来不错的兄弟情谊和君臣关系。

关于公子辉被害一事，《竹书纪年》是这样记载的："秦封王子辉为蜀侯。蜀侯祭，归胙于王，后母疾之，加毒以进，王大怒，使司马错赐辉剑。"虽然作者没有明确指出后母姓字名谁，但在此语境之下，其中的后母只能是宣太后，也就是《芈月传》中的芈月。

在《芈月传》中，公子芾是宣太后和戎族首领义渠王的私生子，历史上的公子芾（有时写作公子市）并非如此不堪，他乃秦惠文王正儿八经的儿子，虽然是庶出的。

秦武王死后，魏冉和芈八子（即宣太后）本来准备把就在他们身边的公子芾立为秦王，但赵武灵王提出将在燕国为质的公子芾送回咸阳即位。当时赵国国力蒸蒸日上，威名远扬，而公子稷也是芈八子的亲生子且长于公子芾，于是，魏冉和芈八子就做个顺手人情同意了赵武灵王的主张。

公子稷登上王位的过程证明，在他成为秦王之前，公子芾已经出生，而宣太后和义渠王有私发生在公子稷即位后，这足以证明公子芾是秦惠文王之子。

公子芾还有一个弟弟叫公子悝，后来他和公子芾、魏冉、芈戎一起成了影响秦昭襄王执政治国的"四贵"，史学界普遍认为他也是秦惠文王和芈八子所生。

秦惠文王当初看到自己儿女满堂时，应该不会想到嫡长子嬴荡会在继位后英年早逝，当然也就不会想到诸子争位的人间惨剧，但这些都无情而残酷地发生了，如果他地下有知，不知会有多少感慨……

# 秦始皇其实不叫嬴政

说起历史上赵姓创立的王朝，大家肯定会想到宋太祖赵匡胤建立的北宋和宋高宗偏安江南形成的南宋，其实还有一个朝代也是赵姓的天下，哪个呢？说出来肯定会让您大跌眼镜却又一头雾水，答案就是第一个大一统的封建王朝，秦始皇开创的秦朝。

秦朝皇帝不是姓嬴吗？秦始皇不是叫嬴政吗？他们和赵姓有什么关系呢？

咱们要先从姓和氏的区别说起。

古籍《通志》是这样论述姓氏之分的：先秦时期，姓氏分而为二，男子称氏，女子称姓。氏用以别贵贱，贵者有氏，贱者有名无氏。姓用以别婚姻，故氏同姓不同者，婚姻可通；姓同氏不同者，婚姻不可通，因为天下同姓是一家。

咱们不妨以具体的历史人物为例来说一说这个事情。

大家一定还记得春秋时期那个因为和亲哥哥私通而臭名昭著的美女文姜吧！其实文姜并不是她真正的名字，而是后人对她的称呼，具体地说，文是她的谥号，姜是她的姓，当然也是她生父齐国国君的姓。齐国的国君自然是男子，按照先秦风俗，虽然他们也以姜为姓，但他们的名字却应该是吕某某，因为当时男子称氏，而齐国王族属于姜姓中的吕氏那一支。如此说来，大名鼎鼎的齐桓公应叫吕小白而不是姜小白；他的先祖，"太公钓鱼，愿者上钩"的主人公姜子牙其实应叫吕尚或吕子牙。

姜姓和姬、姚、嬴、姒、妘、妫、姞（一说为妊）并称为上古八姓，秦始皇所属的秦国王室或者说皇室就出自嬴姓，具体说，他们是嬴姓中的赵氏，和赵国七雄中的赵国不但拥有同一个姓而且属于同一个氏。既然秦赵两国同祖同宗，而赵国的君主宗室们都按照当时的风俗被称为赵某，比如赵武灵王赵雍、平原君赵胜，那么，秦国和秦朝的君主宗室的名字也应该以赵开头。

关于这一点，太史公司马迁给出过板上钉钉、确凿无疑的证据，请看《史记·楚世家》中的这段文字："秦庄襄王卒，秦王赵政立。"与《史记》同时代的《淮南子》一书中也有秦始皇名为赵政的证据，如《人间训》中的"秦王赵政兼吞天下而亡"，《泰族训》中的"赵政昼决狱而夜理书，御史冠盖接于郡县，复稽趋留，戍五岭以备越，筑修城以守胡，然奸邪萌生，盗贼群居，事愈烦而乱愈生"。

直到宋朝，在经史著作中秦始皇仍然被称为赵政而非嬴政，如宋太宗时成书的《太平御览》有这样的内容："赵政昼决狱夜理书……赵政不增其德而累其高，故灭。"南宋罗泌的《路史》则说："二十有九世，而赵政替周，号始皇帝。"

有趣的是，唐朝时诗人骚客笔下却已经出现了"嬴政"这个称呼，如初唐书法家孙过庭的《书谱》记载说："六文之作，肇自轩辕，八体之兴，始于嬴政。"晚唐诗人胡曾则在他的咏史诗中写道："嬴政鲸吞六合秋，削平天下虏诸侯。山东不是无公子，何事张良独报仇。"至于谁是第一个想当然地错误地把秦始皇称为嬴政的人，目前还是一个无解的历史谜团。

那么，为什么秦赵两国会拥有同一个姓同一个氏呢？这和历史上最著名、最了不起的马车夫造父有着密不可分的关系。

周穆王是古往今来最喜欢旅游的天子，而造父就是他的御用马车夫。造父不仅长于驾车，而且善于相马，所以他驾驶的那辆由四匹骏马做动力的羽葆盖车是当时速度最快的交通工具。造父先是载着周穆王西行几千里与昆仑山的西王母快乐相会，然后又拉着周天子以迅雷不及掩耳之势赶回大周平定了徐偃王的叛乱。穆王对造父的表现非常非常满意，于是就御笔一挥把河东的赵城（今山西洪洞县境内）分封给了天下第一马车夫。

于是，造父一族，包括他的父子兄弟、叔叔大爷、堂兄弟、侄子侄孙，都非常光荣地迁到赵城居住，并且从此以赵为氏，以区别于其他的嬴姓人群。在造父的侄孙中有一个年轻人叫赵非子，他后来因为善于养马而得到了周孝王的欣赏，从而幸运地得到秦这个地方作为封邑，这就是秦诸侯国和大秦帝国的前身。

既然秦国的老祖先名叫赵非子，那么，毫无疑问，作为其后人的秦国君主，不管是秦穆公、秦孝公、秦昭襄王还是秦始皇都应该叫赵某某，而不是嬴某某，也就是说，秦始皇其实不叫嬴政，而叫赵政。

# 不疑：汉朝最受欢迎的名字

如果在两汉时期举行一个"最受欢迎的名字"评选，有一个既高端大气上档次又低调奢华有内涵的名字肯定会跻身前三甲乃至独占鳌头，这个名字就是"不疑"。

据笔者所知，青史留名的汉代人物中至少有六个人以"不疑"为名，而且其中不乏英才高士。

　　年代最早的当属张不疑。也许您对他有点陌生，但提起他的父亲那绝对是如雷贯耳，谁呢？"运筹帷幄之内，决胜千里之外"，汉初三杰之一的张良张子房。

　　公元前186年，留侯张良驾鹤西游，长子张不疑继承爵位。公元前175年，张不疑因卷入一宗谋杀案而被判处死刑，并且侯国被除、爵位被废。为了保住性命，张不疑不得不倾尽家产赎罪，一下子从高贵无比的万户侯变成了穷困潦倒的打更人。虽然汉高祖刘邦当初曾与功臣们剖符立誓曰"使河如带，泰山若厉，国以永宁，爰及苗裔"，但功臣后人因罪而国削爵除的现象却是屡见不鲜。这其实也怨不得刘邦，因为某些贵N代确实太不像样了。对于张不疑而言，幸运的是，他的儿子张典颇有出息，在困境中奋发图强，长大后做了清河郡太守，为后世声名显赫的清河张氏埋下了一个伏笔。

　　和张不疑同时代的人中还有两个"不疑"在史书上留下了名字，一个是刘不疑，另一个是直不疑。

　　刘不疑此人大有来头，他的祖父乃是汉高祖刘邦，父亲则是汉惠帝刘盈。汉惠帝虽然在吕后的淫威下年纪轻轻就抛却了卿卿性命，却留下了好几个儿子，刘不疑即是其中之一。汉惠帝死后，吕后扶立他的长子刘恭为帝，后来刘恭因为怨恨吕后杀死其母而被害，惠帝的另一个儿子刘弘继之成为吕后手中的小木偶。四年后，吕后病死，诸吕被灭，代王刘恒被陈平、周勃等功臣迎入长安即位为帝，刘弘、刘不疑兄弟五人因为是吕后的亲孙子而惨遭杀害，他们当时都还是未成年的孩子。

　　直不疑是汉文帝时代的国家重臣，这个人物有三点值得一提：第一，直不疑是一个美男子，史书载其"状貌甚美"，如果他生在现在，应该会成为一个网红；第二，直不疑文武双全，既能理政安民，也能领兵打仗，"七国之乱"发生的时候，他率领一支军队平叛，立下了盖世功勋，并因此被汉景帝封为塞侯；其三，直不疑信仰黄老之术，为人做官都非常低调，尽量不给别人和百姓添麻烦，即使被人冤枉也不辩解，而是等待时间来证明他的清白，可谓"文景之治"时期休养生息国策的典型代表。

文帝时代有直不疑脱颖而出，武帝时代则有隽不疑引人注目。

司马迁与班固在他们的史书中把清官称为循吏，隽不疑就是一位典型的循吏。

隽不疑的故乡在勃海郡，相当于现在的河北沧州，临近的平原郡（今山东德州一带）出了一个大名人叫东方朔，大概隽不疑非常仰慕这位半个老乡，就取了一个和他一样的字——曼倩。隽不疑先后担任过郡文学、青州刺史、京兆尹等职，他进退以礼，以身作则，执法严正而又体恤百姓，可谓为官一任，造福一方。隽不疑还有一双富有洞察力的眼睛，他先后识破了齐王的反叛阴谋和冒牌卫太子的真实面目，在维护国家安定的同时为自己赢得了朝野内外的赞誉。

前汉涌现了张、刘、直、隽"四不疑"，后汉还有梁不疑和周不疑。

梁不疑是汉顺帝、汉桓帝时代的皇亲国戚，他的两个妹妹分别是这两个皇帝的皇后。和号称"跋扈将军"的哥哥梁冀不同，梁不疑雅好诗书，礼贤下士，深受当时正直官员的推崇。梁不疑眼见哥哥把朝廷上下弄得乌烟瘴气、血腥四伏，而他回天无术、无能为力，只好选择返回故乡闭门隐居。梁冀虽然没有报复弟弟，却对前去拜访梁不疑的官员给予了残酷的惩罚。

梁不疑之所以闭门不出、远离梁冀是因为他感到这个哥哥会给家族带来莫大的灾难，后来的事实证明梁不疑的预感是正确的——公元159年，被彻底激怒的汉桓帝用计剪除了梁冀势力集团并灭了他的全家。

梁不疑在梁冀被诛灭之前就已经病逝了，如果他是一个享寿百年的幸运者，就有机会领略天才少年周不疑的风采了。

周不疑生活在东汉末年，原籍零陵，和黄盖是同乡，但他跟随舅舅刘先长期居住在襄阳。

周不疑是个远近闻名的神童，刘先曾想让他拜名士刘巴（就是在刘备入川时闭门不见的那位先生）为师，但刘巴自认难以胜任。

刘先官任别驾，是荆州刺史刘表的副手，他曾受命到许都谒见曹操。周不疑很可能就是在这时来到曹府的，而且不久就和另一个神童曹冲成了一见如故的好朋友。

曹操也非常欣赏周不疑的智慧和才华，但是曹冲不幸夭折后，周不疑在曹府成了不受欢迎的人，因为曹操一看见他就会想起早逝的曹冲。据说后来曹操竟然起了杀心，派出刺客夺走了周不疑年轻的生命。

根据《零陵先贤传》记载，曹操北伐游牧民族乌桓时，进攻柳城多日不下，正在他无比烦恼之际，周不疑献上了十个锦囊妙计，曹操依计而行，很快攻取了柳城这个战略要地。周不疑的军事才能于此可见一斑。

"不疑"之外，"延年"也是两汉时期很受欢迎的一个名字，比如音乐家李延年，即"北方有佳人"的首唱；汉武帝时代的酷吏严延年和大将韩延年；以及《羽林郎》的作者，东汉诗人辛延年。

两汉之后，"延年"这样喜庆的名字仍然在为人们选用，但"不疑"这个高大上的名字却在历史的天空中逐渐消失了，其中缘由有待大家去追寻发现……

# 一部三国仨曹节

如果说一部三国史中有三个名为曹节的人物，您可能会觉得这有点天方夜谭。

然而，事实的确如此。

先说说《三国演义》中的第一个曹节。

这个曹节是个大宦官，在第一回中就已经出现，那时是光和元年（公元178年），他在汉灵帝的朝堂上现身是没有问题的。但是，在第三回中，历史的步履已经走进了公元189年，而曹节还在皇宫里边，这就和历史不相符了，简直是活见鬼了，因为据历史记载，曹节早在公元181年就死翘翘了，他无论如何是不可能在189年董卓进京之前和张让等人劫持汉少帝与陈留王（即后来的汉献帝）的。

但曹节确实如《三国演义》所写，是个劣迹斑斑、罪大恶极的家伙，他曾劫持窦太后、汉灵帝，矫诏杀害意图剪灭宦官的国丈窦武、太傅陈蕃；不久又兴第二次党锢之祸，与宦官侯览收捕李膺、杜密等党人百余名下狱处死，流徙、囚禁他们的亲朋故旧达五六百人，几乎使天下正人端士为之一空。曹节在残害忠良的同时，把他家中的父兄子弟、身边的"猫猫狗狗"都推上了官位，从中央的公卿到地方的刺史、太守、县令，每个级别的官员都有很多他的嫡系。这些靠着曹节而升天的"鸡犬"个个横行霸道，鱼肉百姓，而其中又以他的亲兄弟越骑校尉曹破石最为荒淫暴虐。

《三国演义》中的第二个曹节乃是一个女人，而且是一个绝对不一般的女人，既是当朝皇后，又是宰相千金，可谓要风得风，要雨得雨，然而，她的不幸和痛苦却也并不比别人少。

　　曹节的老爸不是别人，正是人称"奸雄"的曹操，她的老公则是曹操手掌中的傀儡皇帝汉献帝，曹节最美好的青春岁月就是在这对特别翁婿之间的政治缝隙中挣扎着度过的。

　　公元213年，曹操做了一件不同寻常，虽不大却也不小的事情，他一下子把三个亲生女儿——曹宪、曹节、曹华献给了汉献帝，曹节当时18岁，年龄正好居中。俗话说"皇帝的女儿不愁嫁"，曹节则是"丞相的女儿不愁封"，她一入宫就是夫人，第二年又升为贵人。就在这一年，伏皇后为了除掉曹操而给她父亲写的密信被人发现，结果被处以幽闭之刑，于是，曹节一步登天成了一人之下、万人之上的皇后，不过，她之上的这个人并不是汉献帝，而是她的老爸曹操。

　　虽然汉献帝在皇后曹节面前言行谨慎、不敢造次，但曹节并没有仗着老爸的势力对献帝颐指气使、施令发号，而是真诚相待，以心换心。慢慢地，她用自己的爱温暖了汉献帝那颗冰冷的心，夫妻俩终于可以相亲相近、琴瑟和谐了。然而，一场政治飓风不久后就降临了——她的哥哥曹丕强迫汉献帝禅让帝位，企图代汉建魏。曹节怒不可遏却又无可奈何，只有紧握玉玺不放，以此来保全大汉皇家的尊严。曹丕的使者来过几次之后，曹节知道如果自己再执意不肯交出玉玺，汉献帝的安全就难以保障了。此时，曹节表现出了女中丈夫的一面，她含泪起身，愤怒地把玉玺掷到台阶之下，厉声斥道："苍天有眼，绝不让你长久！"

　　被逼退位的汉献帝被封为山阳公，迁居云台山下的山阳城（在今河南省焦作市），而曹节却被曹丕留在了京都洛阳。曹节不愿与丈夫分离，甘心和丈夫一起受难吃苦，几经抗争后终于来到了汉献帝身边。曹节辅助献帝在山阳与民休息，减赋免税，行医救民，兴办学馆。在历史上，特别是河南历史上，写下了浓墨重彩、百世流芳的一笔。

　　第三个曹节不见于三国历史，但与三国有着密不可分的关系，他不是别人，正是曹操的曾祖父。

关于这个曹节的历史资料非常有限，其中的小故事"认猪不争"却很值得讲一讲。

话说有一天，曹节的一个乡邻丢了一头大肥猪，他发现曹节家里有一头猪和自己丢的那一头一模一样，于是便上门去索要。曹节笑呵呵地什么都没说就让他把猪抓走了。几天后，那个乡邻家丢失的猪自个儿回家了，他这才知道自己冤枉了曹节。此事过后，曹节的宽宏大量在谯县（今安徽省亳州市）一时传为美谈。

行文至此，有一个问题浮出了水面——既然曹操的曾祖名叫曹节，按理说他不应该给自己的女儿取名为曹节呀！如此行事乃对先人大不敬之举，在当时应该是个非常严重的问题。向来主张"不得慕虚名而处实祸"的曹操为什么会这样做呢？是想标新立异以示与众不同呢，还是一时不慎以至"数典忘祖"了呢？期待有关专家在不久的将来能够为人们解开这个虽不大却甚有趣的谜题。

# 那些和厨子有关的中国往事

中国人自古以来就对饮食文化情有独钟，老子曰，"治大国若烹小鲜"；孔子曰，"食不厌精脍不厌细"；孟子曰，"食色，性也"……而作为饮食文化中心人物的厨师在历史上却只是个无足轻重的小角色。但是，在某几个特定的历史时刻，厨师竟然起到了举足轻重的大作用，需要特别说明的是，有时候这个大作用是反面的。

"治大国若烹小鲜"是老子的名言，但他并没有亲身体验，而早于老子一千年的一个人却既深谙烹饪之道，又长于治国理政，他就是被尊为

"烹饪之祖"兼"厨圣"的伊尹。

伊尹原名伊挚，是有莘国的名厨，后来作为陪嫁奴隶来到了商汤的身边。他虽身份卑微，却心怀天下，经常以"调和五味"之道在治国方面给商汤以点拨。商汤认识到伊挚的特殊才干之后，便给了他自由并且让他参与政事，不久伊挚就被任命为主政的尹，这就是他被后世称为伊尹的原因。

当时正是夏朝末年，夏桀残暴无道，人神共愤，伊尹辅佐商汤推翻夏桀，建立了商朝。在伊尹和商汤的共同努力下，商王朝百废俱兴、蒸蒸日上，很快就成了一个新兴的东方强国。商汤去世后，伊尹又辅佐了商汤的儿子外丙和仲壬，然后又把商汤的孙子太甲立为国君。

太甲不肯好好地按照祖父商汤的既定国策行使君主职责，伊尹就怀着一片忠君爱国之心放逐了太甲，让他到商汤陵墓所在地桐宫反省思过。在以伊尹为首的大臣们的努力下，商朝这条有点偏离航向的大船又回到了正确航线上。三年后，太甲深刻认识到了自己所犯的错误，伊尹就举行隆重仪式将他迎回都城，并且把执政大权送还给他。

太甲没有辜负伊尹对他的厚望，最终成了承前启后的一代英主，可惜天不假年，他在年富力强之时不幸因病去世了。群龙无首的关键时刻，已是耄耋老人的伊尹又一次站了出来，为太甲之子沃丁的顺利即位保驾护航，从而成就了自己五朝元老的历史传奇。

如果评选历史上最著名的厨子，春秋时期的易牙差不多会当选，虽然他是个邪恶人物。易牙名号之所以如此响，其一在于他的心肠不是一般的狠；其二在于他的主子不是一般人；其三在于他的厨艺远远超出一般人。

易牙是齐桓公的御用大厨，一年到头想着法地满足主人舌尖上的渴望，结果齐桓公的嘴巴越来越刁，某一天竟然说出了这样一句话：寡人尝遍天下美味，唯独未食人肉，倒为憾事！易牙居然将齐桓公的玩笑话当了真，将自己四岁的儿子做成了一道美食。

"易牙烹子"这历史上最为残忍的一幕，别人看到的是易牙的丧心病狂，齐桓公看到的却是易牙的忠心不贰，于是，在名相管仲逝世后，他不顾管仲临终时的告诫，把易牙和另外两个小人推上了高位。结果怎么样呢？易牙三人不但专权误国，还分别和不同的公子结成了死党。齐桓公得了重病后，几个公子在易牙等人的支持下展开了惨烈的王位争夺战，最终齐国大乱，齐桓公饿死宫中，两个多月无人收尸，尸虫都从窗子里爬了出来……

第三个改写历史的厨师名叫徐黑，他是十六国时期前凉王宫的一个大厨。前凉的第四代国王张重华英年早逝后，其幼子张曜灵继位，其母马氏从王太后升格为太王太后。张重华同父异母的哥哥张祚一直在觊觎君主之位，而且他和马氏长期保持着属于乱伦的暧昧关系。在张祚的撺掇忽悠下，马氏废掉了张曜灵，把张祚推上了王位。权欲熏心的张祚很快就自立为帝，并且更加疯狂地淫乱后宫，祸国殃民。他的倒行逆施激起了朝野上下的激愤。

两年后，受到张祚迫害攻击的几位大臣联手向这个荒淫暴君发起了进攻，数万大军以迅雷不及掩耳之势包围了都城姑臧（今甘肃武威）。得到消息的张祚正要派人去抓捕造反者在城内的亲属，城门却已经被他们打开，城外的大军蜂拥而入。城内的守军不愿替张祚卖命，逃的逃，降的降，有的则领着造反者冲向了王宫。

人家得道者是振臂一呼，山呼海应，失道昏君张祚在大叫一声"救驾"后等来的却是众叛亲离。眼见自己真的成了孤家寡人，张祚只得逃往王宫深处，以为可以找个隐蔽地方躲过一死，却不料迎面撞上了他的御用厨师徐黑。徐黑彼时手里拿的不是大勺而是短刀，见了张祚，二话不说，白刀子进去红刀子出来，一下就结果了这个昏君。

虽然和徐黑一样同为皇家厨师，李安在历史上扮演的却是很不光彩的角色。

李安生活在南北朝末期，凭借一手好厨艺得到西魏权臣宇文泰的赏识，从而成了王府的大厨。宇文泰死后，他的侄子宇文护干脆直接废掉西魏皇帝，把宇文泰的嫡长子宇文觉拥立为皇帝。于是，李安就升格成了皇帝的御用厨师。

宇文护仗着拥立之功朝纲独断，独孤信（隋文帝的老丈人，隋炀帝和唐高祖的外祖父）和乙弗凤等大臣对宇文护专权欺君深为不满，鼓励宇文觉向宇文护发难，结果因为消息泄露先后遇害。宇文护一不做二不休，除掉政敌后又废杀了宇文觉，接着把宇文泰的庶长子宇文毓推上了帝位。

宇文毓外表安静文弱，其实是一个很有主见的人，他不甘心做宇文护手中的傀儡，要求亲自处理政事。宇文护无奈之下只得归还了部分权力，同时暗暗发誓要让宇文毓把吃下去的吐出来。

宇文毓是一个好皇帝，不仅提倡节俭，严惩贪腐，而且重视文化教育，在他的治理下，北周政坛逐渐呈现出清明和畅的气象。蛇蝎心肠的宇文护就在这时向宇文毓伸出了罪恶的黑手，御厨李安被推上了历史舞台。李安的良知最终被宇文护的重金和淫威击倒了，他偷偷地在皇帝的御膳里投下了足以致命的毒剂，不幸的宇文毓就这样被一个厨子夺走了年轻而宝贵的生命。

此后，宇文护又把宇文泰的另一个儿子宇文邕立为皇帝，宇文邕隐忍了十二年，终于除掉宇文护为两位兄长报了血海深仇，作为帮凶的李安应该也难逃头顶上那张疏而不漏的恢恢天网……

# 不一般的乔国老和吴国太

取材于《三国演义》的京剧《龙凤呈祥》是戏曲舞台上久演不衰的剧目之一，因为这出戏里行当非常齐全，生旦净末丑都有精彩的表演，其中的老生主要有四个，分别是刘备、乔玄（即乔国老）、鲁肃、诸葛亮，旦角则有两个，一个是青衣孙尚香，一个是老旦吴国太。

乔玄在历史上确有其人，但和东吴毫无关系，当然更不可能成为吴国的国老。

乔玄生于公元109年，卒于183年，字公祖，乃是汉末重臣名臣，曾先后担任大鸿胪、司空、司徒、太尉等职，名重朝野，天下仰慕，《后汉书》卷五十一有传记之。

乔玄之所以有名，一是因为他为人正直，为官清廉；二是因为他嫉恶如仇，不畏权贵；三是因为他抵抗侵略，保国安民。

历史上的乔玄和《三国演义》有两重密切关系。第一，他慧眼识英雄，曾对曹操发出这样的赞叹："天下将乱，非命世之才不能济也，能安之者，其在君乎？"第二，秉着忠君爱国之心发起关东诸侯伐董卓这一重大军事行动的乔瑁不是别人，正是乔玄的亲侄子。

据《后汉书·乔玄传》记载，乔玄为梁国睢阳人，《寰宇记》言孙策、周瑜的岳父乔公为汉之庐江郡皖（今安徽怀宁）人，两地相隔几百里，应该不是同一个人。

按《三国志》记载，孙策、周瑜分别纳青春年少的大小乔为妻是在攻破皖城之后，时间是公元199年，而乔玄183年就已去世，死时已有七十五岁，所以，从年龄上来看，乔玄是大小乔之父的可能性也微乎其微。

乔国老虽不是乔玄，但这个人物在历史上是真实存在过的，否则，大乔小乔就成了无本之木、无源之水。可戏曲中雍容华贵、万人之上的吴国太却是一个虚构的人物。

吴国太何许人也？《三国演义》说是孙权之母吴夫人的妹妹，孙坚的第二个妻子。吴夫人生四子，即长子策，次子权，三子翊，四子匡。吴夫人之妹生一子名朗，一女名仁。建安十二年，吴夫人死，临终嘱咐孙权道："吾妹与我共嫁汝父，则亦汝之母也；吾死之后，事吾妹如事我。汝妹亦当恩养，择佳婿以嫁之。"此后，吴夫人之妹称吴国太，孙权以母事之。

然而，史实并非如此。首先，吴夫人有弟无妹，吴国太其人并不存在。其次，孙坚生有五子一女（可能还有其他女儿），其中吴夫人生四子一女，另一子朗为庶生（即姬妾所生），其母为谁史书没有相关记载。小说却将吴夫人所生一女及庶生之孙朗说成吴国太的亲生子女，且将孙朗的别名"仁"说成是吴国太所生女儿之名。

罗贯中之所以安排吴夫人姐妹二人共侍孙坚，大概是想重新敷演舜帝纳娥皇、女英故事以暗示孙坚有帝王之资；之所以让吴国太和乔国老在刘备与孙尚香"龙凤呈祥"的过程中现身，大概也是为了让孙刘之间这场冷冰冰的政治婚姻变得灵动风趣、摇曳多姿。

# 他还是步了父亲的后尘

红遍亚洲的电视剧《甄嬛传》讲的是清朝雍正年间的故事，但是，从原著小说中的年号来看，甄嬛似乎生活在唐朝中期，因为乾元乃是唐肃宗的年号，然而，从甄嬛的姓氏和芳名来看，她身上明显有着三国时期魏文帝后宫的影子。

魏文帝曹丕先后有两个皇后，第一位姓甄名佚(后人习惯称她为甄宓)，第二位姓郭名嬛，在这种情况下，如果说甄嬛这个名字拥有甄后的姓和郭后的名只是个巧合，您觉得可能性有多少呢?

曹丕的长子曹叡是甄后的亲生骨肉，后来却认了甄后的情敌郭后做母亲，这究竟是怎么一回事呢?

当年袁绍占据了黄河以北和山东的大片土地后，把青、幽、冀、并四州分别交付给长子袁谭、次子袁熙、三子袁尚和外甥高干。彼时幽州城正处在胡汉冲突的前沿，袁熙和妻子甄氏不得不开始两地分居的生活，然而他们没有想到，最后的那次生离竟然成了永远的死别。

公元204年，曹操的大军攻占了袁绍集团的中心城市邺城，曹丕在袁府第一次见到甄氏并且对她一见钟情。至于甄氏对曹丕什么感觉我们不得而知，但她作为战败方的女眷除了服从之外，只有死亡一条路可选，而她彼时并没有那样的勇气。

公元205年，甄氏生下一个男孩，就是后来的魏明帝曹叡。因为曹叡出生的日子距离甄氏被曹丕纳入帐中的时间不够远，后世就有了曹叡其实是袁熙的遗腹子的说法，此说虽没有充分的证据，却也不能完完全全彻彻底底地排除。

后来，不知是由于年长色衰，抑或是由于郭嬛的介入，还是由于别的什么原因，曹丕对甄夫人的宠爱渐渐冷淡了，甚至消失了。

郭嬛是在公元214年前后来到曹丕身边的，虽然她当时的身份只是一个歌妓，但她名字中的那个嬛字足以证明她不是一个一般的女子。嬛者，琅嬛之嬛也，琅嬛者，天帝藏书之所也，而且她还有一个让别人替她胆战心惊、让曹丕欣喜若狂的字——女王，既然曹丕的女人是女王，曹丕当然认为他自己应该是皇帝了。

　　郭嬛当然也是个美女，但她更让曹丕爱慕的是她的谋略。在曹丕和曹植争夺世子之位的斗争中，郭嬛居功甚伟，这也成了她日后战胜甄夫人的一个资本。

　　公元220年，曹丕强迫汉献帝禅位给他，大汉灭亡，魏朝建立。曹丕称帝后，郭嬛被封为六宫之首，地位超过了甄夫人。已经为曹丕生下一儿一女的甄夫人自然心有不甘。更糟糕的是，她在某一天发出了怨言，而且传到了曹丕耳中。这时，曹丕的心里只有郭嬛，已经容不下甄夫人了，他闻言龙颜大怒，下旨赐死甄夫人。据说甄夫人被安葬时，"披发覆面，以糠塞口"，令人不忍卒视。

　　行文至此，我们可以说，《甄嬛传》中回宫前的甄嬛是甄夫人的化身，回宫后的甄嬛则是郭嬛的影子。

　　甄夫人被赐死时，她的儿子曹叡已经十八岁了，眼见亲生母亲惨死的苦痛可谓椎心泣血，此恨何极！但这只是命运对他的第一次残酷考验。

　　古语曰"爱屋及乌"，反之亦然，曹丕不但赐死了甄夫人，还把怒火发到了曹叡身上，将曹叡从齐公降为平原侯。

　　曹丕一直期待郭嬛为他生下一个儿子，但郭嬛却没再受命运眷顾，别说儿子，连个女儿也没生出来。在这种情况下，曹丕向曹叡祭出了命运的又一个残忍考验，他下诏命令曹叡以对待生母之礼侍奉郭嬛，并将此作为是否立曹叡为太子的重要参考因素。曹叡为了保住自己的性命和前途，不得不把满腔仇恨压在心底，每天早晨晚上去给郭嬛问安，如果郭嬛身体有恙，他还要像照顾亲生母亲一样端汤奉药。想想曹叡那几年痛苦而隐忍的准太子生涯，他真是活得万分无奈，可怜至极！

　　曹叡是曹丕的长子，而且他在政治能力、文学才华方面和老爸很像，这是曹丕始终没有放弃他的重要原因。他对于郭嬛的谦恭孝顺最终使他获得了曹丕的认可。

公元226年，曹丕在病逝前不久宣布立曹叡为太子。几个月后，曹叡继位登基，是为魏明帝。曹叡终于有机会为惨死的母亲甄夫人平冤昭雪了，甄夫人被追封为文德昭皇后，她的家人也获得了大量封赏。因为郭嬛对曹叡还算不错，曹叡并没有和她为难，而是照例将其尊为皇太后供养起来。

魏明帝曹叡对于他老爸的皇后郭嬛是以德报怨，对于他自己的皇后却是以怨报德。

曹叡的皇后姓毛，夫妻二人婚后一直举案齐眉，琴瑟和谐，可最后的结局却是无论谁都完全想不到的。

曹叡在继位称帝后并没有把他的正妻——太子妃虞氏立为皇后，而是让毛夫人坐上了皇后之位，这足以证明他对毛皇后的宠爱。当时虞氏恼羞成怒，竟然对着卞太后（太皇太后，曹操正妻）大放厥词，诅咒曹魏江山，曹叡大怒，将虞氏赶回邺城旧宫，永世不再相见。

在此后的十年间，曹叡对毛皇后一如既往地关爱有加，并且爱屋及乌地给了她的家人很多封赏，以至于让她那忽然荣升列侯的父亲留下了自称"侯身"的笑话。

事态的变化应该发生在公元235年郭太后驾崩之后。魏明帝此前一直对郭太后的管束有所顾忌，这时终于可以按照自己的性子任意行动了，于是他开始沉迷声色，大兴土木。毛皇后应该是一个深明大义的女子，面对日渐骄奢的皇帝丈夫，她肯定会不时地进谏，提醒他躬行节俭、爱惜民力，正在兴头上的魏明帝当然对她越来越反感，甚至越来越厌恶。

既然毛皇后如此"不识趣"，魏明帝自然就把更多的宠幸给了别的妃嫔，特别是他非常喜欢的郭夫人。郭夫人是和毛皇后同一年进入太子宫的，她出身于河西名门望族，而且容颜出众，歌舞俱佳，一直深受曹叡喜爱。虽然魏明帝宠爱郭夫人，但郭夫人并非那些喜欢专宠的小心眼女性，她有时候会提醒皇上要和皇后同乐，却无意中戳着了曹叡的烦心处，以至于让曹叡更加讨厌毛皇后，结果酿成了甄夫人之后的另一个曹魏后宫大悲剧。

公元237年的九月十五这一天，魏明帝曹叡在城北的御花园大排筵宴，命令才人以上的后宫妃嫔前来陪王伴驾，宴饮歌舞。

面对御花园内的良辰美景，轻歌曼舞，郭夫人又想起了作为后宫之主的毛皇后，她委婉建议皇帝把皇后请来共度美好时光。魏明帝不愿被皇后知道他又在尽情地享受生活，以免她再次为此进谏，因此他不但拒绝了郭夫人的好意，而且严命参加宴会的人要对皇后保守这个秘密，否则格杀勿论。

毛皇后无意中听说了魏明帝在御花园歌舞宴饮的事情，可她并不清楚皇帝所下的那个禁令，所以她在夫妻二人见面时顺口问丈夫九月十五那天在城北御花园玩得怎么样，这一下可捅了致命的马蜂窝。

魏明帝怒不可遏，他既怀疑当天参加宴会的人走漏了风声，又疑心毛皇后派人跟踪他，于是大发淫威，先杀死了他认为和皇后暗中交接的十几个参会者，然后又下旨赐死毛皇后。

毛皇后可能至死也不明白为什么曾经柔情蜜意的丈夫变成了翻脸无情的陌生人，但她定然想起了十六年前婆母甄夫人被公爹魏文帝赐死的悲惨一幕。

当年亲生母亲被赐死时，曹叡肯定在心底恨极了喜新厌旧、冷酷残忍的魏文帝曹丕，而且他很可能会暗暗发誓自己绝不做父亲那样的绝情男人，然而，他还是在十六年后步了父亲的后尘。

为什么会这样呢？如果曹魏皇室出于忌讳掩盖了关键部分的历史真相，那曹丕、曹叡父子的残酷行为也许还可以理解，如果历史真实和史书记载基本相符，甄夫人和毛皇后即使有过错也绝对罪不至死呀！曹丕和曹叡父子二人怎么会都这样绝情呢？此中情形，值得后人深思……

# 钟毓：一句话救了几家人

钟灵毓秀是我们非常熟悉的一个成语，意思是说壮美瑰丽的山川风物可以诞养一个个颖异杰出的风流人物，有趣的是，这个成语的第一字和第三字组合在一起，恰好是一位古人的名字——钟毓。

钟毓此人大家似乎所知不多，但提起他的老爸和弟弟，相信很多朋友会有如雷贯耳、恍然大悟之感——他的老爸就是三国时期的曹魏重臣、大书法家钟繇，他的弟弟当然就是灭蜀之后企图拥兵自立最终却一败涂地的魏国名将钟会。

钟毓和钟会兄弟可谓是曹魏政坛的两个童星，他们是在文武百官乃至皇帝关注的目光中长大成人的。

和大多数小孩子一样，钟毓、钟会兄弟俩小时候也挺淘气的，特别是弟弟钟会。据《世说新语》记载，有一天，他们的父亲钟繇小酌了一点药酒后，在卧榻上进入了甜美的梦乡。小兄弟俩刚才看见了父亲饮酒时满足陶醉的神情，就商量好了要偷偷地尝尝美味的药酒。然而，二人的表现却颇有不同。钟毓先恭恭敬敬地行了个礼，然后才端起杯子品尝，而钟会则是迫不及待地举起酒杯一饮而尽，这场景都让被惊动后假装酣睡的钟繇收在了眼底。当钟繇问起此事时，钟毓答曰"酒以成礼，不敢不拜"，钟会却说"偷本不礼，所以不拜"。

后来，钟毓、钟会兄弟口才过人的事儿传到了魏文帝曹丕那里，于是，他们哥俩就被召入宫中面圣，这才有了大家熟悉的钟毓"战战兢兢，汗如雨下"、钟会"战战兢兢，汗不敢出"的精彩故事。

顺便说一下，这个小故事可以证明现在认定的钟会生于公元225年是有问题的。试想，魏文帝曹丕死于226年，如果钟会225年出生，即使有哥哥钟毓的示范性的回答"陛下天威，臣战战兢兢，汗如雨下"在先，当时只有一两岁的钟会无论如何也说不出"陛下天威，臣战战兢兢，汗不敢出"那样的妙语。

再结合第一个故事中兄弟俩一起偷饮药酒的经历来看，二人的年龄差距应该不大，既然钟毓生于210年左右（钟毓十四岁为散骑常侍，228年因上书谏阻魏明帝亲征升为黄门侍郎，由此可以推出），钟会很可能生于215年前后，而不是225年。

这两个故事虽小，却非常好地表现出了钟氏兄弟不同的性格特征——哥哥钟毓小心谨慎，循规蹈矩，弟弟钟会胆大过人，能言善辩，二人最后的人生结局之所以有着霄壤之别，恰恰在于他们大相径庭的性格，正所谓"性格决定命运"。

钟毓的军事才能虽然不如钟会出色，但他在政治上的高瞻远瞩和先见之明远在钟会之上。

公元228年，诸葛亮一出祁山，曹魏举国震动，明帝曹睿准备御驾亲征，激励将士破敌。钟毓谏议皇帝"运筹帷幄之内，决胜千里之外"，不要轻易置身前沿阵地，以防受伤动摇国本。钟毓的一片忠心和深谋远虑打动了魏明帝，皇帝将他从散骑侍郎升为黄门侍郎。

和高瞻远瞩相比，钟毓的先见之明给人留下的印象更为深刻。

话说257年，诸葛诞在淮南起兵反对司马昭，司马昭召集朝中大臣商议他是否需要亲自前去征讨。与会朝臣大多认为吴国刚刚发生内乱，不会派兵援助诸葛诞，因此司马昭不必亲往淮南平乱，但钟毓却认为所谓吴国内乱"雷声大雨点小"，对吴国造成的影响微不足道，所以吴主肯定会和诸葛诞联手讨伐司马昭。司马昭最后采纳了钟毓的建议，率领大军亲征淮南，而其后事态的发展正如钟毓所料，形势对司马昭一方来说极为不利，因为有了钟毓的先见之明和司马昭的正确决断，淮南之乱最终得以顺利平定。

钟毓最厉害的一次先见之明和他弟弟钟会有关，正是在这件事情上，他的一句话救下了几家人的宝贵生命。

作为大哥，钟毓对小弟钟会的才能和为人非常了解，他知道钟会文武兼备，雄心勃勃，绝非久居人下之人。当钟会官职爵位越来越高、对权力的欲望越来越大的时候，处事谨慎的钟毓心底有了越来越重的不安全感。他预感到钟会将来某一天会向司马昭的权威发起挑战，从而走上一条不归路。他当然不愿意看到这样的事情发生，他要尽最大努力避免事态朝这个方向发展，于是，就找了个合适的机会悄悄提醒司马昭说："吾弟才智过人，但恐有不臣之心，不可不防。"司马昭听后哈哈大笑："若果如此，则吾只治钟会之罪而不累及钟氏一门。"

钟毓本来是希望司马昭不要过于重用钟会，这样钟会就没有机会拥兵自重，当然也就不会燃起他那和司马昭分庭抗礼的不臣之心，但是，司马昭并没有把钟毓的善意提醒放在心上，就像诸葛亮当初忽略了刘备"马谡言过其实，不可大用"的嘱咐一样。然而，历史证明钟毓的担心不是多余的，正是因了他这份担心，钟氏家族后来才得以免去灭族之灾。

公元263年，钟毓因病在荆州都督任上逝世，长子钟骏继承了他的爵位。

第二年，司马昭发动了伐蜀之战，钟会和邓艾各领一路大军向蜀国都城成都进军。虽然邓艾偷渡阴平，取得先机，进而包围成都，迫使后主刘禅献城投降，但却因为居功自傲而被钟会等人诬陷为阴谋叛乱，从而落得个家破人亡，此后，钟会兵入成都，成了伐蜀大军的唯一统帅，野心随之疯狂膨胀，意欲在蜀地自立为王，重演三国鼎立的旧事，最终因为消息泄露而兵败被杀。

司马昭当然是个狠角色，却也是言而有信之人，当他准备把屠刀向钟氏家族举起时，耳边响起了钟毓在世时的提醒和他当初许下的承诺，于是，钟会的儿子们都遭到诛杀，而钟毓的几个儿子都因为父亲的那一句话保住了自己和家人的生命……

这正是：

> 钟会反被聪明误，
> 名将最终变叛臣。
> 钟毓一生唯谨慎，
> 一句话救几家人。

# 陈季常：谁说我是"妻管严"

中国世俗文化中对于怕老婆的男子有一个非常好玩的说法，曰"气管炎"，取"妻管严"的谐音。若要说"妻管严"，有一个人不得不提，他就是"河东狮吼"的男主人公陈季常。

"河东狮吼"并不是民间传说，而是出自南宋大学者洪迈的《容斋随笔》，原文如下："陈慥季常，自称龙丘先生，常信佛，好宾客，养歌妓，每逢客至，必以歌妓宴客，然其妻柳氏绝凶妒，故苏轼有诗云：'龙丘居士亦可怜，谈空说有夜不眠。忽闻河东狮子吼，拄杖落手心茫然。'"这段文字虽然颇具喜剧色彩，非常符合人民大众的欣赏品味，但是关于苏东坡描写陈季常的这四句诗，洪迈的理解应该是不确切的，也就是说，陈季常并非如人们所认为的那样是个"妻管严"。

苏东坡的这四句诗并非专门为陈季常而写，而只是一首长诗中的一小部分。此长诗其实是一封信，名为《寄吴德仁兼简陈季常》，收信人乃是

120

苏东坡的另一位好朋友吴德仁，全诗如下：

> 东坡先生无一钱，十年家火烧凡铅。
>
> 黄金可成河可塞，只有霜鬓无由玄。
>
> 龙丘居士亦可怜，谈空说有夜不眠。
>
> 忽闻河东狮子吼，拄杖落手心茫然。
>
> 谁似濮阳公子贤，饮酒食肉自得仙。
>
> 平生寓物不留物，在家学得忘家禅。
>
> 门前罢亚十顷田，清溪绕屋花连天。
>
> 溪堂醉卧呼不醒，落花如雪春风颠。
>
> 我游兰溪访清泉，已办布袜青行缠。
>
> 稽山不是无贺老，我自兴尽回酒船。
>
> 恨君不识颜平原，恨我不识元鲁山。
>
> 铜驼陌上会相见，握手一笑三千年。

这首诗的主题是赞美吴德仁学禅有获，所谓“平生寓物不留物，在家学得忘家禅”是也。为了凸显吴德仁的贤风仙气，苏东坡先拿自己开涮，而后又拉来好友陈季常“垫背”——他说自己在家已经炼丹十年，却免不了两鬓苍苍，老之将至，即“只有霜鬓无由玄”；龙丘居士陈季常讲起禅学来口若悬河，滔滔不绝，关键时候却被妻子的一句话问得哑口无言，心中茫然；相比之下，人家吴德仁则要高一个档次，人家既不炼丹，也不空谈，饮酒食肉两不耽误，还尽得隐士之闲情风雅，原因何在？其一，他和苏东坡不同，身在官场之外；其二，他和陈季常不同，身无妻室之累，因为史料记载，他“家事尽付子弟”，而非“尽付其妻”。

吴德仁隐居时应该已无妻室，陈季常却肯定是带着爱人隐居的，证据在苏东坡的另一篇作品《方山子传》中的第二段最后一句：“环堵萧然，而妻子奴婢皆有自得之意。”方山子不是别人，正是陈季常，他平时喜欢戴方山冠，故而人称方山子。

现在再回到陈季常是否"妻管严"这个话题上。

按照洪迈的说法，陈季常对柳氏是非常惧怕的，以至于"忽闻河东狮子吼，拄杖落手心茫然"，而柳氏则是天字第一号的醋坛子，眼里揉不进别的女人，然而，细读之下，我们会发现这段文字其实是有些自相矛盾的，试问，如果柳氏"绝凶妒"，而陈季常又"妻管严"，她怎么可能允许他在自己眼皮子底下"养歌妓"呢？更遑论"每逢客至，必以歌妓宴客"了。

那么，陈季常两口子究竟是怎么一回事呢？这要从"狮子吼"的本义说起。

"狮子吼"一词来自佛教经义《传灯录》，其文曰："释迦佛生时，一手指天，一手指地。作狮子吼，云：天上地下，唯吾独尊。"由此可见，在与佛学相关的语境下，"狮子吼"并非贬义词，所以，苏东坡在描写陈季常参禅时以狮子吼代指其妻柳氏之音声话语，应该不是暗示她凶悍妒忌，而是言其对禅学的领悟高于陈季常，往往能一语道破天机，令"谈空说有夜不眠"的老公自愧不如，茫然若失。在这种情况下，陈季常对妻子柳氏的情感应该是尊重，而非世俗的"妻管严"之态。顺便说一下，苏东坡之所以在"狮子吼"之前加上"河东"二字，是因为河东是柳姓的郡望所在。

行文至此，如果您还不能否定陈季常是"妻管严"这一传统说法，那么，请欣赏一下苏东坡为陈季常撰写的《方山子传》吧，虽为古文，但今人读来几无障碍，坡公语言之优美流畅于此可见一斑。

> 方山子，光、黄间隐人也。少时慕朱家、郭解为人，闾里之侠皆宗之。稍壮，折节读书，欲以此驰骋当世，然终不遇。晚乃遁于光、黄间，曰岐亭。庵居蔬食，不与世相闻。弃车马，毁冠

服，徒步往来山中，人莫识也……

　　余既耸然异之，独念方山子少时，使酒好剑，用财如粪土。前十有九年，余在岐山，见方山子从两骑，挟二矢，游西山。鹊起于前，使骑逐而射之，不获。方山子怒马独出，一发得之。因与余马上论用兵及古今成败，自谓一世豪士。今几日耳，精悍之色犹见于眉间，而岂山中之人哉？

　　然方山子世有勋阀，当得官，使从事于其间，今已显闻。而其家在洛阳，园宅壮丽与公侯等。河北有田，岁得帛千匹，亦足以富乐。皆弃不取，独来穷山中，此岂无得而然哉……

在苏东坡笔下，陈季常不慕功名利禄，自如挥洒人生，如闲云如野鹤，令人由衷钦慕，假若说这样的人物是"妻管严"，亲爱的朋友您会认可吗？

# 到底谁是超级"妻管严"

古往今来的大名人中"妻管严"者虽非洋洋大观，却也不乏其人，最著名的如四大刺客之一的专诸、东晋开国名相王导、隋文帝杨坚、大唐名相房玄龄、唐高宗李治、唐中宗李显、北宋大科学家沈括、明代开国名将常遇春、抗倭名将戚继光、清初重臣索额图、大学者胡适等等，但房玄龄其实有些冤，因为他被人移花接木了。

"吃醋"是和"妻管严"密切相关的一个典故，传说此典即来自房玄龄怕老婆的故事，但关于"吃醋"的最早记载的主人公却不是房相爷，而是官职比他低一级的任尚书。

唐太宗初年的兵部尚书任瑰也是个"妻管严"，关于他惧内的记载出现在唐朝著名传奇作家张鹭（660—740）的《朝野佥载》之中，虽为古代文言，读来却明白如话——

> 兵部尚书任瑰敕赐宫女二人，皆国色。妻妒，烂初二女头发秃尽。太宗闻之，令上宫贵金壶瓶酒赐之，云："饮之立死。瑰三品，合置姬媵。尔后不妒，不须饮；若妒，即饮之。"柳氏拜敕讫，曰："妾与瑰结发夫妻，俱出微贱，更相辅翼，遂致荣官。瑰今多内嬖，诚不如死。"饮尽而卧，然实非鸩也（后人以为乃是加了其他调料的醋），至夜半睡醒。帝谓瑰曰："其性如此，朕亦当畏之。"因诏二女令别宅安置。

相比之下，以房玄龄为主人公的类似故事则记载在年代稍晚的束刘𫗧（742年前后在世）的《隋唐嘉话》一书中。

房玄龄之所以在《隋唐嘉话》里取代了本来属于任瑰的"光荣"位置，可能是刘𫗧记忆失误，也可能是他有意为之，如果是后者，原因应该是以名气更大的房玄龄作为惧内趣事的主人公更富戏剧性和传奇性。

其实，《朝野佥载》中也有一个关于房玄龄的家庭故事，其中的一个细节——房玄龄妻子的姓氏也可以证明刘𫗧所言为虚。

房玄龄的这个故事有点像当下流行的恐怖小说。据说房玄龄年轻时曾经得过一次重病，好像即将不久于人世了，他一方面为自己感到难过，一方面开始担心他那年轻美貌的妻子可能会成为别人屋内的娇娘，于是就眼含热泪地恳请妻子卢氏要"守婚如玉"，更要守身如玉。谁知卢氏是个不一般的烈性女子，为了证明她冰清玉洁的品质，也为了让丈夫放心，这位奇女子竟然跑到梳妆台前拿起剪刀刺瞎了自己的一只眼睛。

房玄龄被妻子的果决行为震撼住了，身上的病竟然奇迹般地由重转轻，进而痊愈了。卢氏虽然失去了一只明亮的眸子，却赢得了丈夫房玄龄一辈子的尊敬与爱护。

卢氏的做法有些吓人，但无害于他人，而常遇春老婆的行为则先害人后害己，乃至惨上加惨、万劫不复。

和唐太宗李世民一样，明太祖朱元璋也非常关心功臣们的感情生活，为了表示对常遇春的关爱，他赏赐给这位名将两个妙龄宫女。常遇春非常喜欢其中一个宫女洁白如玉的小手。他的悍妇老婆知道后很生气，后果很严重，那双手竟然被放进一个礼盒呈到了常遇春面前。常遇春上朝时依然心有余悸，于是他家中发生的惨案最后被皇帝知道了，朱元璋立即以其人之道还治其人之身，且做得更绝，他背着常遇春烹杀了那个残忍的悍妇……

朱元璋炮制"妒妇汤"的故事出自王文禄的《龙兴慈记》，根据相关史料推断，其可信度非常小，因为常遇春的老婆蓝氏（顺便说一下，她是名将蓝玉的亲姐姐）去世时间晚于她的丈夫。但是话说回来，这事也并非空穴来风，它是以两个得到公认的史实为基础的：其一，开国名将常遇春是个"妻管严"；其二，朱元璋是个以严刑酷法著称的皇帝。

综上所述，就"妻管严"而言，常遇春老婆的故事不可信，房玄龄夫人的故事有冤情，唯有任瑰妻子的所作所为是毫无疑问的，而且她的气势把马上皇帝唐太宗都给镇住了，如此说来，这超级"妻管严"的桂冠只能暂时戴在任尚书头上了。

# 谁杀死了方孝孺的父亲

公元1402年，明太祖朱元璋的孙子，建文帝朱允炆被其叔燕王朱棣赶下皇位，不知所终；他的老师，一代名臣，被尊称为"读书种子"的方孝孺因为拒绝给朱棣撰写即位诏书惨遭杀害，并被灭十族（包括传统意义上的九族和他的弟子门生），在中国历史上写下了一个空前绝后的巨大的"惨"字。

殊不知，三十多年前，方孝孺的父亲方克勤从某种意义上说也是死于暴君之手，那时，方孝孺还只是个十岁的孩子。

方克勤在《明史》中是有传的，名在《循吏列传》之中。循吏者，重农宣教、清正廉洁、所居民富、所去见思之地方官吏也。纵观方克勤虽不漫长却波澜壮阔的一生，他完全无愧于"循吏"这个后人赋予的光荣称谓。

如果我们有幸穿越时空，回到明朝初年的山东济宁府，耳边可能会不时响起这首情真意切、优美动听的歌谣："孰罢我役，使君之力。孰成我黍，使君之雨。使君勿去，我民父母。"歌中的"使君"不是别人，正是当时的济宁知府方克勤。

方克勤到任第二年的盛夏，济宁城的城墙出现坍塌，守城将领强迫大批老百姓顶着炎炎烈日垒墙修城。彼时正值麦收时节，田中庄稼等待收割，耽误农时会有很大损失，被驱赶着修筑城墙的百姓们怨声载道，"哭声闻数里"。爱民如子的父母官方克勤看在眼里急在心里，以至于辗转难眠，废寝忘食。几番斟酌之后，方克勤抱着"民病不救，焉用我为"的精神大胆上书中书省，请求停止筑城，保障农时。时任宰相的胡惟庸也深知"民以食为天"的道理，立刻同意了方克勤所请。当停工的命令传到济宁时，老百姓欢呼雀跃，一片沸腾，纷纷叩头感谢方克勤的救民之恩。

济宁百姓刚刚忙完麦收，老天爷就恰如其时、恰到好处地来了一场甘霖，缓解了延续多日的旱情，为夏播的进行准备了充足的条件。老百姓把这场及时雨的降临也归功到他们爱戴的方知府身上，到处传扬着方大人以爱民之心感动玉皇大帝的美好故事，由此可见方克勤在济宁府任上的善政是多么的深入人心，由此也可见中国老百姓是多么的朴实善良，是多么的敬爱他们心中的好官。

　　此后几年，在方克勤的努力下，济宁每年都五谷丰登，百姓安乐，可谓家家有余粮，一府皆丰足，户籍翻了一番，税赋增加了将近十倍。

　　在关注农业的同时，方克勤对于教育也非常重视，他在府内各州县设立学舍，聘请学官，广招学子，一时间济宁府学风大盛，各州县学舍都呈现出一千八百年前孔夫子办学授徒时的动人场面。

　　方克勤不但勤于政事、关爱百姓，而且廉洁正直、两袖清风，因此深受济宁百姓爱戴。令人遗憾的是，这样一个好官后来却被卷入了明初四大案之一空印案（另外三件大案就是广为人知的胡惟庸案、蓝玉案和经济领域的郭桓案），并因此失去了宝贵的生命。

　　空印案是怎么一回事呢？首先要搞清楚"空印"是个什么概念。根据《中外历史年表》所言："元时，官府于文书有先署印，而后书者，谓之'空印'。"用现在的话说"空印"就是还没填写具体内容就已经盖了印章的违规做法。"空印"的做法虽然不合法度，但自朱元璋建立明朝以来，钱粮审计上一直在沿用此法，未曾修改，之所以如此，原因有二，其一：钱粮，特别是粮，在长途运输过程中肯定会有损耗，如果发运时就填好数据，肯定会跟到达京城时的数量有所出入；其二，当时交通远不如现在发达，既没有高铁飞机，也没有汽车火车，如果到达北京审计完数量后再返回原地盖章，那会浪费很多时间和人力物力。

　　可是，朱元璋某次到户部视察时忽然感觉这样做不对头了，他觉得如此运作之下，肯定有很多公款公粮进入了私人的腰包。按理说，朱元璋的想法也没有问题，而且也有办法补救，就是把开始发运时和到达北京时的数量都填在文书上以供查验，但是，朱元璋是个对贪官污吏有着刻骨仇恨以至于心理有些变态的皇帝，他一怒之下发出的是这样的圣旨：与此事有关的部省府州县正职全部处以死刑，副职以下官吏杖一百，充军边疆。

　　当时正在京城审计钱粮的大小官员们都成了元朝遗留制度的替罪羊，

其中可能有罪有应得的贪官污吏，但爱民如子的清官方克勤也不幸名列其中。顺便说一下，因为受小人诬陷，方克勤当时已从济宁府被贬到了浦江县。

大明洪武九年，秋风萧瑟的十月，方克勤在北京遇害，临刑之时，他知已身无过，神色不改。方克勤被害后，其子方孝孺扶柩归乡，将其葬于宁海县东北山中。大学者宋濂深知其冤，亲自为之作铭以表缅怀。

# 鲁迅的母亲了不起

笔者曾经写过一篇关于误区的文章，文中谈论了生活中的三大误区，曰：跟着大山学英语；跟着名人学教子；跟着分析师炒股票。在此，笔者想单独拎出跟着名人学教子小论一下。

望子成龙、望女成凤是每个为人父母者的美好愿望，而名人（当然是正面名人）正是人中龙凤的最佳代表，于是乎很多人都迷信名人的教子方法，其实这是一个大大的误区，因为善于教子者并非名人，而是名人的父母，比如鲁迅先生的母亲鲁瑞。

民国以前，出身贫寒家庭的女性往往没有名字，生前被呼为某某家的，比如《红楼梦》中的赖大家的、周瑞家的、王善保家的，死后则成为家谱上的某某氏。鲁迅的母亲是有名有姓的，这说明她的娘家应该是一个大户人家，而事实也确实如此，她父亲和祖父都做过京官，在绍兴一带颇有威望，顺便说一下，鲁迅之所以起个笔名叫鲁迅，就是因为他的母亲姓鲁，迅哥是他的乳名。

虽然是书香门第，鲁家却一直秉持着"女子无才便是德"的观点，不允许女孩读书识字，就像《红楼梦》中的金陵王家一样，但鲁瑞并不肯轻易放弃求知的欲望，她凭借在私塾旁听和努力自学摆脱了文盲的命运。从某种意义上说，正是鲁瑞的这个坚定而明智的抉择造就了中国现代史上的"周氏三杰"。

鲁瑞的娘家在绍兴乡下的安桥头，鲁迅小说中的鲁镇就有这个水乡小镇的影子，她成年后嫁到了城内的周家，丈夫名叫周伯宜，即鲁迅的父亲，她的公公名叫周福清，当然就是鲁迅的爷爷。之所以要提她公公是因为老人家的一个不得已的错误选择在客观上给鲁瑞带来了莫大的苦难。

身为秀才的周伯宜曾经多次参加乡试（省级的科举考试），可是都没能得中举人，父亲周福清看在眼里急在心里，就想找个路子花些银子帮儿子完成心愿，为家族增光添彩，谁知弄巧成拙，引出了1893年的浙江科场舞弊案。结果，先是老子逃亡、儿子入狱，后来则是老子回乡自首救儿子出狱，儿子却自暴自弃酗酒身亡，等到周福清被赦出狱时已是1901年。

这场导致周家家道中落的科场舞弊案前前后后持续长达八年之久，鲁瑞作为一家人的中流砥柱，经历了多少痛苦，克服了多少难处我们可想而知，但即使在这样的艰难困苦之中，鲁瑞仍然没有忽视孩子们的学业。1898年，长子周樟寿提出想到南京的江南水师学堂求学，鲁瑞变卖首饰为儿子筹集上学费用，这才有了后来的伟大的文学家、思想家鲁迅。后来，二儿子周魁寿（即著名散文家周作人）在母亲的支持下，也到江南水师学堂就读。

当时，江南水师学堂属于新生事物，鲁瑞做出的抉择是顶着巨大压力的，这充分表明她是一个善于接受新事物的好母亲，后来发生的事情则进一步证明了这一点。20世纪头几年天足运动兴起时，鲁瑞早早地放了足，不再缠那长长的裹脚布。本家中有人扬言某个人家的女孩放了大脚，只能嫁给外国鬼子了，她幽默地回应说："那倒真是很难说的呀。"1911年绍兴光复后，鲁瑞还劝身边的男子把辫子剪掉，鲁迅对母亲非常钦佩，他曾经充满敬意地发出赞美："我的母亲如果年轻二三十岁，也许要成为女英雄呢！"

在长子和次子之后，鲁瑞还生下了一个女儿，取名端姑，可惜不久就夭折了，直到怀上了第三个儿子，她才从丧女之痛的阴影中慢慢走出来。三儿子周松寿（后来更名周建人）虽然在兄弟们中年龄最小，却最懂得母亲作为家中顶梁柱的辛苦与付出。当鲁瑞提出要送他去外地求学时，他无论如何不肯从命，坚持要留在家乡陪伴母亲，于是，鲁瑞就用她小时候自己读书识字的经历鼓励儿子自学新知识、新文化，为周建人将来成为杰出的生物学家、翻译家打下了坚实的基础。

后来，周建人带着母亲来到北京和大哥鲁迅、二哥周作人团聚，三兄弟开始了共同为新文化运动增砖添瓦、努力奋斗的光辉历程，作为母亲的鲁瑞肯定对此满心欢喜，深感欣慰。

以"文学救国"为己任的鲁迅先生几十年如一日"横眉冷对千夫指，俯首甘为孺子牛"，不幸于1936年在上海因病逝世，当鲁迅的友人将这一噩耗告知作为母亲的鲁瑞时，老人家强忍悲痛，感谢来人对儿子的照应，送走客人后方才放声大哭了一场。但鲁瑞毕竟是一个坚忍明理的母亲，她得知全国各界都在对鲁迅的逝世表示沉痛悼念和深切缅怀，在伤心的同时亦为儿子感到欣慰和自豪，心中白发人送黑发人的失子之痛也减轻了一些，她还自己安慰自己说："还好，这样子，儿子死得不太冤枉。"

七年后，鲁瑞，这位养育了"周氏三杰"的伟大母亲在八十五岁时与世长辞，给后人留下了无尽的景仰与追思，这应该也是一种永垂不朽吧……

最后要说的是，鲁瑞身上其实是蕴藏着长寿基因的，她的二子周作人八十六岁时去世，三子周建人更是享寿九十六岁，鲁迅先生未得长寿应该和他吸烟的习惯有着莫大的关系。

# 名媛篇

# 趣话"四大女名医"

说起古代的女医生，"四大女名医"是经常被提到的一个美称，指的是西汉的义妁、晋代的鲍姑、北宋的张小娘子和明朝的谈允贤，虽然她们生活在不同朝代，有着不同的经历，但她们身上都有着值得一书的亮点。

先来说说我国历史上最早的女医生，称为"巾帼医家第一人"的义妁。

义妁所属的义姓主要来自《芈月传》里的义渠王，公元前306年，义渠王靠着军事实力和身上的男人味进入秦国王宫成了秦宣太后的丈夫，秦昭襄王的继父。将近两百年后，义妁凭借高超的医术登堂入室，成了汉武帝母亲王太后的专职医生。汉武帝对义妁的保健工作非常满意，不但封她为女国医，还让她弟弟义纵做了不小的官。

义妁的名儿有些特别，正是"媒妁之言"的妁，如果这个记载没有问题，她在成为医生之前应该是一个兼职说媒的女人，因为按照古代文字学的解释，妁是临时婚姻介绍人（媒是专职婚姻介绍人），这也就意味着义妁实际上只是个称呼而不是姓名，相当于现在人们所说的张媒婆、李媒婆。

女医义妁在史书中其实还有另外一个名字:义姁。姁字有两重含义：其一为神态和悦娇媚；其二为年长的妇人。如果义姁之名取第一个意思，的确不失为一个好名字，吕后即名雉，字娥姁；如果取第二个意思，那么和义妁大同小异，也只是个称呼而已，就像如今人们挂在嘴边的张奶奶、王婆婆，这种情况在古书中并不少见，比如刘邦的母亲就被司马迁称为刘媪（媪者，老妇人也）。

如果说义的可能是称呼而非名字，那么鲍姑肯定不是名字而是称呼。实际上鲍姑在历史上留下了名字，而且听起来很大气，很有男人味——潜光；相反，她的父亲却有着一个女孩儿似的名字——鲍靓。鲍靓是一个非同寻常的人物，身兼高级"公务员"和炼丹道士两重身份，可谓以出世的精神做着入世的事情，他的弟子兼女婿，即鲍姑的丈夫葛洪，也是这样的奇人异士，而且他还有第三个身份——医生。

在父亲和丈夫的影响下，鲍姑也对道术和医术产生了浓厚的兴趣，她最擅长的是针灸之术，在他们夫妻后来隐居的罗浮山地区治好了很多疑难杂症，留下了一个个优美的传说，被当地百姓尊崇为鲍仙姑，她用来针灸的那种艾草至今仍称为鲍姑艾。

如果我们为鲍姑的名字被后人忽视而遗憾，那么，张小娘子的情形简直就令人扼腕叹息了。为什么这么说呢？因为张小娘子很可能连自己的姓氏都没有留下。大家都知道，《水浒传》中林冲的妻子张贞娘人称林娘子而不是张娘子，这就意味着同是宋朝人的张小娘子很可能是一个丈夫姓张的女子，她自己的姓氏大概已经湮没在历史烟云中了。

张小娘子学习医术的经历和张良获得黄石公之兵书的过程颇为相似，她以善良和勤快赢得了前去找水喝的白发郎中的好感，从而幸运地从老人那里学会了开刀和制膏之术，并且得到了老人的祖传宝书《痈疽异方》，从而成了闻名遐迩的一代女医，甚至被当时的皇帝宋仁宗封为女医圣。

相比之下，明代女医谈允贤是四大女医生中最幸运的，她不仅在史书上留下了自己的全名，而且她的真名没有被别名掩盖，但是，《女医明妃传》热播之后，女医明妃这个名号可能会遮住谈允贤三个字的光芒；不过，谈允贤的大名应该不会被人们遗忘，因为她有一部重要的著作——《女医杂言》，上面的署名不可能是明妃，只能是谈允贤。

其实，在真正的历史上，谈允贤是无论如何也不会成为明代宗后妃的，因为她来到这个世界时，明代宗已经死去四年了。当然明英宗也不会与谈允贤产生什么剪不断理还乱的感情纠葛，因为明英宗驾崩时，她还是个懵懂无知的三岁女童。

谈允贤公元1461年出生于一个医学世家，她的祖父、祖母、父亲都是当时的名医。谈允贤是在祖母去世后接过家传之女医衣钵的，而且"青出于蓝胜于蓝"，最终成了海内知名的女医生。谈允贤身上有一个非常有说服力的因素，那就是她的长寿。她1556年仙逝时，已经是一位九十五岁的老寿星了，这足以证明她医术的高超。

中华泱泱五千年，优秀女性医者绝对不止义妁、鲍姑、张小娘子、谈允贤她们四个，而且有的人成就并不在"四大女名医"之下，比如清朝后期的曾懿，她的《医学篇》（又名《医学编》或《曾女士医学全书》）流传广、影响大，对现当代医学的发展做出了重要贡献。

# 李波小妹：花木兰时代的扈三娘

花木兰是每个中国人都知道的古代女英雄，可她并非历史上的真实人物，而是一个源于现实、高于现实的文学形象。有意思的是，就在花木兰所属的南北朝时期，河北大地上确实出现了一位武艺高强、能征善战的女将军，她的名字叫李雍容，但她更广为人知的名号则是李波小妹。

在认识李波小妹之前，让我们先了解一下李波。

北魏献文帝拓跋弘（也就是北魏孝文帝拓跋宏的父亲）当政时，河北一带土地兼并现象极其严重，在鲜卑贵族的欺压之下，许多汉族老百姓失去耕地沦为流民。李波家族是河北南部的地方豪强，他们在李波带领下走上了反对民族压迫、对抗北魏政府的道路，并且在广平周边地区颇有威望，深受民众拥戴。于是，大批流民涌向广平，投奔李波率领的民间自卫武装。

对于北魏时期的民间自卫武装，大家也许有些陌生，但如果说起《水浒传》中的祝家庄、扈家庄、李家庄三庄联盟，很多朋友肯定非常熟悉，其实，二者是一般无二的武装组织。这个说法可能会引起一些读者的强烈质疑：三庄联盟是和水泊梁山作对的，李波的军队是跟政府对着干的，他们怎么可能一样呢？其实，三庄联盟是因为感受到了水泊梁山对他们的威胁才打出"填平水泊擒晁盖，踏破梁山捉宋江"旗号的，他们这样做主要是出于自保，基本上没有报效大宋朝廷、为政府排忧解难的意图。换句话说，如果当地官府侵犯了他们的利益，他们也会跟官兵刀枪相向、死磕到底。关于这一点，《水浒传》中就有现成的例子，主人公就是宋江的徒弟孔明、孔亮兄弟两个。

孔明、孔亮本来是白虎山下孔家庄民间自卫武装的两个首领，因为叔叔孔宾被青州知府无辜打入大牢，他们就带兵去攻打城池，结果遇上了名将呼延灼，这才引出了白虎山、桃花山、二龙山三山联合打青州，鲁智深、武松带领众好汉梁山大聚义的精彩故事。

李波领导的民间自卫武装和孔明、孔亮走的是同一条道路，而且在道义上更高一层，因为他们反抗的北魏政府不仅是剥削百姓的封建政权，而且是压迫汉民的异族政权。

水泊梁山上有一百零八条好汉，李波手下也有不少战将、智囊和能人异士，其中最与众不同、最引人注目的不是别人，正是他的小妹李雍容，那万绿丛中的一点红。

李雍容相貌如何，颜值多少，历史上没有记载，但我们从凭借史书流传至今的《李波小妹歌》可以略知一二——"李波小妹字雍容，褰裙逐马如卷蓬。左射右射必叠双。妇女尚如此，男子安可逢？"如果一个女子撩起战裙纵马奔驰时快得像随风高旋的飞蓬，那么她肯定非常健康；如果一个女子不管左射还是右射总能一箭双雕，那么她的眼睛绝对特别明亮；所以，如果我们说李雍容是一个身材修长、英姿飒爽、明眸善睐、肌肤红润的美女，各位应该不会有什么异议吧！

梁山好汉中有三位女将，分别是一丈青扈三娘、母大虫顾大嫂和母夜叉孙二娘，显而易见，三人之中与李波小妹李雍容最相似的是扈三娘。其一，李雍容与扈三娘都是身姿矫健、武艺超群的美女级战将；其二，二人都出身于民间自卫武装领袖的富豪之家；其三，两人都有一个同胞兄长在民间自卫武装中担任重要职位；其四，她们的人生归宿应该都是一个大悲剧。

先来看看扈三娘短暂一生中的最后时光。梁山军南征方腊的惨烈战斗中，扈三娘和其夫矮脚虎王英在睦州城外遇到了方腊手下会使魔法的悍将郑彪。王英先和郑彪交战，战到一半，郑彪突然用法术变出一个金甲神人，王英吓得不知所措，结果被刺身亡。扈三娘见丈夫落马，急忙来救，郑彪打了一个回合后掉头便走，扈三娘报仇心切，紧追不舍，不幸被郑彪用一块镀金铜砖打中面门，命殒沙场，"可怜能战佳人，到此一场春梦"。

李雍容的最后归宿虽不见于史书，我们可以根据相关史料推断一番。

据《魏书》中的《李安世传》记载，李波领导的民间自卫武装曾经大败前来征讨的相州刺史薛道摽，一时声威大震。新任刺史李安世到任后，以诱敌之计将李波及其子侄部下三十余人俘获并在邺城处以斩刑。假如李雍容也在被杀的三十余人之中，那么她的结局比扈三娘还要悲惨；假如李雍容幸运地逃过了李安世设下的这一场生死劫，那么她的后半生应该会在深山密林或者庵堂寺院中度过，看似平静的山中岁月，实则有着无边的心底波澜……

# 章要儿：笑中其实都是泪

势必成为经典的《琅琊榜》是以南朝的萧梁时期作为历史背景的，而本文的主人公章要儿就是伴随着梁朝诞生、成长、成熟乃至衰弱的，但她的第一身份却是陈朝皇太后。

中华历史上下五千年，大朝代、小政权可谓数不胜数，国号和皇帝姓氏一致的却只有一个，这就是南朝的最后一个政权陈。陈朝的建立者名叫陈霸先，章要儿是他的第二任妻子、第一任皇后。

章要儿自幼兰心蕙质，不但能诵《诗经》《楚辞》，而且书法娟丽出众，还长于算术理财，是遐迩闻名的美女加才女。父母将这个宝贝女儿视若掌上明珠，总想为她寻一个十全十美的佳偶。尽管前来求婚者络绎不绝，却没有一个能够入他们夫妻的法眼，结果章要儿的婚姻大事就被耽误了，不得不嫁给家世并不高贵、家境也不富裕的陈霸先做了填房。

章要儿是个有见识的女子，她并不因为自己出身官宦人家而看轻当时还未发迹的陈霸先，夫妻二人相敬如宾，琴瑟和谐，感情非常深厚，唯一美中不足的是，先后生了两个儿子都不幸夭折了。章要儿三十一岁时生下了陈昌，这个儿子终于没有辜负父母的期望，健健康康地长成了一个玉树临风的大帅哥。

公元545年，已经官任交州太守的陈霸先南下交趾平叛，章要儿和年方八岁的陈昌在陈霸先侄子陈蒨的护卫下返回了故乡吴兴郡长城县（今浙江长兴）。

三年后，陈霸先还在南方征战时，北方发生了"侯景之乱"，梁武帝被活活饿死在都城建康的宫城中。

第二年，陈霸先平定了交趾地区的叛乱，继而举起讨伐侯景的大旗。侯景得知消息，勃然大怒，派人拘捕了章要儿母子和陈蒨兄弟。陈霸先从豫章（今江西南昌）率兵东下向侯景叛军发起进攻时，侯景几次想杀害章要儿母子和陈蒨兄弟，勇敢机智的陈蒨最终设法带着家人从侯景军中逃到了陈霸先身边。

公元552年，"侯景之乱"得以平定，陈霸先因功被封为长城县公，这几乎是异姓功臣能够获得的最高爵位，章要儿妻随夫贵，荣升为诰命夫人。

为了进一步表示对陈霸先等功臣的感激，同时也为了试探控制他们，朝廷设在江陵（在今湖北境内）的梁元帝萧绎让他们送家中子弟入京为官。章要儿虽然舍不得十六岁的儿子离开自己身边，但君命难违，陈昌和陈蒨的弟弟陈顼最终还是离开陈霸先驻守的京口（今江苏镇江），去了千里之外的江陵。陈昌沿江西上之日，章要儿先在江边相送，继而登上山顶危亭凝望，眼见独生子乘舟越来越远，消失在天地相接之处，章要儿默默无语，泪湿衣衫……

谁料陈昌这一去竟成与母亲章要儿的永别。

公元554年，梁元帝所在的江陵城被西魏大军攻陷，大批皇室宗亲、文武大臣和皇帝一同做了俘虏，其中就包括章要儿的独生子陈昌和他的堂兄陈顼。西魏权臣宇文泰知道陈昌兄弟的身份，对他们一直非常优待，却不肯放他们回归江南故土。

此后的几年内，大江南北的政局都发生了翻天覆地的变化——在北方，556年，宇文泰逝世，他的侄子宇文护废掉西魏皇帝，把十五岁的宇文觉（宇文泰的第三子）推上帝位，改国号为周，后世称为北周；在南方，陈霸先于557年建立了江南六朝的最后一个政权——陈朝，历史进入了北周、北齐和南陈三国鼎立的新时代。

做了皇帝的陈霸先没有忘记他的糟糠之妻，将五十一岁的章要儿立为皇后，同时追封第一个妻子钱氏为昭皇后。

陈霸先称帝时已经五十四岁了，两年后他因为操劳国事，不幸"中道崩殂"。章要儿在万分悲痛之中，却还要为江山社稷和皇位继承的大事忧心。因为儿子陈昌被困在北周做人质，她只好按照丈夫的遗命将临川王陈蒨召进宫中，表示要立他为帝，但前提是如果将来陈昌归国，他要把帝位还给陈昌。

等到举行登基大典的时刻真正来临时，章要儿想到远在北国的儿子，又犹豫不决起来，可是，国不可一日无主，除了让陈蒨继位当时也没有别的办法，最终章要儿不得不极不情愿地将传国玉玺交付给陈蒨，于是，陈蒨就成了历史上的陈文帝。

陈霸先驾崩陈蒨继位的消息传到北周朝廷，狡诈狠毒的宇文护就动起了坏心思，他故意在这个当口向南陈伸出两国修好的橄榄枝，并且大张旗鼓地派人将陈昌和陈顼送上了回归江南的旅程。

北周的"好意"让皇太后章要儿陷入了又喜又忧、又恨又怕的境地，喜的是将与儿子久别重逢，忧的是儿子前途吉凶难卜，恨的是敌国此举居心叵测，怕的是兄弟争位祸生萧墙，真真是百感交集、心如乱麻……

无独有偶，陈文帝此时的心情也是既喜且忧、既恨且怕，喜的是兄弟即将团聚，忧的是帝位难以保全，恨的是北周用心险恶，怕的是陈昌讨还江山。

陈昌此时已经二十三岁，已经懂得了权力的意义和重要性，他在回国的路上就向陈蒨的皇帝宝座发起了挑战。

陈昌人还没进入南陈境内，他写给堂兄陈蒨要求其让出帝位的信件却早已到了建康城。陈文帝原本还有一点履行当初诺言的心思，打算找个地方当着藩王去养老，但其心腹大臣侯安都的一句"自古岂有被代天子"让他起了杀人灭口之心。

陈昌到达长江北岸时，受到了侯安都的热烈欢迎。当高大华美的迎宾船在江心行驶时，侯安都假意请陈昌到船头观景散心，然后趁四周无人时一把将陈昌推入滚滚奔流的江水……

独生子陈昌因船坏溺死江心的噩耗传来，章要儿一瞬间如五雷轰顶、头晕目眩，完全失去了知觉。当她慢慢清醒过来，万分悲痛中不禁生出这样的疑问：我母子凭空遭此大难，天意乎，人意乎？

陈文帝为已故太子办了一场排场豪华、风风光光的葬礼，并且亲临痛哭，其情之悲足以令天地变色、日月无光，而作为太子生母的章要儿却欲诉无言，欲哭无泪，唯有对着滔滔长江水，向正在远去的儿子默默诉说着那痛彻心底、终生难愈的失子之痛……

不知是出于内心的愧疚，还是出于多年的感情，陈文帝对章要儿还是不错的，前来问安是经常的事情，她生病时也会给予充分的照顾。作为回应，章要儿每次见到皇帝，脸上都会浮现出一种淡淡的笑容，皇帝走后，她经常把宫女们支开，独自向隅无声而泣。

七年后，颇有一番作为的陈文帝不幸英年早逝，这结局不知是来自自然的疾病，还是来自心底的负罪感。章要儿还没有彻底搞清楚是怎么回事，已经由皇太后变成了太皇太后，因为陈文帝的儿子陈伯宗继位登基了；但是，很快她又从太皇太后变回了皇太后，因为陈文帝的弟弟陈顼废掉了陈伯宗。

哥哥为了帝位害死了弟弟，叔叔为了帝位废掉了侄子，深宫之中的章要儿每每想起这些都会无语地苦笑，这苦笑中既有对陈昌的思念，又有对陈蒨的报复，既有对陈伯宗的哀怜，又有对陈顼的愤怒，更多的则是对皇位争夺之残酷惨烈的无奈与不解。历史应该牢牢记住皇太后章要儿这五味杂陈、意味深长的苦笑……

# 唐玄宗的"洋贵妃"

中国人都知道，唐玄宗最宠爱的女人是体态微丰、貌美羞如花、以"霓裳羽衣舞"名动天下的杨贵妃，殊不知，他身边还有一个同样能歌善舞、充满异域风情的"洋贵妃"。

熟悉历史的朋友们应该会记得西汉时有一个国家叫大月氏，张骞当年出使西域就是为了联合大月氏共同应付匈奴人的进攻。从公元前2世纪起，大月氏人一直生活在中亚地区，隋唐时期，他们在中亚东部先后建立了九个小王国，比如康国、米国、曹国、石国、史国等。因为大月氏的贵族都以昭武为姓，所以这些国家在中国史书中被称为"昭武九国"。

"昭武九国"大多位于丝绸之路沿线，因此各国都有很多商人来往于中国和中亚之间，有的还在长安、洛阳等地长期定居下来。为了方便与中国人交流，"昭武九国"的商人往往以国为姓，有的姓康，有的姓米，有的姓曹，不一而足。

唐玄宗的妃嫔姬妾中恰好有一个来自中亚曹国的美女，在史书中被称为曹野那姬。从曹野那姬这个称谓和当时的文化风尚来看，这位"洋贵妃"的最初身份应该是擅长胡旋舞的舞姬。

胡旋舞在唐朝时期是非常流行的一种舞蹈，杨贵妃和安禄山都是跳胡旋舞的高手，有白居易的诗句为证："中有太真（即杨贵妃）外禄山，二人最道能胡旋。"杨贵妃和安禄山之所以那么热衷于跳胡旋舞，一个重要原因就是唐玄宗喜欢这种舞蹈。

上有所好，下必甚焉。这句话不但适用于李唐的臣民，还适用于大唐的附属国。于是，曹国、康国、米国等中亚小国就将本国善跳胡旋舞的女子作为礼物送入了唐玄宗的宫廷，让大唐皇帝可以随时欣赏原汁原味的胡旋舞。

曹野那姬应该就是跟随曹国使节来至长安，进入唐宫，从而受到唐玄宗宠爱的。

根据常情推断，曹野那姬获得玄宗皇帝青睐，原因大概是以下两点中的一个：其一，她是中亚胡旋女中舞技最高妙者，别人都不能望其项背；其二，她不仅与其他胡旋女一样长于舞蹈，而且容颜出众、善解人意。

曹野那姬和唐玄宗"有缘万里来相会"固然是非常幸运的，但后来发生的一件事情却给她带来了多年乃至一生的痛。

被唐玄宗宠幸过几次后，曹野那姬怀上了皇帝的骨肉，一个混血宝宝即将降临人世，她心中充满了为人母的幸福和满足。

不幸的是，曹野那姬的孩子提前一个月来到了这个世界上，虽然幸运地活了下来，却明显比别的婴儿瘦小很多，可怜巴巴的像个小虫子，大概这就是她得名虫娘的原因。

更不幸的是，唐玄宗认为他这个早产的女儿是不吉之人，不但对刚做了母亲的曹野那姬不闻不问，后来还命人把小虫娘送入宫中道观习经学道，消灾祈福。

虫娘只是唐玄宗众多女儿中的一个，却是曹野那姬的全部，眼见做了小道姑的女儿将孤独一生，伴着青灯终老，她心中的痛苦如山崩海啸，无以言表……

"安史之乱"后，唐玄宗的儿子唐肃宗在西北登基称帝，唐玄宗被迫做起了无所事事、无权无势的太上皇。地位变了，心态也随着变了，所以当唐玄宗再次见到女儿虫娘时，内心里对虫娘和她的母亲曹野那姬充满了内疚感和亏欠感，这时，很可能曹野那姬已经不在人世了。

唐玄宗有权力封虫娘为公主的时候，他没有这样做，当他想做此事的时候，却已经没有这个权力了，此情此景之下，他只好把虫娘托付给孙子李豫（即后来的唐代宗）。

李豫是个重情重义的好男儿，他把祖父的嘱托记在了心里，继位后将虫娘封为寿安公主，并且为她择定了一个安稳可靠的人家。这时，无论曹野那姬是在天上还是在人间，她都可以了却心愿了。

对比一下唐玄宗的杨贵妃和"洋贵妃"，尽管她们一个宠冠后宫二十年，一个只是昙花一现，但都因为身在后宫而染上了无法抹去的悲剧色彩，因为后宫从来就是一个制造悲剧的地方……

# 大唐王朝的"宋氏三姐妹"

宋庆龄、宋美龄、宋霭龄是我国人民非常熟悉的三个传奇女性，她们姐妹在中国政坛上活跃了半个多世纪，对20世纪产生了非常重要的影响。殊不知，在一千二百多年前的大唐王朝中期，也发生过一个类似"宋氏三姐妹"的传奇故事，更准确地说，是关于宋氏五姐妹的传奇故事。

话说公元8世纪中期，在当时的贝州清阳县（今河北清河与山东交界处一带），有一个特别喜欢读书的老先生名叫宋廷菜，据说是初唐著名诗人宋之问的后人。

宋廷菜膝下有五女一子，可谓儿女满堂，满堂喜庆，可是，宋老先生并不像我们想象的那么快乐，因为他这五个女儿不知为什么一个个都抱定了终生与诗书为伴、一辈子不谈婚嫁的特别志愿。

五姐妹中的老大名叫宋若莘（又名宋若华），她一直秉持着"长姐如母"的信念，从懂事起就像母亲一样关爱照顾着她的妹妹弟弟们。

在父亲和大姐的谆谆教导下，若昭、若伦、若宪、若荀姐妹四个性格

"贞素闲雅，不尚纷华之饰"，为文淡雅清丽，远近无人能及，宋氏五姐妹的故事一时间传为美谈。美中不足的是，宋廷棻的小儿子宋稷好像不够灵透，和五个女儿相比有点相形见绌。

伴随着宋家五姐妹一个个到了谈婚论嫁的年龄，关于她们家的闲言碎语慢慢地传开了，什么女儿们聪慧伶俐，儿子却愚不可及，什么五姐妹不谈婚嫁必有隐疾，弄得宋廷棻总是忐忑不安，时常忘食废寝。

后来，流言蜚语越传越盛，宋廷棻就带着孩子们西行穿越太行山来到河东的上党（今山西东南部）投靠昭义节度使李抱真。李抱真听说了宋氏五姐妹的事迹，惊为盛世奇事，就给当时的皇帝上书汇报，期待以之为大唐和他的辖地增光添彩。

当时的皇帝是谁呢？唐德宗李适，就是《打金枝》中那个皇帝的下一任，就是《珍珠传奇》里沈珍珠的小儿子。

唐德宗也对宋家五姐妹非常感兴趣，就一纸诏书把她们一起宣入了皇宫，但德宗皇帝在乎的并不是五姐妹的容貌，而是她们的才华，所以他并不将之视为宫妾，而是以学士之礼相待，并且让皇子皇孙和公主们跟着五姐妹学习经义。五姐妹的父亲和弟弟也因为她们的缘故被授予了官职，父亲官任大理府君，弟弟则成了太子宫门郎。

所谓学士，就是四十多年前李白在唐玄宗身边时的那个身份，这个职位对于有治国平天下之志的李白来说当然有些委屈，但对于想做学问的宋家五姐妹来说，应该是个不错的安排。

宋氏五姐妹中，诗才最高的是若昭和若宪，遗憾的是，她俩留下的诗作都是应制诗，不能体现她们的才华，相比之下，若莘的《嘲陆畅》更能展示其诗艺与性情：

> 十二层楼倚翠空，
> 凤鸾相对立梧桐。

> 双成走报监门卫，
>
> 莫使吴歆入汉宫。

入宫后，三妹若伦和五妹若荀不幸因病离世，五朵姐妹花谢了两朵固然令人悲伤，但宋氏三姐妹在宫中的地位却越来越重要了。

入宫的第四年，即公元791年，宋若莘被任命掌管密藏图籍，通俗一点说就是担任了皇家图书馆馆长，这对于她治学著书无疑是"善莫大焉"的好事。

虽然若莘在诗才上比二妹、四妹略逊一筹，但她的文章却是五姐妹中最高妙的，而且给后世留下了《女四书》之一的《女论语》。

宋若莘的这本书模仿《论语》，以韦逞母宣文君宋氏（东晋十六国时期北方的儒学大师）代替孔子的角色，以班昭等才女代替颜回、闵子骞担任弟子学生，"其间问答，悉以妇道所尚"，故名《女论语》。为了让天下的女子更好地理解《女论语》，二妹宋若昭给大姐的这部作品做了细致入理的注解，因了姐妹俩的共同努力，《女论语》后来被尊为古代女子成为贤妻良母的必读之书。

唐德宗逝世后，他的儿子继位，历史上称为唐顺宗，即支持柳宗元、刘禹锡等进行"永贞革新"的那个皇帝，不幸的是，变法很快失败，反对派拥立了顺宗的太子，这就是唐宪宗。

唐宪宗就是那个把韩愈"夕贬潮阳路八千"的皇帝，虽然他大张旗鼓迎佛骨不是什么高明之举，其实他还是个有作为的皇帝，"元和中兴"就是他成就的，但佛祖并没能保佑他长命百岁，刚满四十他就无奈地去西天报到了。

宋若莘是和唐宪宗在同一年辞世的，可能是年过半百身体出了状况，也可能是对宪宗皇帝感情过深，要知道，作为"皇家首席女教师"，宋若莘可是看着唐宪宗长大成人的呀！

宋若莘去世时，工作已经从管理皇家图书升格为掌管文书奏折，而且获得了尚宫的品衔。

尚宫是唐代后宫女官中最高的职位，"掌导引中宫，总司记、司言、司簿、司闱。凡六尚事物出纳文籍，皆涖其印署"。简而言之就是后宫的一应大小事务都在她的管理范围之内，如果说皇后是后宫的女皇帝，那么尚宫就是后宫的女丞相。

唐宪宗之后即位的是他的儿子唐穆宗，在这一年，宋若昭接替姐姐若莘担任了尚宫之职，而且从这时起她正式被皇子、妃嫔、公主、驸马们尊称为"先生"。

唐穆宗是一个痴迷丹药、梦想长生的年轻皇帝，但事与愿违，他于四年后死于道士们炼制的"灵丹妙药"和意外中风的双重效应。

唐穆宗驾崩后，他十六岁的儿子继位，是为唐敬宗。两年后，唐敬宗因为和宦官闹矛盾而死于非命，宦官们接着把唐穆宗的另一个儿子推到了皇位上，这就是历史上的唐文宗。

唐文宗即位时，若昭、若宪姐妹已经六十多岁了，而且若昭还是他尊敬的老师，所以文宗皇帝对她们十分敬重，这一点在后来宋若昭的葬礼上体现得非常明显。

宋若昭于公元828年在她六十八岁时因病逝世，虽然她生前已经拥有了梁国夫人的尊贵地位，但唐文宗等人还是觉得这不足以表达对这位德高望重的女帝师的尊崇和敬意，于是，他们破格给宋若昭在身后安排了只有皇太后和皇后才能够享用的葬礼仪式。

至此，宋若宪成了后来的宋氏三姐妹中硕果仅存的一位，遗憾的是，她在七年后竟然以被赐死的结局为宋氏五姐妹的传奇故事写下了一个悲壮的结尾。

就像当初二姐接替了大姐的职位一样，宋若昭在二姐去世后继任了她的尚宫之职，而且同样深受唐文宗信任，直到公元835年的某一天。

这一年六月，大臣李宗闵因为给唐文宗讨厌的人辩解而得罪了皇帝，一向投皇帝所好的郑注、李训二人就落井下石，上书称李宗闵曾经通过驸马沈生交接宋若宪，企图染指丞相权力。唐文宗当时正在气头上，以为宋若宪像某些宦官一样有干涉朝政的欲望，一怒之下把她幽禁在一所废宅，接着又在小人的撺掇下下诏赐其自尽，一代才女就此命断宫廷，令人唏嘘不已……

从公元788年入宫到835年若宪离世，宋若莘、宋若昭、宋若宪三姐妹影响大唐后宫将近半个世纪。她们凭借自己的才华和勇气在中华女性历史上写下了浓墨重彩的一笔。

# 历史上的扈三娘和她的哥哥

《水浒传》里的梁山好汉在现存的史籍中绝大多数无迹可寻，就现在的研究成果来看，一百零八人中幸运者最多只有十个半，前面的十个人分别是宋江、关胜、武松、杨志、李逵、史进（历史上称为史斌，但明确说是"宋江之党"）、张横、张顺、解宝、孙立，后面的半个则是女将一丈青扈三娘，为什么说扈三娘在史籍留名上算半个人呢？且听笔者详细道来。

众所周知，一代名将岳飞身边有一个猛人名叫牛皋，无独有偶，与他们同时代的抗金名臣宗泽帐下有一员将官名唤马皋。马皋本人虽然不错，但他之所以特别引人注目却是因为他有一个武艺不凡、勇冠三军的妻子——女将一丈青。

虽然相关史籍中没有对马皋之妻一丈青外貌的记载，但"一丈青"三字已足以在我们面前立起一个身形高挑、英姿飒爽、扈氏三娘一样的女将形象——"一丈"说明此女身材不是一般的高，站在普通女子之中肯定有鹤立鸡群之妙，同时她的体型肯定也是不胖不瘦，恰到好处的，否则，她的绰号不会是"一丈青"，而会是"母大虫"或"母夜叉"了；"青"字则意味着她是一个"不爱红装爱武装"或者既爱红装更爱武装的女子，而且是一个正当青春、青丝如墨的女子。

一丈青与她的夫君马皋本来同在力主抗金的东京留守宗泽帐前听命，二人夫唱妇随，共御敌虏，谱写了一段评书中常见、历史上少有的战场上的爱情佳话。公元1128年，志在恢复河北失地的宗泽悲壮地高呼着"渡河，渡河，渡河"含恨而逝，此后一个名叫杜充的国家蠹虫接替了宗帅的职位，开始睁着眼睛瞎指挥黄河南北的几十万抗金大军。这件事对于大宋王朝来说是一个大悲剧，对于一丈青与马皋的小家庭来说也是一个大悲剧。

杜充绝对是一个成事不足败事有余的混蛋官员，他坐上东京留守的重位之后，不但停止了轰轰烈烈的北伐，而且切断了和河北民间抗金武装之间的联系，同时在官军内部展开了排除异己的政治运动。

张用、王善是当初接受宗泽元帅招抚的民间抗金武装首领，对畏敌如虎、劣迹斑斑的杜充根本看不上眼，不愿意唯命是从，听任他安排摆布，这正好给了杜充挟私报复的机会。建炎二年（公元1129年）初，杜充命令马皋和一丈青夫妻两个带兵去淮宁府（今河南淮阳）攻打张用和王善的军队，马皋和一丈青虽然深知"同室操戈"的害处，却不敢违抗上司的军令，只得不情不愿地去攻打兄弟部队。

就实力而言，马皋与一丈青的军队和张用、王善的军队旗鼓相当，不相上下，但是发起不义之战的前者自知理亏，士气不振，结果不久就被对方打得丢盔弃甲、落荒而逃，而且夫妻俩还被张用和王善给冲散了。更不幸的是，当马皋带着残兵败将回营复命时，杜充根本不容马皋分辨，直接命令副留守郭仲荀把马皋拉出帐外斩首示众。

得到马皋被杀的噩耗，一丈青肝肠寸断，悲痛欲绝，但她毕竟是个久经阵战的女英雄，痛定思痛之后，她决定带兵去投奔当年宗泽元帅特别器重的大将闾勍，闾勍当时驻扎在西京河南府，就是现在的河南省洛阳市。闾勍深知杜充的为人，对马皋和一丈青的不幸遭遇非常同情，于是就主动提出收一丈青为义女，让她留在他的军营为国效命。

由于杜充在形势一片大好时愚蠢地放弃了北伐，又自绝于河北的民间抗金武装，抗金战局在他接任东京留守几个月后就急转直下，惶惶不可收拾，不仅黄河以北的大名府、五马山一带被金国军队占领，连黄河以南的西京河南府也被大批金兵层层围困，岌岌可危。闾勍眼见西京已经守不住了，只得带领一丈青等人突出重围，向淮河以南撤退。

在宗泽担任东京留守时期，黄河以北是宋、金激烈争夺的区域，黄河以南主要由宋军占领，很少见到金人，而杜充错误而无耻的行为举措（这家伙后来投降了金国，做了名副其实的汉奸）则导致河北大片疆土彻底沦陷，致使金军跨过黄河天险，把黄河以南直到长江的广阔土地变成了新战区，害得数百万老百姓陷入了水深火热、生不如死的战争灾难，说杜充是两宋之交的第一罪人，应该一点也不为过。

闾勍南撤的过程中，碰巧遇到了被杜充逼上反叛之路的张用。张用这时已经和王善分道扬镳了，因为他不愿意按照王善的安排进攻淮宁府。宗泽元帅在世时，闾勍和张用是东京留守府的同事，作为前辈的闾勍对张用多有关照，所以他们二人的意外相逢颇有"久旱逢甘霖，他乡遇故知"的感慨。在闾勍的苦心劝说下，张用迷途知返，重新回到了大宋官兵的旗帜之下，为了表示对张用投诚之举的认可，闾勍主婚，将寡居的义女一丈青嫁与张用为妻。

在这里我们又从一丈青身上看到了扈三娘的影子——一丈青嫁给了间接导致她前夫马皋被杀的武将张用，而扈三娘的丈夫王英则来自杀害了她一门老幼的梁山农民军（主要是李逵造的孽）。

李逵向扈三娘的家人举起血淋淋的大板斧时，只有她的哥哥扈成侥幸逃脱，"投延安府去了。后来中兴内，也做了个军官武将"。这个扈成在历史上是百分之百确有其人的。《水浒传》中梁山好汉征方腊凯旋回京后，幸存的天罡众将大多数被封为各州都统制，比如花荣授应天府兵马都统制，柴进授横海军沧州都统制，历史上的扈成担任的官职就是统制。

和闾勍、马皋一样，扈成也是宗泽元帅手下的一员将官，其实，大名鼎鼎的岳飞当时也在东京留守司任职，他们还是相处不错的同事。宗泽去世后，杜充被朝廷任命为留守司的一把手，扈成就和岳飞、马皋一起成了杜充的部下。

杜充的无耻决策和愚蠢指挥导致黄河两岸的抗金防线全面崩溃，扈成和岳飞、戚方、刘经等人不得不带领各自的军队跟随杜充撤退到长江南岸的建康，即现在的南京，分别驻扎在建康城东、西、南三面的几个县里。

俗话说"上梁不正下梁歪"，在杜充的领导下，除了岳飞的军队之外，东京留守司的另外几支军队几乎都失去了战斗力。很快，来势凶猛的金兵在金兀术的指挥下渡过长江攻陷了六朝古都建康，全城陷入一片刀光剑影、暗无天日的大混乱。戚方、刘经等人的队伍在抵抗金兵入侵上一塌糊涂，乏善可陈，等金人把建康城掳掠一空、撤到江北之后，他们却又开始在城内城外兴风作浪，鱼肉百姓，而且心如蛇蝎的戚方还向兄弟部队伸出了血腥的黑手。

扈成带领的宋军当时驻扎在建康城东南的金坛，所受冲击较小，实力也相对较弱，因此成了戚方觊觎的目标。

一日，扈成带领他的军队从一片广阔茂密的箭竹林经过，忽然，路两边的竹丛中冲出几十个手执长枪的军士，这些人二话不说，对着扈成举枪就刺，可怜扈成转眼间浑身是血，落马殒命，糊里糊涂地做了枪下之鬼。杀死扈成的幕后黑手戚方并没有得到应有的惩罚，这个家伙在岳飞和张俊对乱军展开讨伐时投降了张俊，然后就在历史上销声匿迹了。

大概施耐庵先生觉得扈成死得太悲惨太冤枉，于是就将他写进了《水浒传》，并给他安排了一个貌美如花、武艺高强、令读者一见即心仪难忘的妹妹一丈青扈三娘。

# 孟皇后：大宋中兴背后的那个奇女子

中国历史上有两次非常著名的中兴，一个是东汉初年的"光武中兴"，另一个则是两宋之交的"建炎中兴"。"建炎中兴"的中心人物自然是宋高宗赵构，但其实还有一个人对于大宋中兴居功甚伟，此人就是深明大义、历经磨难的孟皇后。

孟皇后是宋高宗特别尊敬的伯母、宋徽宗先迎后逐的嫂子、宋哲宗立而又废的皇后，她是由宋英宗的高皇后推上皇后之位的，而她的命运则是被宋神宗时期的变法之争彻底打乱的，可以说，这个奇女子的一生是和北宋后期、南宋初期的历史紧密相连、密不可分的。

孟皇后生于公元1073年，那时候王安石变法正在轰轰烈烈、如火如荼地进行着，而保守派则在等待着机会将变法派挤下相位取而代之。变法派的主要人物是王安石、吕惠卿、章惇、蔡京、蔡卞（蔡京的兄弟，王安石的女婿），保守派的代表人物是司马光、吕公著和苏辙等人。

孟皇后是在十六岁时被太皇太后高氏选中立为后宫之主的，时值公元

1089年，彼时支持变法的宋神宗已经驾崩，继位的宋哲宗还未成年，朝政大权掌握在垂帘听政的高太后（更准确地说是太皇太后）手中。高太后在政治上持保守态度，坚决反对变法，即使变法派的章惇在拥立哲宗继位上立下了大功，她老人家仍然把他赶出了京城。后来章惇又被贬到了几千里之外的岭南，以致他从心底里恨透了保守派。

宋哲宗元祐八年，即公元1093年，高太后病逝，哲宗皇帝开始亲政。年轻的皇帝是变法的支持者，于是作为变法派主力的章惇又被召回朝廷任职，并且成了一人之下、万人之上的宰相。章惇不但很快恢复了被保守派废除的青苗法、保甲法、免役法等法令，而且对保守派官员及其家人展开了疯狂报复，司马光、吕公著等已逝大臣的谥号被夺、墓碑被毁，而且差点被挖坟掘墓；苏辙、范纯仁（范仲淹之子）等健在者都被贬到偏远地方去做有名无权、受人监管的闲职。

因为孟皇后是章惇眼中的"老奸"高太后所立，所以不可避免地成了他展开报复的首要对象之一。而高太后的保守立场和宋哲宗的变法主张针锋相对，所以，哲宗皇帝对孟皇后的感情也不是很深，他最喜欢的后妃是貌美而多艺的刘婕妤，刘婕妤则凭恃着皇帝的宠爱一直在觊觎着皇后的位置。

当时孟皇后的小公主得了重病，太医们想尽了办法却都未能见效，作为母亲的孟皇后心急如焚，以至于病急乱投医，把最后的希望寄托在宫外道士的神符圣水上，但是神符圣水并没有传说中那么神奇，可爱的小公主最终还是在孟皇后怀抱里永远闭上了眼睛。痛失爱女本已是人生之大不幸，更不幸的是，这件事成了章惇和刘婕妤攻击陷害孟皇后的把柄。

俗话说"世上没有不透风的墙"，孟皇后宫中有符水的事情很快就传到了刘婕妤耳中，于是她就诬陷孟皇后心怀叵测用符水诅咒皇帝。宋哲宗将信将疑，派人把孟皇后宫中的宫女太监押到大理寺接受审讯。

　　大理寺的官员们受了章惇等人的指使，对孟皇后身边的宫女太监严刑拷打，逼他们招认孟皇后有诅咒皇帝之举。但孟皇后平素待人和善，平易近人，那些可怜的宫女太监宁肯断肢割舌也不愿诬陷他们爱戴的好皇后。欲加之罪，何患无辞，大理寺官员们见严刑逼供没有结果，就捏造编织了一连串的口供，给孟皇后定了"旁惑邪言，阴挟媚道"的罪名。于是，无辜的孟皇后被宋哲宗废掉了，随后被逐出皇宫到瑶华宫（此宫乃是道观）出家做了女道士。

　　公元1100年，宋哲宗驾崩，他的弟弟赵佶继位，是为宋徽宗，此后，孟皇后被召回皇宫，但不久不知何故又回到了瑶华宫。如果按照当时的情况推理一下，孟皇后得以回宫应该和变法派失势、章惇被贬有关，而她再次被逐一是因为变法派再次得势，二是拜已经成为太后的刘清菁（即刘婕妤）所赐，顺便说一下，刘清菁后来因为干涉朝政而被迫自尽。

　　公元1127年，金人大举南侵，东京很快沦陷，徽钦二帝和大批后妃宗室被俘北上，最终客死异乡。被逐出宫的孟皇后有幸逃过了这个大劫难，但当她得知这一消息时，她感受到的不是自己的幸运，而是国破家亡、生灵涂炭的椎心泣血之痛。就在这时，在金人的淫威下被迫当了傀儡皇帝的张邦昌来请孟皇后了，他想借助孟皇后的地位安抚官员百姓，稳定政治形势，并且承诺一旦找到可以继承大宋皇统的宗室子弟，他就让出帝位。孟皇后原本不肯和张邦昌合作，但转念一想只有这样才有恢复大宋江山、重振祖宗基业的希望，就暂时答应了对方的请求。

　　当孟皇后作为皇太后回到已经破落不堪的皇宫时，不禁悲从中来，泪流不止，但这也更加坚定了她寻找大宋皇位继承人的信念。不久传来了一个好消息——徽宗皇帝的九儿子康王赵构正在应天府（今河南省商丘市）一带集结军队准备抗金，孟太后兴奋之余立刻派人给赵构送去了一封密信，劝他及早称帝，担负起中兴大宋的重任，让百姓们看到国家恢复的希望。

有了孟太后的支持，赵构称帝就名正言顺了，于是他在应天府举行登基大典，分封文武百官，大宋王朝的第十任皇帝就这样诞生了，此事在历史上称为"建炎中兴"，赵构就是后人口中的宋高宗。为了进一步树立自己的正统形象，同时也为了表示对孟太后的感激，宋高宗将伯母孟太后从东京接到身边，像侍奉亲生母亲一样朝夕问省，用心关照。

金人听说宋徽宗的儿子赵构在应天府登基称帝了，不禁勃然大怒，随即再次南侵。赵构暂时无力对抗，只得带着孟太后等人乘舟南下，他们先到了长江南岸的建康（今江苏省南京市），后来又到了离金人更远的临安（今浙江省杭州市）。当时正是多事之秋，外部强敌压境，内部也颇不稳定，乱极一时的"苗刘兵变"就是在这时候发生的。

"苗刘兵变"的发动者是当时驻守在临安附近的大将苗傅和刘正彦，这两个家伙既不愿北上抗金，又想攫取更大的权力，就在一个深夜包围了临安城，然后放出话来要求赵构退位，由孟太后扶助三岁的小太子即位，并且要求和金人和谈，结束战争状态。

生死攸关的关键时刻，孟太后表现出了罕见的勇气和魄力。

按照苗傅和刘正彦的想法，孟太后会劝说赵构退位，然后扶立幼君，但他们没有想到的是，体弱多病的孟太后让太监们把她直接抬到了苗刘军前。面对人多势众的叛军，孟太后说金人入寇的现实，讲御侮保国的道理，希望他们将功补过，为国效命，而不是继续做亲者痛、仇者快的事情。孟太后义正词严的话语在叛军中产生了很大影响，但苗傅和刘正彦执迷不悟，不肯退兵，孟太后只好一面和宋高宗联手演戏忽悠苗刘二贼，一面暗中派名将韩世忠的妻子梁氏（即后世书中的梁红玉）出城向韩世忠等人传达勤王救驾的诏命。

当时，韩世忠在淮河南岸布防，张浚则驻扎在苏州一带，他们接到孟太后的诏书后，立即带兵向临安进发，以期尽快把皇帝解救出来。在韩世忠和张浚的精心部署下，"苗刘兵变"很快得以平定，孟太后再次把赵构扶上了皇位，这是她为大宋王朝立下的又一个盖世功勋，当然也因此赢得了宋高宗对她进一步的尊重和孝敬。

纵观孟皇后起伏跌宕、祸福相倚、富有传奇色彩的一生，我们不由感叹历史的复杂和曲折、人生的意外和无奈，同时也对孟皇后这个平凡而又不凡的女子生发出深深的同情和无限的敬意……

# 万贵妃：那个比皇帝大十七岁的变态女人

山东诸城可谓人杰地灵之地，大画家张择端，金石学家赵明诚（大词人李清照的丈夫），书法家、大清官刘墉，著名作家王统照、王愿坚都出生在这片神奇的土地上，但这儿也出过几个让人不敢恭维的人物，比如北宋大臣赵挺之（李清照的公公），比如本文的主人公——万贵妃。

要说万贵妃的童年，那不是一般的悲惨，这从某种程度上决定了她后来的变态行为。

万贵妃的父亲是一个不幸获罪的小官，为了日后在皇宫里有个依靠，他把还未成年的女儿送进皇宫做了宫女。

作为一个无依无靠的小宫女，万姑娘肯定吃了很多苦，受了很多气，遭了很多罪，但她没有向命运屈服，凭借着倔强和坚忍走过了人生中那段最黑暗的日子，直到因为勤快灵巧得到了孙太后的喜欢，成了老太太跟前的红人。

公元1447年，孙太后的孙子出生了，这就是明宪宗朱见深。孙太后非常钟爱她的宝贝孙子，就派自己最信任的万宫女去照料这个普天之下最高贵的小男孩，这很像《红楼梦》中贾母安排袭人去宝玉房里做大丫鬟，所不同的是，宝玉、袭人年龄相仿，而万宫女足足比朱见深大了十七岁。

小皇子朱见深的老爸不是别人，正是"土木堡之变"的第一主人公明英宗朱祁镇。明英宗御驾亲征之前，为了遵循皇帝在外太子监国的祖训，把只有两岁的朱见深立为太子，这样一来，万宫女的地位自然又升高了一级。不幸的是，明英宗兵败土木堡做了蒙古人的俘虏，"国不能一日无君"，于是他的弟弟朱祁钰被拥立为帝，历史上称为明代宗。后来，明英宗虽然被释放回来了，却已经是"落架的凤凰不如鸡"，不得不在别人的监视下讨生活，而朱见深也在"土木堡之变"五年后被明代宗废去了太子之位。

疾风知劲草，板荡识诚臣，在年幼的朱见深深陷危局时，万宫女表现出了勤快灵巧之外的另一个优点——忠贞。她痴心护主，恪尽职守，时时准备着以自己的身躯去阻挡小王子生命中的凄风苦雨。公元1457年，"夺门之变"发生，被软禁了八年的明英宗再次登上皇帝宝座，朱见深随后恢复了太子之位，这一年，太子十岁，万宫女二十七岁。七年后，明英宗驾崩，太子朱见深继位，是为明宪宗。

明宪宗登上帝位后，立即做出了一个惊世骇俗的决定——封比他大十七岁的万宫女为贵妃。

虽然在我们这个时代忘年恋已不新鲜，虽然宪宗皇帝和万宫女在苦难中结成的情谊弥足珍贵，但他的这个选择还是让我们瞠目结舌、难以置信。

不管怎么说，从那一天起，万宫女升格成了万贵妃。

尽管周太后强烈反对，吴皇后更是拼命抵制，但在册封万贵妃这件事上，明宪宗一意孤行，不为所动。而万贵妃的肚子也特别争气，第二年就给宪宗皇帝生下了一个小皇子。可是，此后却出现了乐极生悲的态势——小皇子在十个月大的时候不幸夭折了，中年得子又失子的万贵妃心如刀割，悲痛欲绝，其情之苦非言语可以表达……

万贵妃的失子之痛固然值得同情，可她随后的做法就应该归入可恨的范畴了。

为了抚慰万贵妃伤痕累累的心，明宪宗给了她更多的关爱眷顾和温柔缱绻，然而，万贵妃却再也没怀上龙种，更糟的是，她内心的天平开始向邪恶的一边倾斜——她受不了别的妃嫔受孕的消息，她要把皇帝更紧地拴在身边，不让他和别的女人亲密接触。

在两年多的时间里，万贵妃成功地阻止了明宪宗龙种的散播，但她一时疏忽，功亏一篑——贤妃柏氏怀上了皇帝的孩子。这个消息对于万贵妃简直就是晴天霹雳，她使出浑身解数要除掉柏妃肚子里的胎儿，可还是没有得逞，只能眼睁睁地看着别的女人给宪宗皇帝生下了一个儿子。

又一次喜得龙子的明宪宗沉浸在巨大的幸福中，兴奋之余又宠幸了令他一时情迷的宫女纪氏。

纪氏是一个来自广西少数民族地区的贵族少女，有着与众不同的高贵气质，尽管明宪宗心里装着万贵妃，还是被秀外慧中的纪氏吸引了，于是就宠幸了这个幸运抑或不幸的女子。纪氏是幸运的，皇帝的一次垂青，而且是她一生中唯一的一次，就让她珠胎暗结；纪氏也是不幸的，宪宗一直不知道她怀了龙种，而万贵妃却很快就听到了风声。

纪氏有孕恰好发生在柏妃产子之后，这对于万贵妃来说绝对是旧恨未除又添新恨，于是她气势汹汹地派身边人去给纪氏堕胎。纪氏因为平时与人为善躲过了一劫，被派去堕胎的人回来向万贵妃报告说纪氏小腹隆起是因为长了瘤子，并非有孕在身。万贵妃这才吃下了定心丸，但她妒意犹存，余恨未消，就派人把纪氏赶到了安乐堂。安乐堂听起来是个不错的地方，实际上是无权无势又身患重病的太监们等死的地方，万贵妃用心之歹毒由此可见一斑。

纪氏在安乐堂秘密地生下一个男婴，善良的太监张敏、怀恩和被废的吴皇后与纪氏一起充当起了小皇子的保护神。在他们的共同努力下，小皇子一天天地长大了。开始的时候，万贵妃听到了一些风吹草动，并且曾经派亲信到安乐堂搜查过几次，但都无果而归，后来就把这事忘到爪哇国去了，一则她相信了纪氏没有生下孩子，二则她要将更多的精力放在对付柏妃母子上，因为朱祐极那个小家伙已经乌鸦变凤凰，今非昔比了。

尽管明宪宗对万贵妃的深厚感情一如既往，没有丝毫减少，他也不得不承认最爱的女人已经年过四十，生儿育女的可能越来越小了，在这种情况下，他把已经两岁的朱祐极立为太子。可朱祐极这孩子也是个苦命人，做太子还不到一年就命断深宫，不知是不幸夭折还是更不幸地死于万贵妃之手。万贵妃狂喜不已，宪宗皇帝暗自伤心，柏妃痛定思痛，心如死灰，再也不问凡尘俗事……

万贵妃此时已是四十四岁，但她还是不肯服输，坚信自己能够为皇帝生下皇子，因此她开始了新一轮的"阻孕"运动。转眼四年过去了，明宪宗即将步入中年（当时人的平均寿命短，三十岁已属中年），却还是膝下无子，不觉心间生出无限忧虑，以至于一次在张敏给他梳头时发出了这样的感叹："老之将至而无子！"张敏不失时机地把纪氏有子且已六岁的消息向宪宗做了汇报。宪宗大喜过望，立即命张敏将小皇子召到面前，赐名朱祐樘，樘者，国家栋梁，中流砥柱也，纪氏也母因子贵，被封为淑妃。

如果说柏妃有孕对于万贵妃来说是个晴天霹雳，那么纪妃偷偷产子并养至六岁对其而言简直就是世界末日般的噩耗，万贵妃气得耳鸣心悸、五内俱焚，几乎要疯掉了，终日对着周围的人大叫："群小诈我！群小诈我！"

万贵妃认定纪妃所为是对她的莫大侮辱，随即展开了疯狂的报复。小皇子朱祐樘深受宪宗喜爱，很快被立为新太子，而且得到了周太后的特别关爱和保护，万贵妃即使有胆也没有机会下手，于是她就把矛头指向了纪妃和向皇帝透露真相的张敏。不久纪妃暴病而逝，张敏吞金自尽。这时，意料之中却又让万贵妃难以接受的事情终于发生了——她彻底绝经了。

面对残酷而无奈的现实，不到黄河心不死的万贵妃终于冷静下来，静下来之后她意识到两个重大问题：第一，她已经绝经，再也不可能受孕生子了；第二，她是爱皇帝的，不能让皇帝因为她的私心绝了后代，以至于江山易主。

从真正进入更年期起，万贵妃再也不阻止宪宗皇帝临幸别的妃嫔了。于是，随后的十一年间，明宪宗又收获了十一个皇子，而之前的十二年，由于万贵妃的控制，宪宗皇帝的妃嫔只生下了三个皇子：一个是万贵妃自己的骨血；一个很可能死于万贵妃之手；一个为了逃避万贵妃的迫害偷偷摸摸地生活了六年之久。但各位不要以为万贵妃从此就洗心革面、立地成佛了，她只是改变了一下"游戏"方式而已，在决定不再阻止别的妃嫔受孕生子的那一刻，她已经开始了她的新"事业"——设法让诸皇子和他们的母妃们为了皇位继承权争个头破血流，争个你死我活……

# 叶赫老女：她引发了中国的特洛伊战争

提起满族的叶赫那拉家族，我们首先会想到的是导致中国积贫积弱、战乱频仍、民不聊生的慈禧太后，殊不知，早在400年前的明朝末年，就有一个叶赫那拉部的女子在东北的白山黑水间掀起了一场场的部族战争，几乎所有和她有关系的部落都很快在战争的狂涛巨浪中遭遇了灭亡的噩运。更值得一提的是，这个女子是满洲空前绝后的惊世大美女，比年轻时的慈禧太后绝对是有过之而无不及。

这个充满传奇色彩的女子就是令努尔哈赤一生引以为恨的叶赫老女。

曾经建立过大金国的女真族在明朝时期分成了三部分——建州女真、海西女真和东海女真，建州女真占据着现在的黑龙江省和吉林省东部；海西女真生活在黑吉两省的中部地带；东海女真即野人女真，分布在黑龙江以北、乌苏里江以东的广阔领域。叶赫老女所属的叶赫部是海西女真四个部落中最强大的一部，于是，这个身为部落公主的绝世美女就在某种程度上拥有了"皇帝的女儿不愁嫁"的心理优势。

公元1591年，也就是大明万历十九年，叶赫老女刚刚九岁，在当时却已到了谈婚论嫁的年龄，但是，她的第一场婚姻实际上是一个密谋已久的大阴谋。

叶赫老女的父亲，叶赫部首领布寨一直想吞并实力较弱的哈达部，但又不愿为此发动大规模的战争，于是就上演了一出里应外合的美人计。哈达部的一把手歹商垂涎叶赫老女的美色，而歹商的手下孟格布禄则垂涎他的首领地位，布寨一面满脸含笑地隆重款待着前来求婚的歹商，一面却派人去跟孟格布禄商定了最终的杀人夺位计划。

成亲的日子到了，歹商喜气洋洋地带着大队人马，驮着金银珠宝从哈达部到叶赫部来迎亲，当他们行至一个险恶路段时，突然遭遇了叶赫部和孟格布禄军队的袭击，结果，歹商还没见着美人的面就把性命丢在了半路上，叶赫老女名义上的第一桩婚事就这样收场了。

就在海西女真发生内讧的这一年，已经统一了建州女真各部的努尔哈赤开始了统一整个女真族地区的战争。为了和士气正盛的努尔哈赤对抗，布寨又一次抛出叶赫老女这张王牌，这次他把女儿许给了乌拉部的首领布占泰，条件是乌拉部同意由他担任海西各部联军的盟主，并且帮助他拉拢更多的部落入伙参战。最后，布寨和布占泰等人组建了九部联军，浩浩荡荡地向努尔哈赤发起了进攻。

努尔哈赤具有杰出的军事指挥才能，而九部联军却是"军合力不齐"的乌合之众，双方在古勒山下一交手，胜负即分，叶赫老女的老爸布寨在混战中不幸阵亡，未婚夫布占泰则被建州军生擒活捉。布占泰被释放回到乌拉部后曾经要求叶赫部履行婚约，但已长大成人的叶赫老女心高气傲，不肯下嫁败军之将，于是这桩婚事就不了了之了。

古勒山之战让叶赫部元气大伤，叶赫老女的哥哥布扬古慑于努尔哈赤的强大势力，不得不同意了对方的求婚，把妹妹许给了杀父仇人，但后来由于明朝政府的干涉，努尔哈赤一直没能迎娶成他觊觎已久的满洲第一美女，这成了他一生中的一大遗憾，以至于后来起兵反明时将此事列为明朝给他造成的"七大恨"之一。

其实早在和努尔哈赤定婚后的第二年，叶赫老女与她的哥哥就在明王朝的庇佑下取消了跟杀父仇人的婚约，他们向天下发出通告，庄重承诺谁能够杀死努尔哈赤为他们的父亲报仇，谁就可以成为满洲第一美女的丈夫。这个时候，有一个不自量力却又色欲熏心的家伙站了出来，表示愿意为了娶到叶赫老女向努尔哈赤发起挑战。谁呢？就是曾经和叶赫部联手杀死歹商的哈达部首领孟格布禄。但孟格布禄哪里会是努尔哈赤的对手，双方一过招前者就被后者俘虏了，而且很快被砍掉了脑袋。

按说有了孟格布禄的前车之鉴，就没有人敢再来蹚叶赫老女这"红颜祸水"了，然而，好色不要命的却大有人在，第一个来步孟格布禄后尘的是辉发部的首领拜音达理。拜音达理本来已经与努尔哈赤的女儿定下了婚事，当他得知满洲第一美女征婚报杀父之仇时，竟然撕毁了和努尔哈赤家族的婚书，把对方从岳父一下子变成了敌人。别说是一代枭雄努尔哈赤，就是一般人也忍受不了这样的侮辱，拜音达理的下场也就可想而知了——不但没有吃到天鹅肉，连老巢都被努尔哈赤给端了。

如果说孟格布禄和拜音达理是跳梁小丑，那么下面要出场的这个色鬼连小丑都算不上了，他不是别人，正是曾经被叶赫老女严词拒绝过的败军之将，乌拉部首领布占泰。布占泰也和努尔哈赤家族有姻亲关系，努尔哈赤把自己的四女儿和一个侄女都嫁给了他，而且是在他落难的时候。但是这个家伙一听说叶赫老女在征婚，就和拜音达理一样，暗中把矛头转向了岳父大人努尔哈赤。努尔哈赤觉得自己这个老丈人当得简直是天下第一窝囊，他盛怒之下亲自带兵前去复仇，三下五除二就灭了乌拉部。

此时历史已进入了万历三十六年，也就是公元1608年，万历十年出生的叶赫老女已经二十六岁了，这个岁数的女子即使搁到现在也算得上是个剩女了，她之所以被称为叶赫老女就是这个缘故。好在叶赫老女有着"满洲第一美女"的头衔，所以虽然她不再是豆蔻年华、风华正茂的少女，虽然她让一个个觊觎其美色的男人国破家亡、身首异处，却仍然有数不清的追求者接踵而来，东蒙古暖兔部落首领之子吉赛就是其中之一。

吉赛应该早就爱上叶赫老女了，但自觉能力不够，所以一直没有前来求婚，到公元1615年时，暖兔部的实力有了一定的发展，而叶赫老女已是三十三岁的高龄剩女，于是，吉赛就鼓足勇气到叶赫部求娶"满洲第一美女"，然而，他还是碰了一鼻子灰——叶赫老女根本看不上他，坚决拒绝和他缔结婚约。这边吉赛正在为得不到美人垂青而恼羞不已，那边得到了消息的努尔哈赤却一脚踢倒了大醋缸——好你个吉赛！竟敢抢我的女人！努尔哈赤大怒之下发出战书，扬言要到叶赫部和吉赛一决雌雄。叶赫老女的哥哥布扬古本来想以妹妹做鱼饵诱使吉赛去攻打努尔哈赤，没想到却把战火烧到了自家门前，顿时急得如热锅上的蚂蚁，转过来转过去不知如何是好。

真是天无绝人之路，就在这个时候，东蒙古的另一个部落，喀尔喀部的首领之子莽古尔岱来向叶赫老女求婚了，而叶赫老女对他似乎也不怎么反感，布扬古像抓住了救命稻草，忙不迭地把妹妹嫁给了"来得早不如来得巧"的莽古尔岱。努尔哈赤正在为叶赫老女没有看上吉赛深感欣慰时，却又得到了她嫁到喀尔喀部的"噩耗"，但一来喀尔喀部势力大不好惹，二来生米已经煮成了熟饭，他也只好无可奈何地哀叹一声罢了。

要说叶赫老女也是个薄命红颜，好不容易觅得了一个不错的郎君，而且努尔哈赤也没有满怀醋意地横加干涉，按理该像童话中那样过上永远幸福快乐的生活了，可是，她的"永远"太过短暂，嫁给莽古尔岱还不到一年，她就香消玉殒、含恨而去了。

至此，满洲第一美女的传奇人生画上了一个并不完美的句号，但是她对叶赫部的影响却远远没有结束……

叶赫老女的猝然离世让努尔哈赤永远失去了得到"满洲第一美女"的机会，这成了他心底拂之不去的永远的痛，三年后他以"七大恨"为名起兵反明，其中的第四恨就是"明越境以兵助叶赫，俾我已聘之女，改适蒙古"。既然已经跟明王朝撕破了脸皮，努尔哈赤也就不再顾忌朱明皇帝对叶赫部的庇护，第二年就亲自率兵灭掉了早已是强弩之末的叶赫部。

　　据说叶赫老女的哥哥布扬古，也就是叶赫部最后一任首领在被努尔哈赤缢杀时，曾对天发誓："我叶赫那拉就算只剩下一个女人，也要灭建州女真。"这是否是历史上的真实一幕我们不得而知，但我们可以肯定的是，200余年后，大清朝在慈禧太后的手中一步一步走向衰亡，最后在隆裕太后手里彻底覆灭，而这两个女人都来自叶赫老女所属的叶赫那拉部。

# 名士篇

# 季札：不爱江山爱青山

公元前561年九月的一天，吴王寿梦已是龙体沉重，时日不多，但是和病情相比，他的心情更加沉重，因为他在王位传承这个国家第一大事上遇到了一个大难题。

吴王寿梦膝下有四个儿子：长子诸樊，次子余祭，三子夷昧，少子季札。季札虽然年纪最小，却是四兄弟中最博学、最懂礼、最有能力的，当然也是吴王最为青睐的儿子。寿梦一心想把自己继承开拓的大好江山传给小儿子季札。可是，季札好像对王位并不感兴趣，他委婉地谢绝了父王的美意。

寿梦想起季札是最为知书守礼的儿子，就把四个儿子召到床前，告诉他们在他离世后要执行兄终弟及的王位继承顺序，以便保证季札能够成为吴国国君。季札的三个哥哥也都从心底由衷地佩服他们的小弟弟，他们都表示愿意拥戴季札继承王位，但季札无论如何也不肯接受哥哥们的好意。

吴王寿梦辞世的消息传出后，都城内外的大批百姓聚集到王宫大门前，集体请愿，恳求季札成为他们的新国王。季札见此情形，悄悄离开都城找了个山清水秀的地方过起了朝作暮息的隐居生活。在这种情况下，大臣们就按照先王的遗命把诸樊推上了吴王之位。

诸樊继位后，延续了父王的对外政策，在江淮地区和楚国争霸，不幸于公元前548年殒命沙场。诸樊之后登上王位的是余祭。当时南面的越国正在向北扩展势力，和吴国发生了冲突，虽然余祭打败了越国的军队并且俘获了大量的越国士兵，最终却一时大意，死在了越国俘虏的刀下。

余祭在位的时候，季札应哥哥的恳请出山任职，而且多次作为大使到别的诸侯国访问，不但为吴国在"国际"上赢得了极好的声誉，还和鲁国的孔子、齐国的晏子、郑国的子产、晋国的叔向与赵武（即赵氏孤儿）等相交，留下了惺惺相惜的历史佳话。

按照父王寿梦的遗命，老二余祭之后应该由老三夷昧继位，但夷昧想把王位让给在国内外都深孚人望的四弟季札。季札当然还是不肯同意，他表示愿意全心全力辅佐三哥夷昧治理吴国，夷昧只好打定主意等到自己年老体弱时再把王位传给弟弟。

时间一转眼到了公元前527年，知道自己即将不久于人世的吴王夷昧把四弟季札召唤到病榻前，又一次提起了让他继承王位的事。

按说季札现在可以名正言顺、顺理成章地登上吴王之位了，但我们的季札公子真的是一个不爱江山爱青山的至高至妙之人，他又一次拒绝了王位的青睐，又一次回归到了江南深处的青山绿水间……

既然季札不愿意做吴王，夷昧的重臣们就把夷昧的儿子推上了君主之位，他就是吴王僚。这惹恼了一位英雄人物，谁呢？季札大哥诸樊的儿子公子光，即后来的吴王阖闾。阖闾的愤怒其实是非常合理的，因为在季札放弃王位的前提下，王位应该回到大哥诸樊的儿子们手中，而阖闾正是诸樊的长子。阖闾于是暗中培养自己的势力，期待有朝一日夺回本应属于他的王位，这才有了专诸刺王僚、孙子斩美姬、阖闾争霸天下、勾践卧薪尝胆、西施色诱夫差等传奇故事。

吴王僚被杀的时候，得到消息的季札对骨肉相残深感痛心，赶到这个侄子的墓前痛哭了一场，然后，他就完全超然于尘世之外，去过他那与山水为伴、闲云野鹤般的隐士生活了……

公元前484年，一生不慕王权、淡泊高洁的季札公子以九十二岁的高龄仙逝，这应该是上天对他的最大恩赐吧。

# 孔子和韩国的神秘关系

孔子不是韩国人这是毫无疑问的，但孔子和韩国之间确实有某种关系。

话说在水深火热、民不聊生的商朝末年，暴君商纣王的朝堂上有三个德高望重、深孚众望的大臣，分别是比干、箕子和微子，他们在历史上被尊称为"殷末三仁"。

比干是商纣王的二叔，他最著名的事迹是向商纣王进谏忠言却惨遭挖心酷刑，比干为国为民而死，其死重于泰山。他后来被周武王封为国神，在民间则成为万民仰慕的文曲星。

箕子是商纣王的另一个叔叔，他最为人们熟悉的是批评纣王骄奢淫逸时所说的那句名言："彼为象箸，必为玉杯，为杯，则必思远方珍怪之物而御之矣，舆马宫室之渐自此始，不可振也。"用现在的话说就是——商纣王现在制作象牙箸，将来就一定还要制作玉杯；制作玉杯，就一定想把远方的稀世珍宝占为己有。车马宫室的奢侈豪华也必将从这里开始，国家肯定无法振兴了。纣王的奢侈荒淫、暴虐无道令箕子失望透顶，无比灰心。于是，他就假装疯癫，四处游逛，抱着一把破琴吟唱后世称为《箕子操》的古歌，以此来发泄内心的忧愤和悲痛。

微子是商纣王同父异母的哥哥，他也曾多次以忠言向纣王进谏，无奈纣王一意孤行，充耳不闻。微子眼见国事日衰，忧心如焚，不得不接受箕子的建议，离开国都到远方避祸。商朝灭亡后，周武王恢复了微子的官职和爵位；再后来，纣王的儿子武庚造反被杀，周公就把微子分封到宋地，让他代替武庚管理商朝故地的百姓，这就是宋国的开始，微子则是宋国的第一代国君。

和微子不同，箕子不愿意为灭掉商朝的周朝服务，他选择了逃离。箕子率领景如松、琴应、南宫修、康侯、鲁启等商朝贵族和五千商朝遗民，带着商朝的礼仪制度，从胶州湾出海向东进发，不久到达了朝鲜半岛北部平壤一带，并且在那里建立了自己的国家，这就是历史上的箕氏朝鲜。箕氏朝鲜开朝鲜半岛文明之始，现在的朝鲜民族（当然包括韩国人）喜欢白色应该就来自商代尚白之遗风。

箕氏朝鲜立国是在公元前11世纪中期，八百多年后，中国历史进入了西汉初期。汉高祖刘邦南征北讨，几乎灭除了所有的异姓诸侯王，燕王卢绾的部将卫满在这个时候带着军队东奔逃命进入了箕氏朝鲜，而且很快鸠占鹊巢，赶跑了当时在位的朝鲜王箕准，建立了卫氏朝鲜。

箕准被迫逃离平壤后，带领一部分宗室大臣南下，来到箕氏朝鲜的属国马韩，并且在当地民众的拥戴下做了韩王。箕准建立的新政权延续了二百二十年，对朝鲜半岛南部的经济开发和文明发展做出了重要贡献。在开发南部的漫长历程中，以箕准为首的北方移民作为上层统治阶级不仅成功地融入了当地的民族群体，而且伴随着历史的进程成为现在韩国民族的重要组成部分。

咱们回过头来再说一说微子那一支殷商遗民的后续发展。

微子建立的宋国在经历了十二个君主后传到了宋宣公手中，宋宣公严格遵循商朝"父死子继，兄终弟及"的王位传承顺序，把国君之位传给了弟弟宋穆公，宋穆公为了报答哥哥的传位之恩，在病重之时托付重臣孔父嘉扶保宋宣公的儿子继位。孔父嘉也是微子家族的后人，他在扶立新君后担任大司马，和太宰华督共同辅政，没想到却因为妻子的一次偶遇招来了杀身之祸。

孔父嘉的妻子美丽大方、光彩照人，在一次外出时不幸遇上了好色的太宰华督，华督一见孔父嘉的妻子，心里就再也放不下了，就像《水浒传》里的高衙内迷上了林冲的娘子那样，暗暗发誓要不惜任何代价把这个美人弄到手。于是，色欲熏心的华督兴风作浪，把国君好战引发的民愤转到大司马身上，进而发动政变杀害了孔父嘉。

孔父嘉不幸无辜遇害，不幸中的万幸是，他的门客保护着他唯一的儿子木金父趁乱从宋国逃了出来，从而保住了孔父嘉家族的一条根。

木金父一路逃到了与宋国相邻的鲁国的陬邑，然后在那儿定居下来，并且一代一代繁衍生息下去。到了木金父的玄孙这一代上，他们家族出了一位大力士，名叫叔梁纥，官任陬邑大夫，他在十三国联军围攻逼阳城一战中，奋举闸门，力挽危局，为人称颂。叔梁纥晚年和年轻的妻子颜徵在生了一个儿子，这个孩子就是后来的大圣人孔子。

孔子的祖先微子和部分韩国人的祖先箕子都是商纣王手下的重要大臣，而且箕子是微子和纣王的亲叔叔，这就是孔子和韩国之间的那层特殊关系，因此，如果说孔子是韩国人的远亲，还有那么一点道理，但如果就此认定孔子为韩国人，那是毫无道理、完全错误的。


# 究竟谁是左丘明

左丘明是谁？喜欢历史和文学的人对这个人物应该都不陌生，他是经典史书《左传》的作者，东周时期鲁国杰出的史学家、散文家。

然而，由于相关历史文献有限，左丘明的具体身份一直存在着很多难解之谜。

首先，左丘明的生卒年就是一个千古之谜。

我们现在一般把左丘明的生年定为公元前502年，把他的卒年定在公元前422年，和生于公元前551年，逝于公元前479年的孔子相比，左丘明明显是儿孙辈的后人，这和刘向《别录》中"左丘明授曾申（即曾参）"及唐经学家陆德明所言"左丘明作传以授曾申。申传卫人吴起。起传其子期。期传楚人铎椒。椒传赵人虞卿。卿传同郡荀卿名况"也是相符的。

但是，这个论断和《论语》中的语录及某些历史记载是相违背的。

《论语·公冶长》中有这样一段文字："子曰：巧言、令色、足恭，左丘明耻之，丘亦耻之。匿怨而友其人，左丘明耻之，丘亦耻之。"从这两句话来看，左丘明应该是孔子非常推重的一位前辈贤者，而不是晚于孔子的后起之秀，而下面的小故事则可以作为此说的另一个证据。

据传当年孔子从鲁都曲阜去齐都临淄时，路上恰好从肥邑（就是现在的山东省肥城市）经过，他一想到自己正在他仰慕的左丘明前辈生活的城邑中，就感到心潮澎湃，激动不已，于是发出了一句光照千秋的感慨："肥有君子焉。"司马迁把孔子对左丘明的高度评价写入了《史记》，尊称左丘明为"鲁君子"，肥城也因此获得了"君子之邑"的美名。

其次，左丘明的出身也一直没有定论。

目前学者们普遍认为左丘明是姜太公小儿子姜印那一支的后人。为了躲避可能发生的灾祸，左丘明的远祖姜娄嘉离开齐都临淄到达遥远的南方，做了楚国的左史官。四百年后，姜娄嘉的后人"左史倚相"在楚国即将陷入战乱时，带领家人和大批古籍来到鲁国避难，从此在肥邑定居下来，并且继续担任史官之职。倚相的儿子继承了父亲的鲁国太史之位，后来又把这个职位传给了自己的儿子左丘明。

根据《左传》的记载，倚相大约生于公元前550年左右，如果左丘明生于公元前502年，倚相的年龄正好适合做左丘明的爷爷，可是，在《汉书》的《古今人表》上，倚相在时序上竟然是排在左丘明之后的，这似乎又可以证明左丘明在时间上是早于孔子的，是孔子的前辈。

但是，也有人以为楚国左氏来自晋国左氏，是在鲁襄公二十一年（公元前552年）和栾氏一起逃奔到楚国的。如果此说成立，左丘明的祖辈应该是晋国人，而非齐国人。

最后，左丘明的姓氏也是一个未解之谜。

有人认为左丘明复姓左丘，单名一个明字，因为司马迁在《报任安书》中写道："左丘失明，厥有国语"；也有人认为左丘明姓左名丘明，理由是历史人物中除了左丘明之外，再没有一个以左丘为姓者，而左姓古人则大有人在，著名的就有三国时期的左慈、西晋年间的左思、明朝末年的左光斗、清代后期的左宗棠等等。

依笔者所见，左丘明的姓氏应该是左，而非左丘，证据如下——"春秋三传"分别称为《公羊传》、《谷梁传》、《左传》，而其中的公羊、谷梁皆为作者之姓，那么，《左传》的作者左丘明理所当然应以左为姓，否则，《左传》就会被人们称为《左丘传》了。

# 直不疑：不辩解的花美男

2100多年前有一个古人，年轻时是个花美男，他叫直不疑。直不疑生活在汉文帝时代，从小就非常喜欢读老子的《道德经》，深知"上善若水，水善利万物而不争"的道理，而且他做得比老子所讲还更高一筹。

直不疑帅气的相貌和儒雅的气质引起了一个同事的"羡慕嫉妒恨"，于是，那个家伙就在直不疑背后里造他的谣，他逢人便说直不疑虽然外表温文尔雅，却暗中和嫂子苟且偷情，简直就是一条披着羊皮的色狼。谣言很快传开了，而且还传到了直不疑的耳中，人们原以为直不疑会怒气冲冲地去找那个家伙对质，和对方论个是非曲直，却不料直帅哥不为所动，只是静静地说了一句"我是没有哥哥的"，然后就再也不说什么为自己辩解的话了。

如果您现在要对直不疑的宽广胸襟表示钦佩之意，那请先不要着急，因为他还有更令人惊讶的事迹。

直不疑在皇帝身边做郎官的时候，和他同宿舍的是他的两个同事，一个姓张，一个姓李。一天，张同事急着回家探望他生病的母亲，结果忙中生乱错拿了李同事的一袋金子，当时直不疑正好在宿舍里，他还没来得及提醒一下，张同事已经火急火燎地离开了。李同事是个性格鲁莽的一根筋，他一发现自己的金子少了一袋，就对直不疑开了炮，说宿舍里没有别人，肯定是直不疑拿了他的金子。直不疑了解李同事的脾气，知道在张同事缺席的情况下他是有嘴也说不清的，于是在面对李同事的斥责时选择了容忍，并且把自己的一袋金子给了对方。

几天后，张同事探亲归来了，他已经发现了自己的错误，并且把李同事的那袋金子原封不动地带了回来。直到此时，李同事才知道自己冤枉了直不疑，他马上向人美心更美的直不疑真诚道歉。从那天起，张同事和李同事都把直不疑作为兄长来对待，三个人成了心心相印、肝胆相照的好朋友。

"水不争，故莫能与之争"，直不疑以自己的行动诠释了圣人老子的这句至理名言，并且因此青史留名，光照千秋……

# 曹操杀害杨修的第一原因

谈到曹操杀害杨修的原因，普遍的说法是：第一，杨修自作聪明，多次坏了曹操的兴致，令曹操恼羞成怒，怒下杀手；第二，杨修与曹植关系密切，势必会影响曹丕在曹操死后顺利接班。窃以为，这都不是曹操杀害杨修的第一原因，试想，祢衡在朝臣宴上对曹操裸衣痛骂，岂不更坏了曹丞相兴致，为什么他没有被曹操杀死呢？丁仪、丁廙兄弟和曹植的关系更为密切，绝对是曹植的死党，为什么他们也没有死在曹操刀下呢？

那曹操杀害杨修的第一原因是什么呢？这要从杨修的出身说起。

咱们都知道袁绍家族非常了不得，有道是"四世三公"，"门生故吏遍天下"，其实，杨修家族和袁绍家族一样了不起，而且有过之而无不及。顺便说一下，东汉时三公指太尉、司徒、司空，是仅次于丞相（有时候不设丞相）的国之重臣。

杨修的父亲是谁？太尉杨彪。杨彪为人忠烈，与他同时的朝臣中几乎无人可比，他早年在担任京兆尹（相当于现在的北京市市长）时就曾经顶着巨大压力，冒着生命危险处死了祸国乱政的大宦官王甫。国贼董卓意欲迁都长安时，满朝文武谁也不敢提出异议，只有太尉杨彪秉持忠义，据理力争，因此被董卓免官。董卓死后，杨彪又被汉献帝任命为太尉，并且在李傕、郭汜之乱中不避艰险，矢志护主，其耿耿忠心苍天可鉴。后来曹操专权，玩弄献帝于股掌之中，一片忠心的杨彪甚为不满，结果遭到曹操忌恨，被冠上大逆之罪打入大狱，多亏孔融力救才得以恢复自由。

杨彪的父亲是谁？太尉杨赐。杨赐忠心为国，经常直言进谏，曾经成功预言过黄巾大起义的爆发，还与大学者蔡邕共同校勘了文化史上著名的《熹平石经》。

杨赐的父亲太尉杨秉忠直刚烈，爱民如子，疾恶如仇，在地方做刺史时，为官一任造福一方；在中央任太尉时，劾奏贪官五十余人，被弹劾者或死或免，天下莫不肃然。

杨秉的父亲更是一位高风亮节、光照千秋的人物，谁呢？"关西孔子"杨震，作为高门望族弘农杨氏的第一代，杨震在历史上的名气是高于汝南袁氏第一代袁安的。

杨震之所以被称为"关西孔子"，一是因为他通晓儒家典籍，经学修养深厚，堪称今文经学的集大成者，二是因为他在关西（就是现在的关中地区）开馆教徒，讲学授业长达三十余年，像孔子一样有三千弟子。杨震最为人称道的是他深夜拒绝巨额礼金时道出的"四知"名言：天知，地知，我知，子知，何谓无知者？他也因此被后世尊称为"四知先生"。杨震"暮夜却金"的故事发生在他赴任东莱太守路经昌邑时，所以"四知先生"既是陕西人的骄傲，也是山东人的光荣。杨震非常重视对子孙的教育，不仅要求他们"蔬食步行"，力戒奢华，秉持正义，忠君爱民，而且坚决不肯为他们置办产业，因为在他心中，留给子孙后代的最大遗产就是清白廉洁的名声。

在杨震的影响下，杨秉、杨赐、杨彪等人极好地传承了杨震的品德和作风，从而在东汉朝廷乃至整个天下都树立了美好的名声和崇高的威望，可谓一呼百拥，应者云集，自然也就成了权臣提防、忌惮甚至憎恨的对象，曹操和杨彪之间的矛盾以至于斗争就是最好的例证。

公元196年，汉献帝刚刚从李傕、郭汜（董卓的部下）等关西军阀那儿逃脱，接着便陷入了兖州刺史曹操的势力范围，被动地将都城迁到了曹操选定的许昌。杨彪当时身居太尉高位，一直在献帝身边尽忠护主，他眼见皇帝才离狼窝又入虎穴，心中悲愤交加，在朝臣宴上面露不悦之色。意欲"挟天子以令诸侯"的曹操本来就心里有鬼，看到杨彪对他冷眼相待，更觉忐忑不安，竟然宴会还未结束就悄悄离开了。

一代枭雄曹操这样的人物面对不怒自威的杨彪尚且因为惧怕而知难而退，杨氏家族之德高望重、名重朝野于此可见一斑。

刚刚得势的曹操不敢明着向杨氏家族发难，暗地里却朝杨彪伸出了黑手，他先是迫使小皇帝免掉了杨彪的官职，以报复朝臣宴上的冷眼之仇。

不久，曹操抓住袁术称帝的由头，诬陷杨彪和袁术借着亲戚关系相互勾结，意欲颠覆汉朝，结果杨彪被罢官之后又身陷囹圄。

虽然曹操在迫害杨彪这个事儿上一直站在幕后，但众人的眼睛是雪亮的，于是，高门望族的另一位代表人物孔融直接上门找曹操论理，为杨彪喊冤。面对孔融的严辞利口，曹操理屈词穷，无言以对，只能拿无辜的小皇帝当挡箭牌。恰好在这个时候，负责此案的满宠也恳请曹操不要在没有确凿证据的情况下处决杨彪，以免海内震动，大失民心。最终，曹操不得不再次以小皇帝的名义收回成命，恢复杨彪的自由之身。

曹操虽然对杨彪的不合作态度嗤之以鼻、恨之入骨，但他还是想拉虎皮做大旗，把作为士族代表的杨彪放到高位上为他撑门面，收拢天下士人之心。于是，杨彪在被释放后不久又被拜为太常。后来，曹操羽翼渐丰，势力野心越来越大，就再一次朝高门望族举起了大棒和屠刀，他先是在公元205年罢免了杨彪的职位，第二年又剥夺了杨彪的爵位，继而在南下攻打荆州刘表和江东孙权之前，以"招合徒众""欲图不轨""谤讪朝廷""不遵朝仪"的罪名杀害了孔融。

早在爵位被剥夺的那年，杨彪就感觉到汉室江山已经日薄西山、复兴无望，虽然心中无比悲凉，却也无可奈何，年过花甲的他唯一能做的就是远离政治漩涡，深居简出，明哲保身。后来每逢曹操请他出山重新任职，他都以"腰酸腿疼脚抽筋"为由予以拒绝。曹操是个"以眼还眼，以牙还牙"的角色，每次在杨彪那儿碰了一鼻子灰后，他都恨得牙根发痒，发誓要弄个罪名把这个不识抬举的老家伙置于死地。但是，杨彪行得正坐得端，曹操即使想对他行诬告陷害之事也实在找不到把柄。

眼看着通过杀死杨彪震慑那些高门望族的计划要落空，曹操在他生命的最后几年里把矛头转向了杨彪的儿子杨修——既然老的无缝可叮，那就让小的当替死鬼，偏偏杨修是个恃才傲物、目空一切的人物，想抓他的小辫子简直易如反掌、手到擒来，这就为他的悲剧结局埋下了祸根。

对于杨彪、孔融等代表的高门望族，出身宦官家庭的曹操一直保持着"羡慕嫉妒恨"的心态。当初曹操对于杨修曾经非常信任，特别重用，"是时，军国多事，修总知外内，事皆称意。自魏太子已下，并争与交好"，他这样做一是因为杨修确实有才能，二是因为他想借此和杨彪拉关系，但清高忠直的杨彪始终不买他的账，始终是"非暴力不合作"的态度。这样一来，曹操的仇恨心态最终后来居上占据了上风，当这种情绪累积到一定程度时，他就要对杨氏家族挥起屠刀了。

其实早在杨修被害三年前，已经有一位士族名流遭了曹操毒手，他就是清河崔氏的领袖人物崔琰，罪名竟然是"结交宾客""有所怨忿"。杨修的罪名是什么呢？"泄露言教""交关诸侯"，前者当指"鸡肋"一事，后者自然是说杨修参与了"立储之争"。前文笔者已经提到这些其实都是表面文章，曹操杀死杨修的真正原因或者说第一原因应该就是他对杨彪及其身后高门望族的嫉恨，他在事后的一个奇怪表现足以为证。

杨修被杀后，曹操特意在某个场合和杨彪碰了个面，然后故意问这位刚刚失去儿子的父亲："杨公为什么这般消瘦啊？"杨彪回应他说："我虽然自愧没能像金日磾那样具有先见之明（亲手把儿子杀死），但还是放不下常人都有的老牛舐犊之心呀!"

可能有人会说，杨修被杀很大程度上是咎由自取，因为他性格过于自负，做人太过张扬，毕竟"一人一口酥""门上加活是个阔""鸡肋食之无味，弃之可惜""丞相非在梦中，汝等在梦中"等故事太耳熟能详，太脍炙人口了。殊不知，按照《典略》中的记载，杨修是个"谦恭才博"的人，和"张扬自负"相隔十万八千里，如果确实如此，那么，应该是曹操、曹丕父子在杀害杨修后又派人往他身上泼了脏水，以便证明杨修是如何该死、他们是如何宽容，假如这个猜测被证实是历史真相，曹操的狠毒无耻于此可见一斑。

# 蒋干原来是帅哥

《三国演义》中是颇有几个小丑级人物的，助纣为虐的李儒、为虎作伥的华歆、卖主求荣的张松、代人受过的贾化都属此类，但其中最出名的非"智"盗密信的蒋干莫属。

在罗贯中笔下，蒋干是这样一个形象：赤壁之战前夕，蒋干充当曹操说客，只身乘一叶扁舟奔赴吴营劝降大都督周瑜。当时周瑜正在担心如果蔡瑁、张允帮助曹操练成水军会成为东吴的心腹大患，于是将计就计，摆下"群英会"，引诱蒋干盗走假的张、蔡二人的"投降书"，以反间计使曹操除去了两人，而导致曹操铸成大错的蒋干却自以为立功，结果沦为千古笑柄。

蔡、张虽除，周瑜破曹还是心有余而力不足，这时，避难江东的庞统想出了连环计，但如何让庞统平安过江，又如何使曹操不生疑窦成为摆在周郎面前的难题。正当周瑜为此发愁的时候，蒋干又来了。他"成功"地把庞统引见给曹操，曹操轻信了名士庞统献的连环计，这才有了周公瑾火烧赤壁、孙刘联军以少胜多大败曹操的精彩故事，三国鼎立的大势由此形成。

虽有一肚子学问，却干一件事坏一件的蒋干早已被定格成了文学中舞台上成事不足、败事有余的典型，但历史上真实的蒋干却完全不是这么一个人。

历史上的蒋干与周瑜一样是个帅哥，而且口才极佳，《三国志·江表传》言其"有仪容，以才辩见称，独步江、淮之间，莫与为对"。曹操早就知道周瑜年少有美才，就在亲率大军南下江东之初派名士蒋干去劝降周瑜，这时距离两军对峙赤壁还有不少时日。也就是说，为了让矛盾更尖锐、情节更精彩，罗贯中在《三国演义》中故意把蒋干与周瑜的会面往后推迟了。

周瑜一见蒋干就开门见山地说："子翼辛苦（蒋干字子翼）！你是不是远涉江湖为曹操做说客来了？"蒋干回应道："我与足下同乡旧友，分别之后久闻大名，故此特来一叙离情，怎么说我给曹操做说客呢，这不是诬我吧？"周瑜说："我虽比不上夔和师旷（二人都是古代著名乐师），但闻弦赏音，即知乐曲是否清雅。"然后和蒋干一同欢宴，尽兴而散。

三日后，周瑜邀请蒋干参观军营，还在饮宴时请侍者展示服饰珍玩。并对蒋干说："大丈夫处世，遇知己之主，外托君臣之义，内结骨肉之恩，言行计从荣辱与共，即使苏秦、张仪、陆贾、郦生复出，口似悬河，舌如利刃，又岂能动我心哉！"蒋干一直面带微笑，始终没有说话。

蒋干回去后向曹操称赞周瑜雅量高致，不是言辞可以打动之人，并劝曹操死了这条心，之后，蒋干仍然在曹营过着他工作清闲、待遇优厚的名士生活，可谓优哉游哉，潇洒至极。

既有知人之明，又有自知之明的风流名士蒋干先生在罗贯中先生笔下却成了成事不足、败事有余的典型丑角，岂不冤哉！

# 谢朓：生死时刻他做出了怎样的抉择

中国最著名的诗人是李白，李白最崇拜的诗人是南朝的谢朓，那么，谢朓究竟是怎样的一个人呢？

众所周知，东晋时期有两个极其重要的高门士族，一个是以王羲之为代表的王家，一个是以谢安为领袖的谢家，"旧时王谢堂前燕，飞入寻常百姓家"抒发的即是对这两个大家族辉煌不再的感叹，而谢朓就是谢安家族的嫡系子孙。

谢朓的曾祖不是别人，正是"飞雪咏絮"故事中吟出"撒盐空中差可拟"的谢朗，他是名相谢安的亲侄子。虽然谢朗的比喻不如谢道韫来得生动逼真，但众位也不要小看了他把雪比作盐的想法，要知道，现在有很多影视剧组拍戏时就是用盐来制作雪景的，而且据《世说新语》记载，谢朗少有文才，长大后"文义艳发"，"博涉有逸才"，所以，我们可以说谢朓的诗才文思在一定程度上来自曾祖的遗传。

谢朓父亲的家族固然了不得，谢朓母亲的出身更是不得了。她乃是宋文帝刘义隆的女儿长城公主，也就是说，创造了南朝盛世"元嘉之治"的那个皇帝不是别人，正是谢朓的外祖父。

遗憾的是，等到谢朓长大成人步入官场的时候，他所在的南中国已经改朝换代，皇帝不再姓刘，而是改姓萧了。好在谢氏家族这棵大树还没有倒下，在它的庇佑下，谢朓年纪轻轻就得到了工作清闲、待遇优厚的官职，享受着轻裘肥马、广交文友的悠游生活。在此期间，谢朓与沈约、萧衍（就是后来的梁武帝）等人团结在竟陵王萧子良周围，日日饮酒赋诗，互为唱和，史称"竟陵八友"，留下了文学史上的一段佳话。当时在位的皇帝是南齐明帝萧鸾，他所用的年号是永明，因此，"竟陵八友"的诗作被称为"永明体"，而谢朓则是"永明体"排名第一的代表人物。

在永明初年的美好岁月里，谢朓不仅获得了诗名与友情，还收获了婚姻与爱情。谢朓的妻子王氏是大司马王敬则府中的大小姐，他们二人一个是名门望族之后，一个是当朝权贵之女，也算得上是门当户对、珠联璧合。

谢朓是一个自由浪漫、不喜拘束的诗人，在官场待的时间一长，逐渐生出些许倦意，可是他又不愿像陶渊明那样放弃锦衣玉食、呼奴唤婢的贵族生活，于是，他陷入了深深的矛盾。他在建武二年出任宣城太守时写的那些优美的诗篇时常会表现出这种羡隐慕逸、欲去还留的倦怠心情，比如这首《之宣城郡出新林浦向板桥》：

> 江路西南永，归流东北骛。
>
> 天际识归舟，云中辨江树。
>
> 旅思倦摇摇，孤游昔已屡。
>
> 既欢怀禄情，复协沧州趣。
>
> 嚣尘自兹隔，赏心于此遇。
>
> 虽无玄豹姿，终隐南山雾。

这时，皇帝已经换成了齐明帝萧鸾，他是武帝萧赜的堂兄弟，是通过血腥政变上台的。萧鸾对谢朓非常信任，他安排谢朓去宣城做一把手是为了让谢朓在基层好好锻炼一下，以备日后辅佐太子。建武四年，谢朓被任命为准太子身边的镇北咨议，同时兼任南东海太守。

不可思议的是，谢朓深受萧鸾信任，谢朓的岳父王敬则却是萧鸾最为猜忌防备的大臣之一，因为王敬则是前朝老臣，而且在改任司空前一直手握重兵，在军界颇有威望。王敬则也知道萧鸾对自己一直不放心，因此时刻准备着和对方来一场生死决斗。

公元498年，萧鸾病重，进一步加强了对王敬则的防范。王敬则决定一不做二不休，拉起杆子去革皇帝小倌的命。王敬则虽然是个四肢足够发达、头脑有点简单的武将，但他深知单凭自己的力量难以成事，就派最小的五儿子前往京口（今江苏省镇江市）联络女婿谢朓，希望谢朓能够加入他的造反阵营，和他一起"舍得一身剐，敢把皇帝拉下马"。

见到远道而来的妻弟，谢朓陷入了空前的矛盾，一边是有知遇之恩的皇帝，一边是自己的岳父老丈人，他一时之间难以做出取舍，不知何去何从——他仿佛看见一条生死攸关、寒气森森的铁索桥正在他的面前伸展开来，如果他心惊胆战地走上了这座铁索桥，再想回头已经无路可退，桥那头可能是更高的官、更厚的禄、更显的爵，但更可能是一座鲜血淋淋、阴风阵阵的断头台；如果他选择留在桥的这头静待事态发展，有可能保住自己的身家性命和锦衣玉食，更有可能受到岳丈的牵连家破人亡、身首异处。在这种无比险恶的情况下，谢朓若要自保，那就只有一条路可走——将岳丈的造反企图报告给金陵的皇帝萧鸾，表示自己完全与皇帝站在一边，和造反者势不两立。

既然谢朓选择了保持对皇帝的忠心，结果就是和尚头上的虱子——明摆着了，因为皇帝这头还没瘦死的骆驼比王敬则那匹不自量力的老马要大得多，于是，王敬则兵败如山倒，手下将士树倒猢狲散，最后王敬则不但自己被杀，还连累五个儿子都送了命。

从王敬则不顾在皇帝身边的四个儿子的安危执意起兵造反来看，这个老头子应该是被篡位称帝的欲望冲昏了脑袋，谢朓和他划清界限并且上报揭发虽然在感情上有冷酷无情之嫌，却也是没有办法的办法。

谢朓冒着妻离子散的危机得以从王敬则反叛引发的血案中全身而退，可是他没有想到，另一张鲜血淋淋的罗网很快就悄无声息地在他头顶抛洒而下。

齐明帝萧鸾死后，他的儿子东昏侯萧宝卷继位。新君初立的历史时刻给了觊觎帝位者以可乘之机，受命辅政的始安王萧遥光就是其中之一。萧遥光和另一位辅政大臣江祏联手后，就来拉拢既深受萧鸾器重又是文坛领袖的谢朓入伙，以便政变成功后扩大声名威势。谢朓依然固守着对萧鸾的忠心，当然也就爱屋及乌地要做萧宝卷皇位的捍卫者，所以他毫不犹豫地拒绝了萧遥光向他伸出的合作之手。萧遥光恼羞成怒，随即和江祏等人一起展开了对谢朓的栽赃诬陷。

萧宝卷的糊涂在历史上是出了名的，在这一点上他排第二就没人敢排第一，结果，百口莫辩的谢朓以谋反罪被打入了深牢大狱。不久，这位才华横溢、文采风流的大诗人就不明不白地殒命囹圄之中了。

谢朓被害时年仅三十六岁，正是一个诗人创作力最为旺盛的时期，虽然残酷的政治和无情的命运夺走了他风华正茂的生命，却永远抹不掉他留下的那些优美诗歌，无论是"余霞散成绮,澄江静如练"的宁馨，还是"鱼戏新荷动,鸟散余花落"的灵动，无论是"天际识归舟,云中辨江树"的怅惘，还是"绿草蔓如丝,杂树红英发"的绚烂，都会让我们想起当年那个在长江孤舟之上独自吟咏着"大江流日夜，客心悲未央"的寂寞而不幸的诗人……

# "初唐四杰"的另一个闪光点

诗圣杜甫有诗曰："王杨卢骆当时体，轻薄为文哂未休。尔曹身与名俱灭，不废江河万古流。"其中的"王杨卢骆"就是指大家非常熟悉的"初唐四杰"——王勃、杨炯、卢照邻、骆宾王。"初唐四杰"的诗文固然值得赞美，但我们在仰慕"四杰"如椽巨笔的同时却往往忽略了他们身上的另一个闪光点。

那么，这个闪光点究竟是什么呢？在揭开谜底之前，咱们先来看一看和"四杰"同时代的几个著名诗人的人生履历。

杜甫的祖父杜审言生于公元645年，比王勃年长四岁，此公和王勃一样是唐代近体诗（主要指绝句和律诗）的奠基人之一，其五言律诗格律严谨，颇为时人及后人称道，但他身上有一个很大的，无论如何也洗刷不去的污点。武则天统治后期，张易之、张昌宗兄弟凭借超高颜值受宠于年迈女皇，一时之间成了某些臣子献媚交结的对象，杜审言也没能免俗，以年过半百之躯和可以当他孙子的张氏兄弟打得火热。等到"神龙政变"发生，张氏兄弟被杀，武则天被迫退位时，杜审言就要为自己当初的选择付出代价了——一下子被流放到了三千里外的峰州。这个地方有多远呢？说出来吓你一跟头，在现在的越南国西北部。

当时和杜审言并称为"文章四友"的三个人分别是李峤、崔融、苏味道，他们仨之中有两个人和杜审言犯了一样的错误，这充分说明了何谓"物以类聚，人以群分"。

苏味道的年龄介于杜审言与王勃之间，"火树银花"这个脍炙人口的成语就出自他的诗句"火树银花合，星河铁锁开"。"模棱两可"这个成语也和苏味道有关。苏味道为人精明圆滑，怕担责任，经常挂在嘴边的口头禅是"处事不欲决断明白，若有错误必贻咎谴，但模棱以持两端可矣"，因此人送外号"苏模棱"。也正因为老苏有这样的性格，他才会在张易之兄弟权势日炽的时候有了逢迎依附之举，结果和杜审言一样落得个被贬边远州郡的下场。但他不如杜审言幸运，没能熬过被打压的日子，死在了大西南的眉州贬所。

和杜、苏二人相比，崔融应该算是小字辈，他比杜审言小八岁，比苏味道小五岁，可他却排在"文章四友"之首，道是"崔李苏杜"，应该是他的诗文当时最入女皇武则天法眼的缘故。受到皇帝青睐的东西往往在成就上走不远，比如北宋早年的西昆体、明朝初期的台阁体，崔融的诗文也不例外，所以，现在的唐诗唐文选本中，根本看不见崔融的作品。崔融当年曾经触怒过张昌宗，后来却和杜审言、苏味道同流合污，屈节依附于张氏兄弟，"神龙政变"时当然也难逃厄运，被贬到瘴疠之地的袁州。好在他抗打击能力比较强，撑到了被召回京的日子，但不久就因为写《则天哀册文》苦思过度发病而逝了。

杜、苏、崔三人虽有污点，但跟另一个著名诗人宋之问相比，就绝对是小巫见大巫了。这位宋先生在人生污点这一项上，可谓"更上两层楼"，甚至三层楼。他不仅媚附过张氏兄弟，还投靠过权臣武三思，用朋友的鲜血染红了自己的官袍，还曾经厚着脸皮主动要求给女皇武则天做男宠，并且还被对方嫌弃，没有得逞。他不仅因为受贿被贬，最后还被赐死。另外，还有传闻说他为了得到一首好诗而用土布袋活活压死了诗的作者——他的外甥，大才子刘希夷。不过，此说可信度不大，一则于史无据，二则，刘希夷生年早于宋之问，二人之间存在甥舅关系的可能性微乎其微。

和宋之问并称"沈宋"的沈佺期其实就是个小一号的老宋，他的诗名比宋之问略逊一筹，所犯过错也正好占了宋之问的一半：一是有公款私用行为；一是谄附张易之兄弟。虽然沈佺期在"神龙政变"时被流放的驩州比宋之问的泷州要远得多，但他遇赦回到京城后选择了低调做人，一心从事文学创作，不再参与权势之争，因此得以善终。

杜审言、苏味道、崔融、宋之问、沈佺期尽管都称得上是诗界翘楚，道德上却都有着难以抹掉的污点，千百年来一直在接受着文人学子的审视和批判。相比之下，同时代的"初唐四杰"则要高大上得多，他们不仅没有向权贵低头，而且还时有奋起抗争之壮举。

众所周知，骆宾王为起兵讨伐武则天的徐敬业挥笔写下《讨武曌檄》，以"请看今日之域中，竟是谁家之天下"等名句彪炳史册，光照千秋，殊不知，早在武则天刚刚开始依恃唐高宗的恩宠干预朝政时，骆宾王就曾经不顾身微言轻多次上书，引经据典讽刺后妃乱政，结果惹怒高宗武后两口子，被投入了深牢大狱，这才有了那首流传至今的《狱中咏蝉》——

> 西陆蝉声唱，南冠客思深。
>
> 不堪玄鬓影，来对白头吟。
>
> 露重飞难进，风多响易沉。
>
> 无人信高洁，谁为表予心。

"四杰"之中，最有个性的要属杨炯，这是一个活得非常真实的人。当时，王勃凭借《乾元殿赋》名声大噪，于是就有了"王杨卢骆"的文坛顶级排名。杨炯年轻气盛，不甘心排在和他年龄相仿的王勃之后，就一时意气地放出话来说"吾愧在卢前，耻居王后"。此后，想必两人之间应该展开过一场才艺大比拼，但他们的友谊并未因此而受到影响。王勃不幸溺水离世后，杨炯痛心之余，将王勃的诗文汇编成集，并亲自为之作序，对王勃的文学成就给予高度评价。

杨炯的愤世嫉俗在唐代诗人中也是名列前茅的，"麒麟楦"一词就是他天才的创造。杨炯非常看不惯那些附庸风雅、虚伪矫饰的公子王孙、达官显贵，他特意发明了"麒麟楦"这个词来予以嘲讽，说他们好比是驴子身上盖了一张麒麟皮，表面看起来好似神圣的瑞兽，既华丽又威风，但无论如何也改变不了蠢笨无比的驴子本质。

像杨炯这样的真正恃才傲物之士是绝对不会像杜审言、宋之问等人那样趋附投靠暴发户般的得势小人的，而杜、宋之辈没能跻身"初唐四杰"

之列应该与他们德行有亏乃至罪大恶极有一定关系，后世的奸臣蔡京被人们踢出"北宋四大书法家"的光荣队伍就是一个充分的证明。

# 贺知章：最幸运的大诗人

唐代璨若星辰的诗人中，贺知章虽然不是名声最响、成就最高的，却拥有两项"唐代诗人之最"的桂冠——最长寿者与最幸运者。

贺知章的长寿是清清楚楚、明明白白、毋庸置疑、无须争议的，他出生于公元659年，逝世于公元744年，享年八十五岁，即使放在现在也毫无疑问应属长寿老人之列。唐朝诗人中有幸年过古稀的本就不多，能够进入耄耋之年的更是寥若晨星，与贺知章相比则是无人能出其右，总而言之一句话：最长寿的唐朝诗人这把金交椅，贺知章老先生是坐定了的。

现在咱们专门来说一说贺知章漫长人生中的幸运所在。

贺知章的第一重幸运在于他的出生之地。贺知章的老家浙江萧山是典型的江南水乡，"暮春三月，江南草长，杂花生树，群莺乱飞"是他从小就耳濡目染的美景佳致。

在宝天、灵地、华物的共同滋养下，资质聪颖的贺知章很早就凭借文词在越州一带出名了，这是他的第二重幸运。朗朗上口、妇孺皆知的《咏柳》应该就是此时写成的，诗中"碧玉妆成一树高，万条垂下绿丝绦"的春柳形象正是少年贺知章的自我写照——自信而谦逊，热情而真诚。

故乡的花柳繁华和温柔富贵虽然让贺知章放慢了求取功名的脚步，却并没有消弭他内心的远大理想。公元695年，三十多岁的贺知章北上长安赴考，凭借超群的文采学识夺得头魁，成为浙江历史上第一个科举状元。贺知章"一举成名天下知"自然是他深厚散文功底和诗词实力的证明，但无疑也是他人生中的一大幸运。

贺知章步入仕途后，担任的主要是文化部门的职位，比如国子四门博士、太常博士、太常少卿、礼部侍郎、集贤殿学士、正授秘书监等等，对于那些权欲强烈的人来说，这当然大失所望，但对耽于诗文、热衷修道的贺知章而言却是另一重幸运。贺知章在公务之暇结交了一大批文朋诗友，其中就包括大家熟知的"诗仙"李白、"草圣"张旭。《春江花月夜》的作者张若虚，他和李白、张旭等人经常聚在山水佳处饮酒挥毫，谈诗论文，每次都是乘兴而来，乐而忘归，优哉游哉，快乐似神仙，在中国文化史上留下了"饮中八仙"的千古佳话。

说到唐朝的书法家，人们会想到颜真卿、柳公权、欧阳询、褚遂良、张旭、怀素等人，其实，贺知章在大唐书法家长廊中也拥有颇为重要的地位。贺知章最擅长的书体是草书和隶书，他的书法"如春林之绚采"，"与造化相争，非人工所到也"，深深影响了晚唐和有宋一代的书风。李白非常钦佩贺知章的诗书双绝，曾经为之欣然赋诗曰："镜湖流水漾清波，狂客归舟逸兴多，山阴道士如相见，应写黄庭换白鹅。"

贺知章还有三个最大的幸运。

其一，尽管贺知章享有接近米寿的漫长人生，但他一辈子都生活在盛唐时代，没有经历过大唐的衰落和战乱的残酷，而且他老人家大半辈子居住在富丽堂皇的唐都长安，对于盛唐气象最有发言权。我们通常以李杜、王孟、高岑作为盛唐诗人的代表，但其中的五位都在晚年遭逢了"安史之乱"，此时已经迈进了中唐时期，孟浩然虽在乱前离世，可他在长安待过的日子屈指可数，所以，如果真要推举一位诗人作为盛唐的代言人，贺知章中选的可能性要比他们六位大得多。

其二是他与李白传奇性的相识，也就是大家熟知的"金龟换酒"的故事。这个故事尽管充满戏剧色彩，却是真实的历史，李白在听到贺知章辞世的消息时，回顾往事，百感交集，作《对酒忆贺监二首》深表怀念，并且特意在诗前写了一个短序："太子宾客贺公，于长安紫极宫一见余，呼余为谪仙人，因解金龟换酒为乐。"李白对贺知章的知遇之恩一直是非常感念的。其实与李白相识正是贺知章的最大幸运之一，因为每次说起李白"谪仙人"的美名时，人们都会提起或想起贺知章的大名。

贺知章的第三大幸运在于他的诗歌创作，这其中既有不幸更有万幸。不幸的是，他的诗作绝大部分都遗失在了历史长河之中，万幸的是，他最好的作品有几首留了下来。贺知章在他漫长的人生旅途中肯定写下了数以百计甚至千计的诗歌，但等到清人编纂《全唐诗》的时候，能够搜寻到的却只有十九首半了，那半首乃是一则断句。流畅优美、脍炙人口的《咏柳》和《回乡偶书二首》自然就在其中，这已足以确立贺知章唐朝著名诗人的历史地位。

# 大书法家李邕之死

大诗人李白在渝州（今重庆市）曾经写下"宣父犹能畏后生，丈夫岂可轻年少"这一名句，与李白齐名的杜甫在齐州（今山东济南）留下了"海右此亭古，济南名士多"之佳句，这两句诗看似没什么联系，实则都与一个大名人有关，他就是唐代大书法家李邕。

李邕出身诗书簪缨之家，他的父亲乃是注解《文选》的大学者李善。李邕自幼天资颖异、才华出众，是远近闻名的小神童，而且年纪轻轻就踏上了仕途，后来又担任过户部员外郎、北海太守等职，因此被人称为"李北海"。

和不少文人墨客一样，李邕也是一个耿介不羁、放浪自负、不畏权贵的人，而正是这样的性格在那个时代给他带来了灭顶之灾。

公元725年，李邕正在陈州（今河南淮阳）担任刺史，唐玄宗从长安远赴泰山举行封禅大礼，这在当时是像北京举办奥运会一样的天下盛事。李邕虽然没有资格直接参与，但仍然兴奋激动得夜不能眠，接连写了几篇歌颂大唐盛世的辞赋以表心情，并且期待着能够让一代明君唐玄宗过目。唐玄宗西返长安时路经离陈州不远的汴州（今河南开封），李邕闻讯快马加鞭赶到那里，将自己的心血之作献给了唐玄宗。皇帝对李邕的书法、文采和忠心都非常欣赏，当面给予夸奖表彰。李邕深感荣幸之余不禁有些飘飘然起来，竟然在出了皇帝接见他的殿堂后对身边人说自己的才华"当居相位"，不巧的是，他的狂言正好被当朝宰相张说听到了。虽然张说心间对李邕的自负颇为不屑，但他当时并没有表示什么。

除了诗文出色、书法超群以外，李邕还有一个特点——喜欢交朋友，特别是结交江湖侠客一类的人物。广交朋友自然是要花钱的，有时候还需要很多很多的钱，这一点从《水浒传》中宋江和柴进的作风上可知大概。所以，有时候李邕会借用公款来盛情款待或慷慨资助文艺圈和江湖上的朋友，然后再用卖书法所得来还债，长此以往就会存在这样的风险——一旦李邕不能及时填补政府账簿上的亏空，那他就会犯下挪用公帑的大罪。

唐玄宗泰山封禅之后不久，李邕身上的风险成了现实，而宰相张说又提起了他当初"足居相位"的狂言，结果李邕两罪并罚，被判处死刑。

生死攸关的危急时刻，李邕的一个名叫孔璋的朋友站了出来，他冒着触怒龙颜的危险给皇帝上书，晓之以理、动之以情地为李邕辩护，唐玄宗被孔璋仗义执言的勇气和有理有节的话语打动了，就赦免了李邕的死罪，判其流放偏远的钦州。

李邕这一次与死神擦肩而过时已经过了不惑之年，此后，他的狂狷自负和豪奢无度有所收敛，这才得以东山再起，赢得了时人和后人都非常熟悉的"李北海"这个美名。

李邕在担任北海太守期间，先后和李白、杜甫一起谈诗论艺、把酒言欢，在历史上留下了一段诗人间一见如故、惺惺相惜的文坛佳话。

李邕与李白、杜甫会面时已是年近古稀的老者，而李、杜二人一个四十出头，一个刚过三十，都比李邕年轻很多；另外，李邕彼时为一郡之长，而李、杜皆是布衣，在社会地位上亦相差甚大，所以，李邕在与李、杜相交上充分展示了他奖掖后进、礼贤下士的行事风格。

公元751年，李邕即将迈过古稀之年的门槛，本来该在致仕（大体相当于现在的退休）之后含饴弄孙安享晚年了，却不料一场滔天大祸无端地降临到他的头上。

这个祸事和当朝太子李亨有着千丝万缕的关系，至于是有人设计陷害还是柳勣自投罗网，目前尚无定论，留待继续考证。

柳勣当时担任左骁卫兵曹，和太子李亨是连襟，就像三国时周瑜与孙策的关系。他们共同的岳父名叫杜有邻，官任赞善大夫。柳勣和杜有邻脾气秉性大相径庭，前者轻浮狂傲，后者小心谨慎，所以这对翁婿相处得极为不谐，以至于柳勣在一次正面冲突后一时兴起把老丈人告到了大理寺，罪名是"妄称图谶，交构东宫，指斥乘舆"，用现在的话说就是借着占卜算命诱导太子批评指责皇帝，这在封建时代可是足以导致灭族的大罪名。

那时正是李林甫专权的年代，而他正想把太子李亨搞掉，好让寿王李瑁取而代之，以此向唐玄宗最宠爱的女人武惠妃邀功请赏，于是，李林甫抓住柳勣挑起的这个案子不放，誓要将其做成惊动皇帝的大案，并且要把太子也牵扯进来。

　　唐玄宗本就担心太子急于登位，这个事情更是让他感觉事态严重，得下诏严查。很快，柳勣就被发现曾经接受过李邕送的一匹好马。李林甫如获至宝，因为李邕乃当时的大书法家兼著名诗人，在国内外都有巨大声誉，如果让这个案子和他扯上关系，不愁不能做大，另外，高傲自负的李邕很可能在朝廷任职时曾经得罪过李林甫，于是，李邕就被戴上了"厚相赂遗"的罪名。

　　后来的调查结果证明柳勣乃是挟私诬告，杜有邻实属冤枉，但太子的亲戚把家事闹上公堂更让唐玄宗觉得皇家颜面大失，一怒之下不分青红皂白，喝令把告状者和被告者各打六十大板。谁知柳勣和杜有邻不经打，最后都呜呼哀哉了。

　　柳勣也许罪不致死，杜有邻当然非常不幸，但最冤枉的是大书法家李邕。

　　李邕和这个案子本来风马牛不相及，却因为李林甫的险恶用心被卷入其中，而他之前又曾有过获罪经历，最后竟然在古稀之年被皇帝和李林甫派去的特使"就郡决杀"，大书法家的一腔热血染红了惊涛拍岸的北海——那片他曾留下文采风流的土地。

　　李邕之死使得海内震惊，举国叹惋，作为好友的李白、杜甫等人更是悲不自胜，义愤填膺，杜甫写下"坡陀青州血，羌没汶阳瘗"以示哀悼，李白则在一首长诗中表达了对李邕的深切怀念，"君不见李北海，英风豪气今何在"之感慨至今读来仍令人觉得荡气回肠……

# 韩愈、张籍：小老师和大学生

　　唐代大文学家韩愈给后世留下了很多或动人心弦，或启人深思的散文佳作，其中最为大家熟悉的应该是《师说》，其中的名句，比如"师者，传道授业解惑也"，"师不必贤于弟子，弟子不必不如师"，"闻道有先后，术业有专攻"等，千百年来一直在流传，即使今天读来犹有新鲜独到、醍醐灌顶之感，让人不得不佩服退之先生的先知卓见和宽广胸襟。

其实，韩愈本人就是一个出类拔萃的好老师，而且是一个了不起的小老师。

韩愈从小就有着当老师的天赋，他的第一个学生不是别人，正是他的亲侄子十二郎。

韩愈自幼父母双亡，由长兄韩会、长嫂郑氏抚养长大，十二郎是韩会的儿子，比韩愈小两岁，二人名为叔侄，实际上亲如兄弟。韩愈从小聪明过人，学业优异，帮助教导十二郎背诗读经的任务自然就落在了他的肩上，这为他日后做一个好老师打下了初步的基础。

十九岁时，韩愈来到京城长安求学以便为参加科举考试做准备，他先后拜谒了当时著名的散文家独孤及、梁肃等才学之士，进一步提高了自己的写作水平。公元792年，韩愈金榜题名，得中进士，但他并不以此自矜，相反却和名落孙山的孟郊成了一见如故的好朋友。

孟郊和韩愈实际上是一对忘年交，因为前者比后者足足年长了十七岁，如果孟郊年轻十几岁，韩门大弟子的名号应该就非他莫属了。现在，一提到韩门大弟子，人们想到的是另一位著名诗人，孟郊引见给韩愈的张籍。

张籍是在公元797年前后来到韩愈身边的，当时和他一起跟着韩愈求学的还有李翱等人，他们师徒三人之间的关系颇有意思，非常值得一讲。

张籍虽然比孟郊年轻很多，但仍比韩愈长了两岁，他能够投入韩愈门下做弟子，第一证明这个小老师学问确实不一般，第二证明这个大学生实在是个好学上进之人。李翱比韩愈小了四岁，他是韩老师的学生，更是亲戚，因为他娶了韩愈的侄女为妻。

在韩愈的指导下，李翱和张籍的写作水平都有了突飞猛进的变化，分别在第二年和第三年得中进士，彼时彼刻，作为老师的韩愈肯定喜上眉梢、深感欣慰。

张籍此后的仕途并不顺利，二十余年一直过着比较清贫的生活，又因为他的视力不太好，因此被人戏称为"穷瞎张太祝"，太祝是他担任过的一个官职，大体相当于现在的天坛公园园长。

韩愈的仕途则呈一条起伏不定的曲线，曾经升为副部级的刑部侍郎，也曾被贬到特别偏远的潮州为官。

公元821年，韩愈被任命为国子祭酒，他举贤不避亲，推荐张籍担任了国子博士，后来师徒二人都有了一定进步，小韩老师荣任吏部侍郎，大张同学则升为水部员外郎。

韩愈既是张籍的老师，又是张籍的伯乐，但他并不以此自矜，而是始终将张籍视为朋友，有时还会把他看作老大哥，大家非常熟悉的那两句诗"天街小雨润如酥，草色遥看近却无"恰好可以作为证明。

为什么这么说呢？请看这首诗的题目：《早春呈水部张十八员外》。在此，韩愈不但称张籍为水部张十八员外，还用了表示恭敬的"呈"，很明显他是将张籍视为长自己两岁的老大哥了。

作为大弟子的张籍与老师韩愈一直保持着亦生亦友的密切关系，在政治立场上也和韩老师志同道合、同仇敌忾，坚决反对藩镇割据，努力维护国家统一。

韩愈是一个敢于直面淋漓鲜血的勇士，他曾经孤身赶赴敌营平叛，其气魄和口才令人肃然起敬，钦佩不已，而张籍则以柔中有刚、不卑不亢的行事风格用一首《节妇吟》坚定拒绝了大军阀李师道的权钱诱惑。

李师道是以残酷冷血著称的大军阀，火烧朝廷大粮仓，杀害宰相武元衡都是他的"杰作",当时他还兼着中央政府的宰相之职,可谓权势日炽、炙手可热。有意思的是,这个大军阀竟然是个附庸风雅的家伙,十分渴望和诗文大家交朋友论交情。李师道见文坛领袖韩愈坚决主张国家统一,不肯和割据势力合作,就把收买拉拢的把戏转向了韩门大弟子张籍,企图从他这里找到一个突破口。张籍在政治态度上虽然不像韩愈那样"壮怀激烈",但他其实是坚定地和老师站在一起的,他所考虑的不是拒不拒绝,而是如何拒绝李师道的"青睐"。一番思索之后,张籍写出了那首百代流芳的《节妇吟寄东平李司空师道》,婉言谢绝了李师道提供的高官厚禄。

就像老师当初帮助、推荐自己一样,张籍也自觉承担起了奖掖后学的光荣任务,"画眉深浅入时无"的优美故事说的就是张籍甘当伯乐的有趣经历。

江南士子朱庆馀到京城长安参加科举考试,他带着自己的诗作拜访了已经成名的张籍,张籍觉得非常不错,就积极地在京城文艺圈介绍推荐这个年轻人的作品,希望能够助他一臂之力。但朱庆馀不知道张籍是否真正欣赏他的诗歌,就怀着忐忑不安的心情给张籍写了一封信,其实就是一首诗:"昨夜洞房停红烛,待晓堂前拜舅姑。妆罢低头问夫婿,画眉深浅入时无。"张籍一读就明白了他的意思,略一思索,写下了这首诗作为回复:"越女新妆出镜心,自知明艳更沉吟。齐纨未足时人贵,一曲菱歌敌万金。"不久,朱庆馀果然像张籍期许的那样蟾宫折桂、高中进士了。

如果韩愈能够看到学生张籍和新人朱庆馀之间妙趣横生的诗歌酬唱,他一定会引以为荣、深感自豪,但遗憾的是,他在此前两年已经因病辞世了,年仅五十六岁。

韩愈病逝前,曾经想让张籍为他写下遗嘱,但由于妻儿过于悲伤,韩愈在安慰他们之外已经没有余力再安排身后之事,无奈抱憾离去。虽然张籍失去了记下韩愈最后嘱托的机会，但小老师对大学生的信任和依赖于此可见一斑。

# 白居易与元稹到底有多好

说到诗人之间的友情，我们通常会想起李白与杜甫这对盛唐诗坛的双子星，陶醉于他们"醉眠秋共被，携手日同行"的温馨美好，感动于杜甫"凉风起天末，君子意如何"的深情怀念……

然而，与白居易与元稹的情谊相比，李、杜之间的感情恐怕会逊色许多。

白居易出生于现在的河南省新郑市，元稹的出生地则是同属河南省的洛阳市，这两个地方当年皆归都畿道管辖，所以，不管是按唐朝时的行政区划论，还是根据现在的省界划分看，元、白二人都是实打实的、如假包换的老乡。

俗话说"老乡见老乡，两眼泪汪汪"，白居易与元稹在异地他乡的初次相逢却没有留给眼泪一丝一毫的机会，那是在唐德宗贞元十九年（公元803年）春天的长安城。

这一年，三十一岁的白居易与二十四岁的元稹同时金榜题名，"春风得意马蹄疾，一日观尽长安花"之后，白居易满怀激情地走上了秘书省校书郎的新岗位。两个风华正茂的青年才俊一见如故，引为知己，他们之间长达一生、坚贞不渝的友谊也在这时生根发芽了。

从公元803年相识相知到公元831年元稹病逝，白居易与元稹之间的亲密情谊足足延续了二十八年，在这二十八年里，他们在惺惺相惜的同时还为对方写下了数不清的诗词佳作，无论数量还是质量，都远非李、杜之间的友谊可比。

白居易写给元稹或为元稹而写的诗中，堪称佳作的有《代书诗一百韵寄微之》《舟中读元九诗》《禁中作书与元九》《蓝桥驿见元九诗》《江楼夜吟元九律诗成三十韵》《梦元九》《兮思未尽加为六韵重寄微之》《同李十一醉忆元九》；元稹寄给白居易或唱和白居易的优秀诗作则有《酬翰林白学士代书一百韵》《梁州梦》《闻乐天授江州司马》《酬乐天寄生衣》《和乐天重题别东楼》《寄乐天》《酬乐天雪中见寄》《得乐天书》《酬乐天频梦微之》。顺便说一下，微之是元稹的字，乐天是白居易的字，元稹在家族兄弟中排行第九，故称"元九"。

元、白之间的深情厚谊在白居易被贬江州后的那些日子里有着淋漓尽致的体现。

公元815年，白居易因为"越职言事"被贬为江州司马，当他满怀悲抑越过秦岭南下时，在蓝桥驿碰巧看到了元稹的题诗，见诗如见人，白居易异常激动，信口吟出了那首《蓝桥驿见元九诗》：

> 蓝桥春雪君归日，秦岭秋风我去时。
>
> 每到驿亭先下马，循墙绕柱觅君诗。

试想一下，白居易离开长安去往贬谪之地的路上，在沿途驿馆见到至友之前回京时题在白墙红柱上的诗作，该是怎样的一种欣喜与慰藉呀！此时被贬通州的元稹正在海边经受着一场大病的折磨，虽然自己已经形销骨立，病体支离，却一直牵挂着远方的知交白居易。当元稹听说白居易和自己一样被贬蛮荒之地时，心中的百感刹那间交集成了一首《闻乐天授江州司马》：

> 残灯无焰影幢幢，此夕闻君谪九江。
>
> 垂死病中惊坐起，暗风吹雨入寒窗。

后来，元稹收到了白居易从江州寄来的亲笔信，还没打开就已经泪眼婆娑、难以自已了。他的小女儿一见爸爸哭了，也跟着哭个不停，他的妻子还是了解他的，惊讶之后立刻猜到那封信来自何人何处了，因为她知道元稹"寻常不省曾如此"，既然如此了，那"应是江州司马书"。

尽管以上两个故事足够动人心弦、感人肺腑，却远远不是元、白情谊的巅峰。

话说公元809年，元稹奉命离开长安到东川（今重庆及四川东部）公干，白居易自元稹走后日夜思念，愁绪万千，就约着好友李十一、弟弟白行简去当时的名胜曲江池和慈恩寺游玩。在郊外野餐时，白居易借酒浇愁，却无论如何也拂不去心头对元稹的思念，就在微醺中挥笔写下了这首《同李十一醉忆元九》：

> 花时同醉破春愁，醉折花枝作酒筹。

> 忽忆故人天际去，计程今日到梁州。

春游之际想起远方的朋友，原本也没有什么特别之处，令人大跌眼镜的是——就在此时前后，元稹竟然在梁州梦见了与白居易"同游曲江，兼入慈恩寺诸院"，醒来后不胜怅惘，也写下了一首寄托刻骨相思的诗作，诗题就叫《梁州梦》：

> 梦君同绕曲江头，也向慈恩院里游。

> 亭吏呼人排去马，忽惊身在古梁州。

这两首几乎作于同一时间的怀人诗以无可辩驳的力度证明白居易与元稹之间的情谊已经达到互相之间有心灵感应的不凡层次，如果当时搞一个"大唐第一好基友"的全国评选，他俩绝对有实力问鼎这一桂冠。

# 四起四落的寇准

说起改革开放的总设计师，一代伟人邓小平，我们总会谈到他"三起三落"的政治生涯，实际上，小平同志的经历应该是"三落三起"，因为他最后收获的是一个功成身退的大喜剧，而北宋著名贤相寇准的仕途之路则是真正的几起几落，也就是说，他的人生最终是以悲剧收尾的。

寇准的仕途在开始时还是非常顺利的，十九岁进士及第，三十岁时就已经在大宋最高军事机构枢密院担任枢密副使（相当于现在的国防部副部长）了，并且因为敢于直言进谏而得到了宋太宗的信赖和倚重。

木秀于林，风必摧之，况且寇准又是一个性格张扬、脾气倔强的人，因此，他和年龄大他二十多岁的另一位副使张逊之间产生了越来越激烈的矛盾。终于有一天，张逊暗中让他的一个嫡系部署王宾把寇准告到了皇帝那儿，说寇准下朝回府时，有一个狂民拦住他的马三叩九拜，大呼万岁。

寇准被皇帝召来后辩解说当时他与温仲舒并辔同行，而王宾却单单上奏弹劾他一个人，显而易见是恶意中伤、心怀叵测，并且指出张逊是背后指使之人。随之，张逊也被叫来对质。寇准和张逊这一对冤家对头仇人相见，分外眼红，针锋相对，互不相让，完全忘了皇帝就在旁边坐着。宋太宗看到两个国家重臣掐得跟乌眼鸡似的，脸上非常挂不住，心里着实很生气，于是后果很严重。

结果，张逊被连降三级，寇准被贬为青州知府。

但是，宋太宗把寇准逐出京城后很快就后悔了，因为没有了寇准的逆耳忠言，他感到的是"高处不胜寒"那般的寂寞，此时他才意识到寇准在他生活中的重要位置。在这种情况下，一年之后寇准就被调回了京城而且担任了比枢密副使还要高的高位——参知政事，用现在的话说，就是国务院副总理。

然而，这对君臣之间的关系并没有就此画上一个圆满的句号。不久之后，寇准又把皇帝他老人家给惹火了，事情是这样的。

大臣彭惟节原先位居冯拯之下，后来，两人同时升为员外郎，成了平级，但冯拯仍习惯性地在公文奏章上把自己的名字排在彭惟节上面。寇准和彭惟节关系不错，却一向对冯拯不满，于是就借题发挥，以上级的身份对冯拯提出了批评。冯拯也是个强势的主儿，他不甘示弱，向皇帝上书弹劾寇准。宋太宗把寇准召来询问。寇准自认于理无亏，做出一副要与皇帝论争到底否则决不罢休的架势。宋太宗虽然欣赏寇准的能力与魄力，却也实在忍受不了他无视尊卑、咄咄逼人的态度，一怒之下将其从副国级一下子降到了厅级。

寇准再次被贬出京城，到邓州做了知州。

不久，宋太宗驾崩，太子赵恒继位，这就是宋真宗。宋真宗感谢寇准当年的推选之恩，将他从邓州召回京城，任命其为尚书工部侍郎。

北方的辽国趁宋朝新君初立之机发动了侵略战争，连续两次在高阳关大败宋军，大宋朝野上下为之震惊，一些大臣甚至建议皇帝迁都江南以避敌锋。在此危急存亡之际，"天资忠义，能断大事；志身殉国，秉道嫉邪"的寇准在毕士安的推荐下入阁拜相。在寇准的运筹帷幄和部署安排之下，宋真宗放弃迁都的想法，亲临前线鼓舞士气，宋军兵精粮足，意气风发，打退了敌人的一次次进攻，最终双方按照宋朝提出的条件在澶州城下签订了"澶渊之盟"，由此保证了宋辽边境一百多年的安定和平。

主战的寇准赢得了战争的胜利，威望一时之间如日中天，这引起了主逃派新一轮的"羡慕嫉妒恨"。主逃派的头子王钦若是个心机颇重的家伙，他不和寇准发生正面冲突，却在背地里向宋真宗展开了心理攻势。一天，王钦若找准时机对皇帝说了这样一番话——陛下听说过赌博吧！那些赌徒在银子快要输完的时候，就会把身上所有的财产都押上去，赢了，咸鱼翻身，输了，家亡人散，这就叫"孤注一掷"。陛下在澶州时不过是寇准手里的一个"孤注"罢了，当时可真是危险啊！宋真宗一时糊涂，竟然听信了王钦若的谗言，对寇准的态度一落千丈。

王钦若一看他的毒计在皇帝那儿奏了效，就指挥他手下的虾兵蟹将对寇准展开了进一步攻势，结果一年之后，寇准再次被罢相，被遣派到陕州去做知州。

寇准在地方政府一待就是十三年，直到公元1019年才迎来转机，然而就是这次转机把寇准推上了万劫不复的境地。

荐举寇准回朝拜相的人名叫丁谓，当时官居参知政事。丁谓是一个权欲熏心又工于心计的家伙，他把寇准推上相位其实是黄鼠狼给鸡拜年——没安好心，他是想借着寇准的声望来改善自己在朝廷中的臭名声，然后找机会取而代之。在这种情况下，一出名副其实的"溜须"闹剧在历史的大舞台上开演了。

某年某月的某一天，寇准、丁谓等朝廷重臣在开完办公会议后一起用餐，寇准一不小心让自己颌下那长长的胡须沾上了一点汤汁。丁谓见状，连忙起身为之"溜须"，溜者，揩拭也。寇准半认真半开玩笑地说："参政，国之大臣，乃为长官拂须耶？"此话一出，在场众人除丁谓外皆哈哈大笑。丁谓臊得脸红脖子粗，恼羞之下心底成怒，暗暗发誓日后逮住时机要把寇准往死里整。顺便说一下，"溜须"的典故就是从这儿来的。

丁谓的机会很快就来了。

久受风湿之苦的宋真宗当时已经病体沉重，精明强干的皇后刘娥顺势掌握了朝廷大权。丁谓见风使舵，使出浑身解数取悦刘皇后，很快获得了女主子的宠信，成了最有权势的大臣。以寇准为首的老臣们不满女主听政，就想借着弹劾丁谓误国，让刘皇后把权力转交给太子。这时，与丁谓有仇的大太监周怀政策划了一场政变，打算将太子推上皇位，让真宗做太上皇，但不幸被丁谓等人绞杀在萌芽状态。

丁谓趁机向寇准展开了攻势，他诬陷寇准参与政变密谋，于是，寇准再次被赶出京城，而且被贬到了离京几千里的瘴疠之地湖南道州。

然而，丁谓还嫌道州不够远，两年后，他又撺掇刘皇后把寇准贬往离京城更远的，和海南岛仅隔着一条海峡的雷州。一年后，花甲之年的寇准在忧病交加中逝世于当地百姓主动为他盖起的寓所内。就在这时，刚刚继位的宋仁宗发来了圣旨，要将这位老臣安排到离京城近一些的衡州任职。遗憾的是，一代名相已经遥望故乡含泪长逝了，他再也不需要为那起起落落、沉浮不定的为官之路欣慰愉悦或者悲凄哀抑了……

# 欧阳修其实很幽默

大家都知道，北宋诗文大家苏东坡是一个很风趣、很幽默的人，殊不知，苏东坡的老师欧阳修在这一点上其实比他有过之而无不及。苏东坡的风趣经历大多出现在民间传说里，而欧阳修的幽默故事则往往记载于皇皇史籍中。

遗憾的是，欧阳修的风趣形象被他文坛领袖的盛名所掩了，今天咱们就来聊一聊欧阳修生活和工作中幽默风趣的一面。

欧阳修非常年轻的时候就凭借出众的才华在西京留守钱惟演（吴越王钱弘俶之子）身边得到了一个工作清闲、待遇优厚的职位，当时与他在一起的还有后来的著名诗人梅尧臣、著名散文家尹洙。在钱惟演的关照下，他们几个青年才俊经常游山玩水，诗文唱和，生活得优哉游哉，不亦乐乎。

几年后，钱惟演因故离职，接替他的是北宋名臣寇准的女婿王曙。王曙到任后把欧阳修等人召集起来，严厉地教导他们说："像寇莱公（即寇准）这样有才能的人，尚且因为耽于享乐而被贬官，你们怎么还敢这样呢？"别人都不作声，反应敏捷的欧阳修不动声色地幽了新上司一默："寇莱公后来之所以倒霉，不是因为耽于享乐，而是因为一把年纪了还不知道退隐。"

欧阳修得中进士后娶了恩师胥偃的女儿为妻，正是"金榜题名时"加"洞房花烛夜"的"双喜临门"之时，不幸的是，胥夫人几年后因病早逝，欧阳修后来又娶了已故宰相薛奎的二女儿。碰巧的是，薛家的大女婿并非别人，正是欧阳修中进士时的状元郎王拱辰。后来，王拱辰的妻子也不幸撒手人寰，临终前把三妹托付给了自己的丈夫，于是，王拱辰从大女婿变成了三女婿。王拱辰新婚之时，欧阳修特意写了一首诗表示祝贺，其中有一句非常幽默，道是："旧女婿为新女婿，大姨夫作小姨夫。"

公元1054年，欧阳修被宋仁宗任命为翰林学士，和宋祁（就是写出"红杏枝头春意闹"的那位著名词人）等人一起修撰《新唐书》。

宋祁在修史上的优点和缺点都很突出，优点是很有学问，缺点是太有学问，以至于有时候写出来的文字晦涩难懂。欧阳修对宋祁有点意见，却不好意思当面提出，因为宋祁既是前辈，又有诗名，经过一番思考，欧阳修终于有了一个好主意。

一天，欧阳修特意早早来到史馆，在大门上贴了这样八个大字："宵寐非祯，札闼洪休。"宋祁看到后端详思索了半天，终于明白了其中含义，就大笑着对在场的同事们说："这不就是'夜梦不详，题门大吉'那句大白话嘛，至于写成这样吗？"欧阳修趁机回应道："我是在模仿您修《唐书》的笔法呢，您在列传里把'迅雷不及掩耳'这句大白话都写成

'震霆无暇掩聪'了。"

宋祁明白了欧阳修善意而风趣的提醒，很快改掉了用语过于晦涩的毛病。

其实此事也不能完全怪宋祁，因为当时的社会上，特别是最高学府太学里，正流行着一股"写文章不说人话"的歪风，欧阳修在做会试主考官时就遇到了一份这样的试卷："天地轧，万物茁，圣人发（天地交合，万物产生，然后圣人就出来了）……"这样的文章读起来好像很有先秦古风，其实是很不通顺的，欧阳修对这种盲目复古的文风非常不满，就顺着原文的韵脚，提起笔来向下续写了两句："秀才剌，试官刷！"意思是这秀才行文乖张别扭，肯定会被主考官刷掉的。在欧阳修等人的努力下，"写文章不说人话"的文坛怪风终于得到了纠正，为此后提倡"文从字顺"的诗文革新运动奠定了初步的基础。

欧阳修在诗文写作上对自己的要求比对别人更加严格，即使在成为文坛领袖之后，他仍然经常拿出自己以前写的文章，认真地进行修改。他的夫人心疼丈夫的身体，就开玩笑地对他说："又不是小孩子了，还费这个心干吗？难道还怕先生骂你吗？"欧阳修笑道："不怕先生骂，却怕后生笑。"正是这种对文字的认真敬畏态度造就了一代文学巨匠欧阳修。

欧阳修晚年自号"六一居士"，有朋友问他："六一什么意思呀？"他说："我家藏书一万卷，集录三代以来金石遗文一千卷，有琴一张，有棋一局，桌上常有酒一壶。"朋友更加好奇了："这才五个一呀！第六个一是怎么回事呢？"他哈哈一笑，指着自己说："我这一个老翁，老于此五物之间，不正好是六一吗？"

# 这一次大雁传书难道是真的

清代史学大家赵翼在《廿四史劄记》的"郝经昔班帖木儿"一节中写下了下面这段文字：

奇闻骇见之事，流传已久，在古未必真，而后人仿之，竟有实有其事者。

苏武雁书，事本乌有，特常惠教汉使者，谓"天子射上林，得武系帛书于雁足。"使匈奴不得匿武耳。而元时郝经使宋，被拘于真州，日久，买一雁，题帛书系其足，放去。汴中民射雁金明池，得之以进世祖，其诗云"霜落风高恣所如，归期回首是春初，上林天子援弓缴，穷海累臣有帛书。"后题"至元五年九月一日放，获者弗杀，国信大使郝经书于真州忠勇军营新馆。"后经竟得归国，卒于途。是苏武雁书之事虚，而郝经雁书之事实也。

赵翼认为元朝使臣郝经凭借"大雁传书"获救归国的故事是历史事实，但从史书记载来看，被拘十六年的郝经能够从南宋返回元朝并非如此神奇而简单。

咱们还是从郝经奉命出使的历史背景说起吧。

公元1234年，蒙古和南宋联合出兵灭掉了曾经不可一世的金政权，此后，蒙古大汗蒙哥和他的弟弟忽必烈一直想饮马长江，征服南宋。作为忽必烈的汉族谋士、一个爱好和平的书生，郝经主张以德而不是以力一统天下，他几次建议忽必烈停止南侵，转而整顿吏治、发展经济、改善民生，但忽必烈必须要和大汗蒙哥一起向长江中游的湖北和重庆发起进攻，因为他既是臣子又是弟弟，而且他自己也不甘心被长江挡住南进的步伐。

令忽必烈痛心而遗憾的是，蒙哥大汗于合州（今重庆市合川区）遇到了劲敌，在没有留遗书的情况下死在了那儿，时值公元1259年。国不可一日无主，消息传到蒙古都城和林，文武大臣准备拥立蒙哥最小的弟弟阿不里哥继承汗位。这下忽必烈坐不住了，和郝经等人商酌后，他决定挥师北归争夺汗位。

正在这个时候，南宋大军一号人物贾似道偷偷派人前来求和，表示愿意称臣，岁奉银二十万两、绢二十万匹。忽必烈正好顺坡下驴，同意退军，于是双方签订合约，忽必烈带兵北上回到燕京。

贾似道是个奸诈狡猾、出尔反尔的小人，他竟然趁着忽必烈撤兵的机会向落在后面的蒙古兵发起了进攻，并且将其夸大为"空前绝后"的战功向皇帝报捷，却丝毫未提求和的事。昏庸的宋理宗竟然信以为真，让贾似道上位成了势倾朝野的权相。

再说回北归夺位的忽必烈。

忽必烈主张汉化，阿不里哥反对汉化，他们之间本来就有矛盾，面对汗位的诱惑，兄弟矛盾急剧恶化，一场延续四年的蒙古内战终于在1260年爆发了。

公元1260年，忽必烈于开平（在今内蒙古正蓝旗境内）称帝，公开与和林政权对抗。为了保证南宋不会从后方发起进攻，也为了获得贾似道许诺的"银二十万两、绢二十万匹"作为军资，忽必烈派遣翰林大学士郝经一行数十人出使南宋。

郝经率领的蒙古使团还没进入南宋境内，有一个人已经吓得心神不定、寝食不安，谁呢？奸相贾似道。贾似道当初向忽必烈求和只是权宜之计，所以他才会趁乱打劫，虚报战功，他回朝后根本没向宋理宗奏报求和赔款的相关事宜。现在人家忽必烈派遣使节前来要银子，要绸缎，要大宋皇帝称臣接旨了，他该怎么办呢？如果让皇帝知道了真相那可是要杀头抄家的呀！贾似道想来想去，终于有了一个瞒天过海的歹毒计策。郝经一行渡过长江没走多远，就被贾似道秘密派来的人马劫持了，随后被带到真州（今江苏仪征）的一个隐蔽场所羁押起来，从此失去了人身自由。

苏武被困匈奴十八年，郝经被困真州的时间也足足有十六年，几乎和贾似道专权时代一样长。虽然郝经的生活条件比苏武要好一些，但他的活动范围只局限在一个狭小的院落之内，实际上是坐了十六年的牢。在这十六年内，郝经和苏武一样经历了"富贵不能淫，威武不能屈，贫贱不能移"的艰苦考验，最终凭借着敌人必败的坚定信念坚持到了自由的到来。关于郝经归国，《元史》是这样记载的："又九年，丞相伯颜奉诏南伐，帝遣礼部尚书中都海牙及经弟行枢密院都事郝庸入宋，问执行人之罪，宋惧，遣总管段佑以礼送经归。贾似道之谋既泄，寻亦窜死。"

郝经大雁传书的故事在《元史》中确实可以看到，但它是在郝经之后的人生经历中出现的，具体文字如下：

> 经还之岁，汴中民射雁金明池，得系帛，书诗云："霜落风高恣所如，归期回首是春初。上林天子援弓缴，穷海累臣有帛书。"后题曰："至元五年九月一日放雁，获者勿杀，国信大使郝经书于真州忠勇军营新馆。"

从此段文字的位置来看，《元史》作者很明显是将此事作为传说来对待的，而追慕忠义的赵翼却想当然地把传说当成了史实，并且发出了本文开头的感慨："奇闻骇见之事，流传已久，在古未必真，而后人仿之，竟有实有其事者。"另外，上文故事中大雁传书的时间也是有问题的，如果郝经不知道忽必烈改元，他应该写"中统十五年……"，如果他清楚改元之事，那么应该写"至元十一年"，无论如何也不会出现"至元五年"这四个字。

　　既然情况并不像赵翼断定的那样，苏武雁书之事虚，而郝经雁书之事实也，那么，忽必烈是怎样得知郝经被困消息的呢？

　　笔者以为，忽必烈在1274年遣使质问南宋朝廷郝经使团下落时应该并不清楚郝经等人发生了什么事情，他这么做其实是别有目的的。

　　按理说，忽必烈早就该质问郝经一行的下落了，但他却好像完全忘记了曾经派出这样一队使节一样，对他们的"人间蒸发"并没有过多关注，为什么呢？因为十几年内他一直在忙于争夺皇位，稳定局势，修建新都，改国号立新制（1271年，忽必烈把国号由蒙古改为大元），而南宋也并没有趁火打劫，背后插刀。

　　1274年，大元朝的一切事务都走上了正轨，忽必烈又兴起了大征讨的想法，卧榻之旁的南宋当然是首当其冲的进攻目标。与无端侵略相比，师出有名自然会让战争的发起者占据更大的优势，于是，忽必烈又想起了十五年没有音信的郝经使团，并打算借此事向南宋发难。出乎忽必烈意料的是，他一派使质问，还真把郝经的下落给问出来了，这才有了郝经脱困归国的故事，然后才有了郝经大雁传书的传说。

# 名著篇

# 《三国演义》中的时间差

一

在《三国演义》第二回中，谏议大夫刘陶是在张纯、张举造反起事之后因为弹劾十常侍祸国殃民被下狱而死的，同时遇难的还有司徒陈耽，此事在时间上有些出入。

陈耽可能是一个虚构的人物，刘陶则确有其人。

刘陶，字子奇，东汉颍川颍阴（今河南许昌）人，为济北贞王刘勃之后。刘陶虽贵为宗室后裔，但生活非常简朴。他不拘小节，所交接的朋友却必是志同道合之人，如追求不同，就是再富贵他也不肯苟合；如志趣相投，则不分贵贱，引以为友。刘陶还在洛阳太学读书时就一举成名。那时冀州刺史朱穆因严惩葬父僭制的宦官赵忠而触怒了皇帝，被罚往左校署去做苦力，刘陶义愤填膺，率数千名太学生指阙上疏，为其打抱不平，终使朱穆获得赦免。

刘陶担任侍中之后，屡次进谏，为权臣所畏。后来刘陶被调任京兆尹，如到职当出修官钱千万，他耻于以钱买职，以生病为由不再理事上朝。灵帝重其才，原其罪，拜为谏议大夫。黄巾起义爆发后，刘陶上书弹劾宦官，认为乱由宦官而出。宦官们恼怒之下诬陷刘陶和黄巾军有所勾结，昏庸的灵帝听信宦官谗言，致使刘陶下狱而死。

刘陶被害是在185年，而张纯、张举于189年在渔阳造反，所以，刘陶之死应该早于二张造反，罗贯中先生不知因为何故，将此事写到了二张造反之后。

## 二

吉平这个人物在《三国演义》中是"忠义"的典型代表，有关他的故事是这样的：曹操做了丞相之后，更不把汉献帝放在眼里了，汉献帝在衣带上写下除掉曹操的血书暗中送给国舅董承。董承自从看了皇帝衣带诏后，日日思考除掉曹操的计策，却苦无妙计，在愤慨、忧虑中病倒了。献帝让太医吉平来给董承治病，吉平看了皇帝密诏，决心要除掉曹操，两人便一起设下了计谋，准备由吉平在曹操头风病发时暗下毒药致其死命。

不料隔墙有耳，董承的家奴秦庆童听到了二人的密谋。这个秦庆童刚刚由于和董承的小老婆有暧昧关系被董承打了四十板子，因此怀恨在心，他立刻向曹操告发了董承、吉平。

曹操接到密告，诱捕吉平，酷刑拷打追究主使，吉平抵死不承，触阶而亡。

太医令吉平的忠烈事迹的确令读者铭心刻骨，难以忘怀，但历史上并没有吉平此人，只有对抗曹操的太医令吉本，而且吉本向曹操发难的时间是公元218年，而非衣带诏案发的200年。

建安二十三年（公元218年），魏王曹操西上关中与刘备作战，派丞相长史王必掌管军队，督理许都的事务。当时关羽实力强盛，京兆人金祎见汉朝政权将被曹家取代，便和少府耿纪、司直韦晃、太医令吉本以及吉本的儿子吉邈、吉穆等人密谋杀掉王必，扶持天子打击曹魏的势力，并在南面联合关羽作为外援。于是，吉邈等人率党羽一千余人在夜间攻击王必，烧毁王必住所的大门，一箭射中王必的肩膀。帐下督扶着王必逃到许都南城，王必和闻讯赶来的颍川典农中郎将严匡共同作战，最终斩杀吉邈等人。

罗贯中先生在创作《三国演义》时别具匠心地把吉本从218年的造反之事中拿出来，更名为吉平，为读者们虚构了跌宕起伏、惊心动魄的吉平下毒的故事。

## 三

东吴诸将中，如果按照给大家留下的印象之深浅排座次，在周瑜、鲁肃、吕蒙、陆逊之后，大概当属太史慈和甘宁了。甘宁之所以与众不同，凭借的是他的骁勇善战和早年做贼的经历，太史慈为人所铭记则是因了他武艺高强，箭术超群和知恩图报、一诺千金的高贵品质。

太史慈的射术确是史上有名的。他跟从孙策讨伐麻保贼时，有一贼在屯里城楼上诋毁痛骂孙策，并以手挽着楼棼（城楼上的柱子），太史慈便引弓射之，箭矢竟然贯穿手腕，将其牢牢钉在楼棼上，孙策所部万众欢呼为之喝彩。曹操听闻太史慈的威名后，给他寄了一封求贤信，信装在一个小木盒里，同时盒里还放了少量当归，寓意太史慈应当向其投诚，曹操对他的看重于此可见一斑。

令人遗憾的是，天妒英才，天不假年，建安十一年，即公元206年，太史慈不幸因病逝世，享年四十一岁。太史慈临亡之时，叹息道："大丈夫生于世上，应当带着七尺长剑，以升于天子阶堂。如今所志未从，奈何却要死啊！"壮志未酬之慨令人为之垂泪，孙权知道太史慈病故更是十分悼惜。

可在《三国演义》中，已去世两年的太史慈却在208年发生的群英会上监酒，并在随后的赤壁之战中充当先锋，再后来在合肥之战中中了张辽"将计就计"之计，身中数箭，为国捐躯，这当然是虚构，否则《三国演义》就成了《聊斋志异》了。

# 曹操欣赏关羽的另一个原因

曹操欣赏关羽是中国人都知道的事情，而且这并非只是罗贯中的小说家言，《三国志》关于此事也有明确的记载。在《三国志》中，关羽投到曹营后，曹操先是"礼之甚厚"，不久又"表封羽为汉寿亭侯"以表彰其斩颜良解白马之围的大功；知其必去之际，又"厚加赏赐"；闻听关羽已经离开去追寻刘备时，竟然吩咐左右"彼各为其主，勿追也"。

为什么曹操如此欣赏关羽呢？陈寿给出的答案是"曹公壮其为人"。

那么，关羽为人如何呢？陈寿的具体描述是"先主与二人（指关羽与张飞）寝则同床，恩若兄弟，而稠人广坐，侍立终日，随先主周旋，不避艰险"。

曹操身边曾经有一个和关羽一样既忠且勇、"常昼立侍终日"的壮士，就是"一吕二赵三典韦，四关五马六张飞"中的双戟大将典韦，当时曹军中有"帐下壮士有典君，提一双戟八十斤"之语。可惜的是，在跟随曹操到南阳接受张绣投降时，张绣降而复叛，袭击曹操，典韦为了保护曹操逃脱，于辕门之中力战而死。典韦死后，曹操心里一直空落落的，好像再也没有了往日的安全感，直到遇见了和典韦一样忠肝赤胆、谨慎持重的关羽。

窃以为，曹操本来是想把关羽"引置左右"，让其"将亲兵数百人，常绕大帐"，但无奈关羽"身在曹营心在汉"，最终千里走单骑，又回到了刘备身边，曹操只好退而求其次，安排勇力有余而细心不足的虎痴将军许褚"常侍左右"。

其实，关羽身上还有一个性格特点肯定也是曹操特别欣赏的，因为曹操本身也是这样的一个人。

曹操虽出身官宦家庭，他的老爹曹嵩是大宦官曹腾的养子，后来尽管做到了九卿的高位，却无论如何摆脱不了阉人儿子的身份，晚年更是糊涂地花巨款买了三公中的太尉一职，从而更加成为士大夫们口诛笔伐的对象。作为宦官的孙子，曹操自然也免不了从生下来就被人轻视、鄙视乃至敌视。年轻时他跟在士族子弟袁绍屁股后面偷鸡摸狗做游侠，心里的天平偏向于羡慕一端，等到他做了"挟天子以令诸侯"的权臣时，对士族的仇视已远远超过了羡慕。

作为一个典型的实用主义者，曹操尽管骨子里敌视乃至仇视士族士大夫，对于其中那些愿意真心与他合作的人物，他还是能够包容重用的，但如果谁的立场发生了动摇，比如荀彧，他也会心有不舍地伸出毒手。对于那些不肯好好跟他合作的士族士大夫，比如边让、孔融、杨修、崔琰，曹操则会毫不客气地举起屠刀，甚至斩草除根把人家的儿子也杀死。曹操之所以没杀祢衡，其中一个原因就是弥衡算不上士族。

和曹操一样，关羽对士大夫的态度也是很不友好的。

根据《三国志》记载，"羽善待卒伍而骄于士大夫，飞爱敬君子而不恤小人"，成书略晚的《华阳国志》则表述得更为深入："飞勇冠三军，与关羽俱称万人敌。羽善待小人而骄士大夫，飞爱敬君子而不恤小人，是以皆败。"关羽之所以如此应该与他的出身有着密切关系，这一点和曹操也颇为相似。

关羽本字长生，早年因犯事逃离家乡至幽州涿郡，这才结识了刘备、张飞，然后才有了刘、关、张打天下的精彩故事。从关羽当初以"长生"为字和曾经犯罪逃命的经历来看，他应该出身于无钱无势的贫苦人家，这样的身世和他"刚而自矜"（陈寿对他作出的另一个评价）的性格结合在一起，必然会让他形成"骄于士大夫"的心理。

关羽对于自己这一边的士大夫，比如诸葛亮，本就不够尊重，对于吴国的士大夫则更是变本加厉，目高于顶，吴主孙权（君主可谓超级士大夫或士大夫的最高代表）派人来荆州求婚时，关羽"骄于士大夫"的心性有了登峰造极的表现。

关于此事，《三国志》是这样记载的："权遣使为子索羽女，羽骂辱其使，不许婚，权大怒。"如此看来，"虎女焉能嫁犬子"虽属小说家言，却也并非毫无根据。后来荆州丢失时关羽本来有机会到江陵和公安驻军，却因为此前一直轻慢糜芳（刘备的小舅子，士大夫家庭出身）等人而落得个无处容身、身首异处。1949年在解决绥远问题时，毛泽东曾经对薄一波等人大发历史感慨："关云长大体上是不懂统一阵线的，这个人并不高明，对待同盟军搞关门主义，不讲政策。"

曹操生前敌视士大夫，后世则被一代又一代的读书人狠批痛斥，在某种程度上属于咎由自取，乃至罪有应得；然而，在这件事上和曹操情况相似的关羽却受到了一代又一代读书人的赞美颂扬，而且成为了全社会共同尊奉的神仙级人物，为什么会这样呢？道理其实很简单——忠奸之道异也！

# 他们三个没有那么"菜"

出于某种特殊需要，小说家们有时候会把生活中的人物向大处写、向好处写，有时候则会把现实中的人物往小处写、往坏处写，本文要写的这三个历史人物就很不幸，在《三国演义》中成了第二种写法的受害者。

当您翻开《三国演义》阅读有关他们三个的结局时，脑子里肯定会闪过这样一个字——菜，但其实那些故事都是罗贯中老先生对于历史相关情节的改写，在真实的历史上，他们并没有那么菜。

第一位受害者名叫胡轸。

在罗贯中笔下，胡轸是华雄的副将，汜水关一战中，他引兵五千出战，几个回合之后就被孙坚的部将程普一矛刺中咽喉，死于马下。

历史上的胡轸确实是董卓帐下的将领，但地位相当高，他不是吕布部将华雄的属下，而是和吕布平起平坐的大督护（吕布为骑督），甚至比吕布还高一点。因为胡轸和吕布不能相容，谁也看不上谁，结果在和孙坚交战时吃了败仗，但胡轸并没有在此战中阵亡，而是一直活到了董卓被诛，之后开始为汉献帝服务。

董卓部将李傕、郭汜进攻长安时，胡轸和另一位将领奉司徒王允之命在新丰阻击叛军，最后在不得已的情况下投降了李傕，此后就消失在了历史的长河之中。

和胡轸一起迎战李傕、郭汜的将领姓徐名荣，他碰巧是第二位受害者，而且他的受害程度要远远胜过胡轸。

在《三国演义》第六回里，徐荣在夏侯惇面前走了几个回合就被对方斩于马下，应该说是个不入流的将领，但这个人物在真正的历史上却是个名动一时、相当重要的猛人。

徐荣的老家在东北的辽东地区，却长期在西北的凉州任职，堪称四海为家的典范。在担任董卓账下的中郎将时，徐荣曾向董卓推举同郡出身的公孙度出任辽东太守，公孙度家族三代割据辽东五十年就是从这时开始的。

关东诸侯讨伐董卓时，徐荣先在汴水之战中大败一代枭雄曹操率领的精兵强将，后又在梁东之战中击破了"江东猛虎"孙坚指挥的大军。众所周知，曹操和孙坚都是当时难得一见的英雄，徐荣先后打败二人足以证明他的军事能力，尽管史书关于徐荣的记载很少，但这两次战绩已经足以令他跻身三国名将之列。

董卓死后，徐荣改邪归正，诚心诚意地做了汉献帝的臣子。李傕、郭汜叛军进攻长安时，司徒王允派他迎战李傕，在新丰之战中因众寡悬殊而为国捐躯。

无论在《三国演义》中，还是在三国真实历史上，麴义都堪称徐荣第二。

麴义是在《三国演义》第七回中现身的，刚出场时也是相当了得。他先把公孙瓒手下大将严纲斩于马下，接着杀死旗将，砍倒绣旗，但是当他遇到赵云赵子龙时，就成了不能穿透鲁缟的强弩之末，战不几回合，就被赵云一枪刺于马下。

历史上的麴义并没有在界桥战役中阵亡，他在此后有着更为精彩的表现。

麴义原是冀州牧韩馥部将，后来背叛韩馥和袁绍结盟，帮助袁绍鸠占鹊巢成了冀州之主。在界桥战役中，麴义战胜拥有巨大优势的公孙瓒，为袁绍扭转了战局。后来，麴义作为主将独当一面，联络少数民族，组建了一支十万人马的联合军队，对公孙瓒实施大规模的战略反攻，使公孙瓒主力丧失殆尽，从此，袁绍成为北方的霸主。

俗话说"飞鸟尽，良弓藏；狡兔死，走狗烹"，而麴义又是一个容易骄傲、有些狂妄的人，这就注定了他在心胸狭窄的袁绍身边不会有好下场。果不其然，麴义不久就被袁绍以"骄纵不轨"之名砍掉了脑袋，就像后来曹操找个借口杀死许攸一样。

麴义在来到冀州之前曾经在凉州征战多年，所以也可以算是凉州军团的一员，如此说来，胡轸、徐荣和麴义这三个人被罗贯中"矮小化"处理，应该和他们曾经追随大奸臣董卓有很大关系，这恰恰又一次证明了选择对于一个人有多么重要。一旦做出了错误选择，不仅生前会受到影响，连身后之名也可能遭遇池鱼之灾。

# 周仓：三国虚构人物No.1

在《三国演义》的众多人物中，若论名气，关羽身边的周仓肯定名列前茅，但是，这个仁兄身上却存在着一个极大的历史问题。

在古今亿万读者的印象中，周仓是这样的一个人：关西（函谷关或潼关以西）人士，身材高大，黑面虬髯，力大无穷，粗莽豪放，性如烈火。他在相貌和性格上与三爷张飞恰似一奶同胞，却跟二爷关羽有着密不可分的关系。

周仓原为黄巾军三把手张宝的部将，张宝死后，他和同是黄巾军的裴元绍率部啸聚山林。关羽千里走单骑时，周仓和裴元绍一起归顺关羽，倒霉的裴元绍被赵云误杀，幸运的周仓却成了关羽的贴身护卫。

建安十六年（公元211年），刘备攻打成都时，周仓跟随关羽镇守荆州。关羽水淹七军时，周仓曾生擒曹操阵营的猛将庞德。建安二十五年（公元220年）关羽被孙权杀害之后，周仓在麦城仰天长泣，随后拔剑自刎而死。

令人遗憾的是，周仓这样一个生龙活虎、忠义千秋的人物却不见于正史记载，而且有不少证据表明，他是一个虚构的艺术形象。

在《三国志》《后汉书》等史籍，以及裴松之为《三国志》作注所引两百多种魏晋间典籍中，均没有周仓其人。其后的野史、杂录也没有周仓是关羽随从的记载。

元代至治年间（公元1321—1323年）刊刻的《全相平话三国志》一书，是现存最早反映三国故事的平话本，也没有周仓这个人物。周仓这个人物最早出现是在元末明初的《三国志通俗演义》中，身份就是大家熟知的关羽的贴身随从，《三国志通俗演义》又称《三国志演义》，其实就是大家熟知的《三国演义》。因此，我们可以说《三国演义》中的周仓是罗贯中先生虚构的一个艺术形象。

周仓最好的伙伴关平则是另外一种情况。

关平在历史上确有其人，但他并非关二爷的义子，而是关羽实打实的亲生儿子。

按照正史记载，关羽生有二子，长子关平，次子关兴。关羽、关平父子在东吴被害后，关兴继承了父亲的汉寿亭侯爵位，后来又传给了他的儿子关统，因为关统没有儿子，他病逝后就由他同父异母的弟兄关彝袭爵。

公元263年，邓艾、钟会两路伐蜀，刘禅出降，蜀国灭亡，关彝一家被魏军将领庞会杀害。庞会不是别人，正是四十几年前在荆州之战中被关羽斩首的魏国大将庞德的儿子。

读至此处，大家肯定会为关二爷的身后之事感慨，唏嘘不已。令人欣慰的是，据《荆州府志》和《江陵县志》记载，关平随父镇守荆州时，娶赵云之女为妻，生有一子关樾。吴兵袭取荆州时，这对母子有幸逃出荆州城在乡下隐居起来，而且为了躲避仇杀将姓氏从关（古体为關）改成了门（古体为門）。六十年后西晋灭吴统一全国时，这一支关羽后裔才返回荆州城，恢复关姓，并且世世代代守护关羽陵墓直到现在。

# 他们其实活得好好的

蔡瑁、张允在《三国演义》中是著名的谄佞小人，特别是蔡瑁，这家伙出身襄阳大族，是典型的"富二代"，他先是争权夺利，排挤善良的公子刘琦（刘琦是刘表前妻所生，蔡瑁之姐乃刘表续弦），企图暗害仁义的刘备刘皇叔，后来又在曹操大军压境之际贪生怕死，杀害主战派李珪，把荆州拱手让给奸贼曹操，而张允则当了他的帮凶。他们的所作所为在"尊刘贬曹"的罗贯中看来足以被判死刑。于是，罗先生大笔一挥，把这两个家伙在赤壁之战之前给"写死"了，让他们提前到阎罗王那儿报道去啦。

可惜历史其实是不相信因果报应的，史书中并没有蔡瑁、张允被多疑的曹操错杀而死的记载。

据史书《襄阳耆旧记》记载，曹操夺取荆州进入襄阳后，亲访蔡瑁，入其私室，呼见其妻子，并说和蔡瑁是故交，"今日再相见，实乃幸会"。蔡瑁最后被任命为从事中郎、司马长水校尉，封汉阳亭侯。

张允是刘表的外甥（应该是他姐妹的儿子），蔡瑁的副手，曹军兵到荆州时，他随蔡瑁一起投降曹操，最后结局应该和蔡瑁相似，尽管官职可能会略低一点。

顺便再说两点：其一，因在吴营潜伏而被周瑜杀掉祭旗的蔡瑁族弟蔡中、蔡和不见于历史记载，应是虚构人物；其二，既然蔡瑁是刘表后妻蔡氏的兄弟，而蔡氏是诸葛亮妻子黄氏的姨妈，那么，蔡瑁应该是诸葛亮的妻舅。

三国人物间不少都存在亲戚关系，比如在李傕、郭汜攻入长安时遇难的城门校尉崔烈和诸葛亮的好友崔州平是父子关系；杀死何苗的何进部将吴匡是刘备手下大将吴懿的父亲，也就是刘备的老丈人，因为刘备入川后娶了吴懿的妹妹。诸葛亮和刘琮之间也有亲戚关系，具体说就是刘琮的母亲蔡氏是诸葛亮的妻子黄阿丑的姨妈。

《三国演义》中的刘琮绝对是个悲剧人物，而他的人生悲剧都是他那糊涂胆小的老妈蔡氏和贪生怕死的娘舅蔡瑁造成的。

刘琮是荆州牧刘表的第二个妻子所生，母子都甚得刘表宠爱。在荆州颇有势力的蔡氏一族欲立刘琮为主，在刘表病重之时断绝其长子刘琦与刘表的往来，于是刘琮在刘表死后顺利继承官爵成为荆州牧。

曹操大军南下之时，刘表旧臣傅巽、蒯越、王粲等人纷纷劝刘琮降曹，最终刘琮在蔡瑁等人主持之下举荆州而降。曹操封刘琮为青州刺史，将刘琮与其母蔡夫人遣送青州，暗中却命令于禁于半途截杀之，结果母子二人身首异处。

历史上的刘琮好像比演义中要幸运，他的最后结局是"太祖（指曹操）以琮为青州刺史，封列侯"。（见《三国志》魏书六）既然治史严谨的陈寿没写刘琮被杀之事，那么他后来应该是和三国时的其他亡国之主（如西川刘璋、汉中张鲁、如汉献帝、后主刘禅、吴主孙皓）一样正常死亡了。

显而易见，罗贯中虚构刘琮母子在投降后仍然被杀是为塑造曹操的"奸绝"形象服务的。

# 司马懿报仇，十年不晚

在大家心目中，诸葛亮是一位仙风道骨、足智多谋、高风亮节、接近完美的人物，而和他唱了多年对台戏的司马懿则是个相貌丑陋、老奸巨猾、厚黑之至、近乎小人的形象。

其实，历史上的司马懿不是一个如此不堪的家伙，而是个颇有君子之风的人，就连他晚年的报仇经历都恰恰符合了"君子报仇，十年不晚"的古训。

司马懿的隐忍是出了名的，因为大家都知道他装扮成老"伪娘"气坏诸葛亮的故事。

话说公元234年八月，司马懿和他的老对手诸葛亮正在岐山附近对峙。

一百多天过去了，诸葛亮一次一次地挑战，司马懿却就是甘心当缩头乌龟，"坚壁拒守，以逸待劳"。诸葛亮那样有涵养、有耐性的人也急了，他派人给司马懿送来了"巾帼妇人之饰"，也就是女人穿的衣裳、戴的首饰，想羞辱羞辱司马懿，以便激他出战。可人家司马懿愣是不生气，据说还穿戴上女人衣饰扭了几扭，超前一千八百年扮了一回"伪娘"，结果把诸葛亮气得吐了血。

但司马懿在隐忍方面的最佳表现还不是以五十六岁的年龄扮"伪娘"，而是在六十一岁时立下了"君子报仇，十年不晚"的誓言，而且真的在十年之后报仇雪恨，把仇人拉下马，并且要了对方的命。

故事还得从曹操的孙子、魏明帝曹睿临终托孤说起。

公元239年，年仅三十四岁的魏明帝曹睿驾崩，逝世前任命曹爽和司马懿为辅政大臣，共同扶保太子曹芳。明帝之所以如此安排，是因为司马懿虽然能力超强，但没有曹氏血统，不能被完全信任，而曹爽则虽为曹魏宗室，但治国能力有限。

如明帝所料，曹爽在治国理政上确实不够成熟，后来的伐蜀兵败、抗吴失策就是最好的证明，但他争权夺利、胡作非为的本事却是相当不得了。

曹爽还没来得及跟司马懿合作就开始排挤这个老头子了，他想让尚书奏事先通过自己，以便专权，于是就向天子进言，改任司马懿（原为录尚书事的侍中）为大司马，其实他的这个做法还有一个不可告人的目的——以大司马之位克死司马懿，因为此前有好多任大司马都死在了任上。但司马懿在朝内威望很高，大臣们都上表反对让他担任大司马这个不吉利的职位，曹爽不得不又让小皇帝任命司马懿为没有实权的太傅，意图架空司马懿。

小皇帝曹芳尚未成年，不懂政事，对本家哥哥曹爽信赖有加，言听计从，而太后也不是那种控制欲望强烈的女强人，这更助长了曹爽及其几兄弟的嚣张气焰……

作为外姓辅政大臣的司马懿只得忍耐，忍耐，再忍耐。

曹爽兄弟专权的时间不是一天两天，不是一月两月，也不是一年两年，而是整整十个年头，司马懿忍耐的功夫在这漫长的时光里可以说修炼到了炉火纯青、无人能及的至境。

随着欲望的不断燃烧，野心的不断膨胀，曹爽兄弟渐渐地无所顾忌，无法无天，甚至有了以下犯上的行为。

据《晋书·宣帝纪》记载，齐王曹芳正始八年，即公元247年，曹爽用心腹何晏、邓扬、丁谧之谋，把郭太后迁到永宁宫，使皇帝母子分离，难通声息，一时之间，曹爽兄弟"专擅朝政，兄弟并掌禁兵，多树亲党，屡改制度"，变本加厉地排挤司马氏家族的势力。司马懿不能禁止，只得伪装生病，不问政事。"时人为之谣曰：何、邓、丁，乱京城。"

俗话说"人心不足蛇吞象"，这话在曹爽身上又一次应验了。曹爽见司马懿已经病得不上朝、不问政，甚至不清醒了，而自己已经是无人能管的无冕皇帝，便加紧了篡权的步伐。

公元248年三月，在宫内担任黄门的太监张当把先帝曹睿的才人石英等十一名后宫佳丽偷偷地送给了曹爽，"朋友妻，不可欺"那是道义，"皇帝妻，不可欺"那可是法律，但胆大包天的曹爽不但欺了，而且很快就有了要把皇帝拉下马，自己当皇帝的念头，于是就和他的兄弟手下们乘机跟张当更加紧密地勾结起来，即将做出危害国家社稷的行为。

"君子报仇，十年不晚"，公元249年，隐忍了整整十年的司马懿终于等来了为国家除害、为自家报仇的机会。

这一年的正月，魏帝曹芳离开都城洛阳去祭扫魏明帝的坟墓高平陵，大将军曹爽和他的兄弟中领军曹羲、武卫将军曹训都跟随前往。假装生病的司马懿乘机上奏被曹爽迁居永宁宫的郭太后，请废曹爽兄弟。

当时，司马懿的长子司马师官任中护军，率兵驻扎在司马门，控制着京都，司马懿又派部下凭借太后旨意接管了曹爽兄弟的军营，然后自己和太尉蒋济等勒兵出迎天子，驻扎在洛水浮桥，截断了曹爽的归路。

一切准备完毕，司马懿派人送奏章给魏帝曹芳，要求罢免曹爽兄弟。曹爽犹豫不决，最终为求活命而同意交出大权，以侯还第继续做"富家翁"。数日后，司马懿以谋反罪名族诛曹爽兄弟及其亲信。

司马懿凭借着非同寻常的忍耐精神，"十年磨一剑"，最终一试霜刃，成功制敌，在历史的舞台上笑到了最后……

# 长沙本来无战事

京剧《战长沙》是一出非常有名的武生戏，主人公是大家熟知的义薄云天的关老爷关云长和"老将出马，一个顶俩"的代表人物黄忠。

《战长沙》的故事情节一如《三国演义》第五十三回所写：刘备占据荆州，命关羽攻打长沙。守将韩玄命黄忠出战，黄忠马失前蹄被擒，但关羽将之释放。次日会战，黄忠箭射关羽盔缨，以报关羽不斩之恩。韩玄怒责黄忠通敌，将要把他斩首，这对魏延押粮归来，杀死韩玄，与黄忠同降刘备。

长沙之战的过程中，关羽的高傲仁义、黄忠的知恩图报、魏延的耿直莽撞、韩玄的性急多疑都得到恰到好处的体现，给读者留下了难以磨灭的深刻印象，但这四人其实都和长沙之战无关，因为长沙之战本身就是一场子虚乌有的战事，当时刘备得到长沙这座城池是"和平解放"，没有发生演义中和戏曲里那些精彩的战斗。

历史上的情形是这样的：公元209年，赤壁之战后，刘备乘虚南下，以诸葛亮为军师中郎将，亲自领兵南征。武陵太守金旋、长沙太守韩玄、桂阳太守赵范、零陵太守刘度见刘备所率军队挟战胜之余威，意气风发不可一世，都没敢抵抗，大兵一到就举旗归降了。

韩玄本来和金旋、刘度一样是个在历史上跑龙套的角色，但是却和赵范因为不同原因混出了些名声，赵范是因为"赵云不纳赵范嫂"那个故事，韩玄则是因为他手下的黄忠后来成了一代名将。

既然黄忠是历史名将，罗贯中在写《三国演义》时当然不能让他首次出场就是作为一个降将，于是虚构了关黄对刀、惺惺相惜、黄忠遭难、魏延造反这些跌宕起伏的精彩情节，在这些情节中，刚刚出场的黄忠有了自己比较鲜明的性格和相对立体的形象，而作为配角的韩玄和魏延也在读者心目中留下了非常深刻的印象。

魏延这个人物在历史上的最早事迹是"以部曲随先主入蜀，数有战功，迁牙门将军"，至于他此前的人生轨迹，咱们不知道，历史也没有记载，换句话说，他在长沙城的经历完全是虚构的。罗贯中这样写一来是为了让同为一代名将的魏延有一个让人眼前一亮的出场方式，二来是为以后写诸葛亮说魏延脑后有反骨埋下最早的伏笔。

# 梁山好汉官几品

梁山好汉中有不少人上山前是在官场任过职的，而古代的官员根据职位高低分成七品乃至九品，就像现在的公务员分为省部级、厅局级、县处级等等一样，那么，梁山好汉中的前公务员们身在官场时分别是什么级别的干部呢？闲来无事不妨按照出场先后的顺序来聊一聊这个好玩的话题。

鲁智深虽然上梁山的时间比较晚，但却是第一个出场的梁山"公务员"，当时他还没出家，名叫鲁达，身份是渭州小种经略府提辖。提辖乃是"提辖兵甲盗贼公事"的简称，为宋代一路（相当于现在的省）或一州所置的武官，根据《宋史·职官志七》记载，提辖主管军队训练、缉捕盗贼等事务，常以知州、知府兼任此职。

梁山好汉中有四个人曾经担任过提辖，鲁智深之外的三个人分别是杨志、索超和孙立，但他们四人的官职仍是有所不同的。鲁智深、杨志和索超是"省级"的经略府或留守司的提辖，而孙立当提辖时所属的登州是地市级行政单位。如此看来，武艺高强、能力超群的孙立在排座次时屈居地煞，没能和鲁、杨、索三人一样名列天罡，可能也有这方面的原因。

鲁智深出家后大闹五台山惹了众怒，不得不来到开封大相国寺看守菜园，在这儿，他结识了八十万禁军教头林冲。

八十万禁军教头这个名号乍一听蛮厉害的，其实它并不是管辖八十万禁军的总司令，而是八十万禁军成百上千的教头中的一个，具体说来，林冲只是个七八品的小武官，相当于现在的营长或者连长。

讲完林教头，就该说一说宋押司了。

押司是宋朝时期负责案卷整理和文书撰写的书吏，主要由知州或县令招募而来，大体相当于现在的秘书，宋江乃是郓城县第一押司，可以等同于如今的县政府秘书长。

按照宋朝的官吏制度，押司属于吏的范畴，用现在的话说，就是没有正规编制的体制外人员，在官面前是低人一等的，宋江之所以为人谦卑低调，谨小慎微，一个原因是本性使然，另一个原因就是作为小吏，他有着多年仰人鼻息的官场历练。

正如"野百合也有春天"，历代的相关制度都规定供职达到一定年限的书吏在经过人事部门的考核后可以得到升级为官的机会，这正是宋押司一直以来梦寐以求的东西，他宁愿远赴江州服刑也不肯上山入伙，正是因为还没有放弃有朝一日通过法定渠道"麻雀变凤凰"的"丰满理想"。

一百单八将中宋江有两个正牌同事，一是美髯公朱仝，一是插翅虎雷横，他们二人分别在郓城县做马弓手和步弓手，就像关羽张飞当年在刘皇叔坐平原时的职位一样。所谓马弓手和步弓手，其实就是县衙的都头，相当于现在的县公安局正副局长或刑警大队正副队长，也是个八品的芝麻官。梁山好汉里还有两人当过都头，一个是大家非常熟悉的武松武二郎，他曾任阳谷县都头，一个是大家不熟悉的青眼虎李云，曾在李逵的老家沂水县任过都头。

李逵、武松都是宋江非常信赖的人，花荣则是另外一个深受宋大哥信任的好兄弟，他在上山前是青州清风寨的武知寨，那么，知寨是一个什么样的官职呢？

知寨是巡检司寨巡检的别称，所以花荣所在的清风寨首先应指巡检司寨，然后才指依靠着巡检司寨而形成的那个集镇。宋代的县级治安由县尉和巡检负责，前者管理县城，后者巡视村镇，但从清风寨的特殊位置来看，他应该是青州府派出的机构，级别要比一般的巡检高一个档次，打个不很恰当的比方，就好像是现在的地级市新城区的公安分局。清风寨有文武两个知寨，文的为正，武的为副，行文至此，花荣的官职和我们现实生活中的哪个职务大体相当，想必大家都已经心中有数了吧。

梁山好汉中有两个人曾是花荣的上级，一个是霹雳火秦明，前青州指挥司兵马统制；一个是镇三山黄信，前青州兵马都监。因为现在青州为县级市，属于地级的潍坊市，所以，如果秦明和黄信生活在我们这个时代，前者担任潍坊军分区司令，后者的职务相当于是潍坊市人民武装部部长，都是非常牛的角色。顺便说一下，经过惨烈的南征方腊战役后，全身而退的天罡星级别梁山好汉们回京面圣时被封的官职主要就是各州都统制，秦明那时已经阵亡，否则就会面临转了一大圈又回到原点的尴尬。

排座次时紧随秦明之后的是双鞭呼延灼，这位老兄乃是大名鼎鼎的呼家将之后，他在上山前的官职也是都统制，任职地为汝宁郡，大概在现在的河南省信阳市。呼延灼比秦明要幸运得多，不但闯过了征方腊的生死关，而且后来被封为御营兵马指挥使，用现在的职位来套，就是北京卫戍区司令。

水泊梁山的五虎将已经提到了三位，另外两人即将登场——关胜和董平。

关胜是山西人，上山前在他的家乡蒲东府担任巡检一职。虽然关胜的巡检和花荣的知寨听起来大不相同，实际上这两个职位是一回事，如果说有什么差别，那就是关胜独立负责一寨的工作，不像花荣那样要受文知寨的掣肘。董平也是山西人，但他一直在山东为官，职位是东平府的兵马都监，和曾在青州任职的黄信平起平坐，不分上下。

在三十六名天罡星中，还有两个在监狱系统工作过的人士：神行太保戴宗和病关索杨雄。前者是江州两院押牢节级，相当于如今的江西省九江市监狱长；后者是蓟州两院押狱，兼充市曹行刑刽子，这个身份很是奇怪，放到现在，就是市级监狱一把手竟然兼任执行死刑的枪手。

虽然梁山好汉中曾经的朝廷军官小吏们在上山前品级都不算高，可是他们加入造反大军却并非为了将来升官发财，只是寻条活路而已，等梁山人马跟随宋江接受朝廷招安时，他们才又有了为国效命、封妻荫子的远大理想。然而，被权奸控制的朝廷却一门心思地把他们往死路上赶，先是北伐辽国，接着又马不停蹄地南征方腊，结果十停折了七停。死里逃生的三十几个梁山好汉胜利回京后倒是都得到了朝廷的封赏，但执着于品级官位的大多死于非命——宋江、卢俊义饮鸩而亡，李逵被宋江拉了垫背，吴用、花荣自缢而死，呼延灼战死沙场，关胜酒后坠马；放弃了高官厚禄的公孙胜、柴进、李应、戴宗、李俊、阮小七、燕青则都得以善终，其中况味，颇为耐人寻味……

# 浪子燕青的原型竟然是他？

浪子燕青是我们非常熟悉的一个水浒人物，他英俊潇洒，勇敢智慧，武艺精妙，忠义双全，几乎是一个十全十美、毫无瑕疵的男神形象，那么这个文学典型是从天上掉下来的，还是从史书中走出来的呢？换句话说，浪子燕青在历史上有没有人物原型呢？

在燕青生活的北宋末年，还真有一个外号叫作"浪子"的历史人物，但这个家伙却绝对不是只好鸟，完完全全是个坏蛋，谁呢？与著名奸臣蔡京、童贯并称"六贼"、被百姓们讥讽为"浪子宰相"的大奸臣李邦彦。

虽然燕青和李邦彦在人们心目中的形象有着天壤之别、不可同日而语，但他们还真有一些相似的地方。

先来品读一下《水浒传》中燕青刚出场时对他才情容貌的描写：

……不则一身好花绣，那人更兼吹的，弹的，唱的，舞的，折白道字，顶真续麻，无有不能，无有不会。亦是说的诸路乡谈，省的诸行百艺的市语，更且一身本事，无人比的……唇若涂朱，睛如点漆，面似堆琼。有出人英武，凌云志气，资禀聪明。

再去看看《宋史》中对李邦彦外表能耐的介绍：

邦彦俊爽，美风姿，为文敏而工。然生长闾阎，习猥鄙事，应对便捷；善讴谑，能蹴鞠，每缀街市俚语为词曲，人争传之，自号李浪子。

　　另外，两人都出身于地位卑微的草根阶层，燕青"自小父母双亡，卢员外家中养的他大"，李邦彦的老爸李浦则是一个制作银器的手工艺人。

　　但是，如果就此论定李邦彦是燕青的人物原型，证据明显不足，而且难以为人们所接受。其实，燕青身上还有当时的另一个邦彦的影子，此人就是大词人兼音乐家周邦彦，就是写下"水面清圆，一一风荷举""风老莺雏，雨肥梅子"等名句的那位大才子。

　　众所周知，燕青与北宋名妓李师师一见钟情、一往情深，乃至一生相许，而且风流皇帝宋徽宗也深陷他俩的情丝爱网之中，三人一起写就了一段英雄、美人、天子的传奇三角恋。其中最传奇的地方当是他们仨在李师师香闺中意外邂逅，燕青面对徽宗皇帝，先是为自己得到了一纸赦作护身符，继而代表梁山好汉，特别是宋江，倾诉了一片忠君报国之情，从而成功开启了水泊梁山的招安大业。这个故事见于《水浒传》第八十一回，名字就叫"燕青月夜遇道君"，道君者，宋徽宗赵佶也。

　　"燕青月夜遇道君"可能出自施耐庵的创造，更可能来自大词人周邦彦的传奇经历。

　　如果说燕青与李师师是英雄美女组合，那么周邦彦与李师师则是才子配佳人。话说一个霜寒露冷的秋夜，周、李二人正在"锦幄初温、兽烟不断"的温馨惬意中"相对坐调笙"，忽然，侍女来报皇帝陛下即将圣驾光临。此情此景之下，周邦彦只得收拾起兴致悻悻然离开，让心上人梳妆打扮等待正从地道兴冲冲而来的道君皇帝。

　　周邦彦离开后，心中百感交集，辗转难眠，这才有了那首流传至今的《少年游》：

　　　　并刀如水，吴盐胜雪，纤手破新橙。锦幄初温，兽烟不断，
　　相对坐调笙。

　　　　低声问：向谁行宿？城上已三更。马滑霜浓，不如休去，直

是少人行。

周邦彦与燕青虽都是李师师所爱之人，而且都有音乐之长，但毕竟一个是弱不禁风的文士，一个是金戈铁马的侠客，若说周邦彦是燕青的人物原型，举手反对者肯定远远多于鼓掌赞成者。

其实，最可能成为燕青原型的是太行山的抗金英雄梁兴。

将燕青与梁兴联系起来的是南宋大画家龚开代表作《宋江三十六人画赞》中燕青名下的赞词，道是"平康巷陌，岂知汝名？太行春色，有一丈青"。关于"太行春色，有一丈青"的具体含义，仁者见仁智者见智，意见难以统一，但可以肯定的是，燕青和他那个时代活跃在太行山一带的抗金英雄梁兴有着非常密切的关系。

为什么这么说呢？

其一，梁兴还有一个名字叫梁青，与燕青只有一字之差。

其二，梁兴深受抗金军民爱戴，大家都亲切地叫他"梁小哥"，而燕青在梁山上则被兄弟们称为"小乙哥"，这两个称呼何其相似！

其三，梁山好汉以十停折了七停的代价讨平方腊回京受赏时，只有一人看破功名利禄，独自飘然而去，这个人就是燕青；无独有偶，宋高宗降下十二道金牌命令岳飞班师回朝时，岳家军中只有一员大将敢于违背圣旨继续北上抗金，这就是梁兴。虽然一个是去，一个是留，但都显示出他们不慕权势、特立独行的高风傲骨，正所谓"唯大英雄能本色，是真名士自风流"！

其四，梁兴做出北上太行独自抗金的抉择之后，曾经在大名府等地大败金人，并且成功劫获过金人的马纲和粮帛纲，这应该就是《水浒传》中"智取生辰纲"故事的源头。看到这里，有朋友可能会问，"智取生辰纲"和燕青有什么关系呢？殊不知，在作为水浒之源的《大宋宣和遗事》中，"智取生辰纲"的八个人不是《水浒传》所写的晁盖、吴用、公孙胜、刘唐、三阮和白胜，而是晁盖、吴加亮（即吴用）、燕青、秦明、刘唐、阮进、阮通和阮小七。

不知为什么，在水浒故事演变发展的过程中，燕青最终离开了"智取生辰纲"这一精彩桥段，成了卢俊义身边的"我那一个人"，对于喜欢燕青的读者来说此乃一大遗憾也，因为如果燕青一直留在"智取生辰纲"小团体之内，他在排座次时的名次应该会远远高于现在的第三十六位。

# 题外篇

# 上古八姓今何在

我们中国人是一个非常重视姓氏的民族，同时也拥有历史悠久、丰富多彩的姓氏文化。中华民族早在四五千年前就已经有了姓氏的概念，那个时候的姓在数量上比如今要少得多，而且有着特别鲜明的个性，上古八姓就可以作为典型的例子。

上古八姓之中有四个是我们非常熟悉或比较熟悉的——姜、姚、姬、嬴，另外四个则像神秘的四姐妹一样是绝大多数现代人听都没听说过的，它们分别是姒、妫、妘、妘。

姒姓乍闻之下似乎挺陌生的，但如果提起"四大美女"中排名第二的褒姒（另外三位是妲己、西施和杨玉环），大家对这个姓应该会有似曾相识之感。实际上，褒姒并非一个女孩的芳名，它只是一个类似于谥号的称呼——褒代表她的故乡褒国，姒是她那个家族的姓。

姒姓现在已经难得一见了，但当初可是天下第一大姓，因为中国历史上第一个朝代夏朝的国姓就是姒，大名鼎鼎的治水英雄大禹即是姒姓。传说大禹的母亲修己在食用了薏苡（就是现在常见的薏仁米）后幸运地怀孕并且生下了大禹，所以，当大禹历尽千辛万苦，光荣完成治水大任时，舜帝就根据薏苡创造了一个全新的姒字，然后将这个字赐给大禹作姓，以纪念修己这位生下治水英雄的了不起的母亲。

大禹建立夏朝时，分封了不少的同姓诸侯国，比如上面提到的褒国、西周东周交替之际和褒国一样非常活跃的缯国、卧薪尝胆的勾践所属的越国等，现在的夏、曾、鲍、欧阳等姓氏都是从姒姓衍生而来的。时至今日，姒姓主要集中在浙江省绍兴市的禹陵乡，他们几千年来一直在坚守护卫禹王陵的崇高职责。

姒姓一族在西周时期出现了一位大美女，同为上古八姓之一的妫姓一族则在东周时期出了一位大美女，她就是后来经常在诗词中被歌咏的息夫人。息夫人又称为息妫，这是一个和褒姒相似的名号——息代表她所属的息国，妫则是她娘家的姓。

息夫人是息国国君的正妃，她的母国乃是妫姓的陈国。陈国的第一任君主名为妫满（又称胡公满），他在周武王分封诸侯时因为功劳和特殊身份得到了位于现在河南东部中段的陈地。妫满的身份之所以特殊，有两个原因：其一，他是舜帝的第三十三代孙；其二，他是周文王长女大姬的丈夫，即周武王的大姐夫。

在成为君主之前，舜帝曾经被尧帝封到妫地（在今山西西南部），所以，他的一部分后代就以妫为姓。妫姓后来衍生出陈、胡、田、孙、王、陆、袁、薛、车等姓氏，军事家孙武、孙膑，田氏齐国（即战国七雄中的齐国）的建立者田和，"战国四公子"之一的孟尝君都是妫姓后人。

顺便说一下，有些姓氏主要来源不止一个，比如王姓，其中既有来自姬姓的，也有来自妫姓的，还有来自子姓（商朝的国姓）的；再比如吴姓，其主要来源有四个，分别是姜姓、姚姓、姬姓和祝融氏。

和姒、妫相比，妊、妘二姓更为冷僻少见，简直可以说是在被历史遗忘的角落了。妊姓出现在黄帝给儿子赐姓一事中：黄帝之子二十五宗，其得姓者十四人，为十二姓，姬、酉、祁、己、滕、箴、妊（任）、荀、僖、姞、儇、依（衣）是也。妘姓则见于有关祝融八姓的记载：祝融（传说中的火神）之后，为己、董、彭、秃、妘、曹、斟、芈等八姓。值得一提的是，楚国君王所属的芈姓赫然在祝融八姓之列，由此可知，楚国宗室和妘姓都是火神祝融的后裔。

姒、妫、妊、妘四姓之中实力最强的是妫姓，因为它衍生出的姓氏最多，而且陈、胡、孙都是人口超过一千万的大姓，尤其陈姓堪称超级大姓，凭借七千万的人在人口大姓中排名第五，仅位列李、王、张、刘之后。但是，和姬姓相比，妫姓就绝对是小巫见大巫了。

姬姓开创了中国历史上最长的朝代周朝。周朝从公元前1046年一直延续到公元前256年，足足有七百九十年，在它面前，汉唐宋明等王朝都不得不甘拜下风。灭掉商朝的周武王姬发论功行赏、封土赐爵时，分封了五十多个同姓诸侯国，比如晋国、燕国、鲁国、卫国、曹国、蔡国等等，某个诸侯国灭亡后，该国的宗室往往把国号作为自己的姓氏以示纪念，然后又会衍生出新的姓氏，因此，源自姬姓的姓氏为数众多，多达四百十一个，占了《百家姓》（共五百零四个姓）的五分之四强，而且其中包括张、王、李、刘这四个超级大姓。

按照现存古代典籍的记载，姬姓起源于黄帝，和黄帝并称的炎帝则是姜姓的始祖。《国语·晋语》记载："昔少典娶于有蟜氏，生黄帝、炎帝。黄帝以姬水成，炎帝以姜水成。成而异德，故黄帝为姬，炎帝为姜。"姜水在今陕西宝鸡，但关于姬水的地理位置，说法不一，一说在河南中部，一说在关中地区，一说在陕西北部。

上古八姓之中，姜姓的实力仅次于姬姓，《百家姓》中有一百零二个姓来自这个古老的姓氏，比如吕、许、谢、纪、丘、卢、淳于、东郭、公牛等。值得一提的是，《百家姓》中共有六十一个复姓，其中三十八个来自姜姓，比例在一半以上，这是一个有待进一步探讨的问题。

黄帝之后的君主是他的孙子颛顼，而颛顼的玄孙伯益则是嬴姓的始祖。伯益在舜帝手下任职，负责全国的畜牧业，因为工作出色而被舜帝赐以嬴姓。嬴姓衍生的姓氏虽然在数量上远远不如姜姓，但其中包含赵、黄两个大姓，人口都在三千万左右，此外，徐、马、梁、江、秦、葛、谷、缪、廉、钟、费、瞿等姓氏也都出自嬴姓，与赵、黄并称为嬴姓十四氏。

赢姓在战国时期是颇为风光牛气的，战国七雄中的秦国和赵国都是赢姓政权，而且秦国最后完成了一统华夏的历史伟业。

舜帝是颛顼之后的第二个君主，中间隔着尧帝，他不仅是妫姓的始祖，也是姚姓的第一先人。舜帝的一部分后人以妫为姓是因为他居住在妫水沿岸的妫邑，另一部分后人以姚为姓是由于他出生在一个名为姚墟的地方，据唐代古籍《括地志》记载，姚墟在如今的河南濮阳境内。

最后说一下笔者不成熟的看法。窃以为，上古八姓都是以女字旁作为部首的，这应该意味着它们都诞生于母系氏族时期，也就是说它们的出现要早于以黄帝、尧、舜为代表的五帝时期，要早于以大汶口文化为象征的父系氏族时期，换句话讲，从古代流传至今的上古八姓分别始于炎黄尧舜等明君名臣之说法很可能都有为抬高身价而乱认祖宗的嫌疑……

# 黄帝、炎帝、蚩尤究竟是什么关系

如果细读一下司马迁在《史记》中对黄帝人生经历的描写，我们会对黄帝、炎帝、蚩尤的关系有一个崭新的认识。

《史记》的第一部分《五帝本纪》是这样记载黄帝的奋斗历程的：

> 黄帝者，少典之子，姓公孙，名曰轩辕。生而神灵，弱而能言，幼而徇齐，长而敦敏，成而聪明。
>
> 轩辕之时，神农氏世衰，诸侯相侵伐，暴虐百姓，而神农氏弗能征。于是轩辕乃习用干戈，以征不享，诸侯咸宾从。而蚩尤最为暴，莫能伐。
>
> 炎帝欲侵凌诸侯，诸侯咸归轩辕。轩辕乃修德振兵，治五

气，艺五种，抚万民，度四方，教熊、罴、貔、貅、豸区、虎，
以与炎帝战于阪泉之野，三战，然后得其志。

蚩尤作乱，不用帝命。于是黄帝乃征师诸侯，与蚩尤战于涿
鹿之野，遂禽杀蚩尤。而诸侯咸尊轩辕为天子，代神农氏，是为
黄帝。

在我们的印象里，黄帝、炎帝和蚩尤的三角关系是蚩尤欺负炎帝，炎帝向黄帝求助，黄帝和炎帝联合起来把蚩尤打死了，然后炎黄之间又发生了内讧，最后炎帝吃了败仗，承认了黄帝的大哥地位。但是，根据司马迁在《五帝本纪》中的描述，黄帝发起战争不是为了帮助炎帝，而是为了维护神农氏的"天下共主"之位，而且，首先和黄帝兵戎相见的竟然是炎帝而不是蚩尤，另外，黄帝攻打蚩尤时率领的不是炎黄联军而是多国部队。

这段关于神农氏、黄帝、炎帝、蚩尤的历史文字，让笔者想起了另外一组历史人物——周天子、齐桓公、楚成王和戎狄部落的首领。

东周时期，周王室日渐没落，周天子的权威和地位一代不如一代，这和当初"神农氏世衰"的情形应该说是大同小异，相差无几。此种形势之下，齐桓公打出了"尊王攘夷"的大旗，并且借此开始了争霸天下的宏图大业，而黄帝当初凭借"习用干戈，以征不享"而赢得"诸侯咸来宾从"的战果，和齐桓公所作所为何其相似乃尔！

齐桓公争霸时有一个强劲的对手。谁呢？楚成王。但后者采用的手段不是"尊王攘夷"，而是吞并弱小的邻近国家。无独有偶，当黄帝扩大自己的势力范围时，另一个大诸侯炎帝却在通过"侵凌诸侯"来扩张自己的地盘，这一点和楚成王如出一辙。

另外，从《史记》的记载来看，炎帝的帝号似乎是自封的，不像黄帝一样得到了诸侯的认可和尊奉，这一点也和楚成王有相似之处——楚成王的爷爷楚武王是历史上第一个自封为王的诸侯。顺便说一下，在称王这个

事上，楚国比秦齐燕赵魏韩等国要早得多。

黄帝代替神农氏征讨不朝贡的诸侯时，遇到的最难啃的骨头是九黎族首领蚩尤，而齐桓公在"尊王攘夷"的过程中则经历了来自戎狄部落的巨大挑战。齐桓公率领多国联军成功阻止了戎狄等游牧民族对中原地区的侵扰，在"尊王"作业勉强及格的同时圆满完成了"攘夷"的作业。黄帝和蚩尤展开的是一场你死我活的历史大决战，最终，黄帝擒杀蚩尤，一统天下，取代了神农氏的"天下共主"之位。

有了这番比较，我们可以认定，齐桓公争霸的历史在某种意义上就是黄帝、炎帝、蚩尤那段历史的重演，如果说有什么大的不同的话，那就是和黄帝相比，齐桓公在理想抱负上走得不够远，他只满足于和周天子双峰并峙，各得其所，而黄帝则把神农氏取而代之，一枝独秀起来了……

黄帝、炎帝、蚩尤的历史传奇不但和炎黄子孙的起源息息相关，而且促成了几个古老民族的形成。蚩尤被杀死后，群龙无首的九黎族大部分逃进了南方的崇山峻岭，在那里形成了我们所熟知的苗族。炎帝折戟求和后，他所属的姜姓部族有一小部分不愿意和黄帝合作，于是就跑到了西南部偏远的高原山地并在那儿定居下来，其中一支一直保持着姜姓部族的纯洁性，形成了羌族；另外几支和当地的土著杂居融合，形成了今天的藏族和彝族。

# 神秘的公元前475年

熟悉历史的人都知道，东周分为春秋战国两个阶段，春秋时期始于公元前770年，终于公元前476年；战国始于公元前475年，终于公元前221年。公元前770年是周平王迁都洛邑的年代，公元前221年是秦始皇统一中国的时间，那么，公元前475年有什么特殊意义呢？

春秋战国的这种划分方法始于史学大师司马迁，《史记·六国年表序》中是这样说的：

> 田常杀简公而相齐，诸侯晏然弗讨，海内争于战功矣。三国终之而卒分晋，田和亦灭齐而有之。六国之盛，自此始……秦既得志，烧天下诗书，诸侯《史记》尤甚，为其有所刺讥也……独有《秦记》；又不载月日，其文略不具。然战国之权变，亦有可颇采者……余于是因《秦记》、踵《春秋》之后，起周元王，表六国时事，讫二世。

上述所引的前两句话说的是公元前5世纪发生的两个重大历史事件：公元前481年，齐国大夫田常杀死国君齐简公，取得齐国大权，天下无人来管。公元前453年晋国的韩、赵、魏三卿灭智氏瓜分其地，三分国权，晋国国君名存实亡。

这两件大事发生的时间段是公元前481年到前453年，那么，司马迁为什么把春秋战国的分界点选在公元前476年和前475年之间呢？根据他的说法，他是在天下史籍被秦始皇烧光的情况下，凭借秦国的有年而无月日的历史记载，继《春秋》所记历史的最晚年代之后，选择周元王元年（前475年）作为起点来记叙"六国时事"的。

关于春秋、战国的分界，支持司马迁的人不在少数，不同意他的看法的也大有人在，以新中国成立前后的历史学界为例：郭沫若是司马迁的拥趸，他认为战国应该始于公元前475年；翦伯赞认为春秋战国应该衔接起来，所以他以公元前476年作为战国时期的起点；范文澜认为"战国七雄"真正形成的时间是公元前403年，因为在这一年韩、赵、魏瓜分晋国，并得到周天子的承认成为诸侯国，所以他把这一年定为战国时期的起点；吕祖谦认为应该把孔子《春秋》绝笔的鲁哀公十四年（前481年）作为春秋战国的分界；林春溥则认为应以《左氏春秋》的纪事终结年（前468年）作为战国的开始。

我们的教科书之所以将公元前475年定为战国时期的开始，原因可能有二：其一，司马迁在中国史学史上绝对是个空前绝后的人物（人们有时会称其为"史迁"，这意味着司马迁已经成了历史的化身），所以，他的论断应该大有道理。其二，挺司马迁的郭沫若在上述五个人中名头最响、影响最大。

于是，公元前475年登堂入室，进入教科书，拥有了一份独特的神秘色彩。

# 杨柳其实是一种树

杨柳是古代诗词中最常见的意象之一，比如《诗经》中的"昔我往矣，杨柳依依，今我来思，雨雪霏霏"，南朝诗人笔下的"水逐桃花去，春随杨柳归"；比如刘禹锡的"杨柳青青江水平，闻郎江上唱歌声"，郑谷的"扬子江头杨柳春，杨花愁煞渡江人"；再比如柳永的"今宵酒醒何处，杨柳岸，晓风残月"，欧阳修的"庭院深深深几许，杨柳堆烟，帘幕无重数"，一代伟人毛泽东也曾写下"春风杨柳万千条，六亿神州尽舜尧"的传世名句。

但是，如果您想当然地以为古诗中的杨柳是指高大的杨树与婀娜柔美的柳树，那就大错特错了。在古人的概念里，杨柳其实指的是一种树，什么树呢？就是我们在公园广场、街边水畔经常见到的垂柳。

那么，杨柳专指柳树与杨树无关的证据何在呢？

我国最早的词义学专著《尔雅》中的《释木》篇有如下记载："柽，

河柳；旄，泽柳；杨，蒲柳。"西汉学者毛亨在为《诗经》所作的《毛传》里则有更为直接的表述："杨柳，蒲柳也。"但是，如果我们把古诗中的杨柳理解成蒲柳，也是不合理的，因为蒲柳是一种生在水边、长不高的灌木，这和诗词中杨柳随风空中招展的意象是不相符的，因此，古代诗人词客心目中的杨柳应该是和蒲柳一样经常生在河边湖畔的垂柳。南朝梁元帝萧绎的《折杨柳》一诗可以为证："巫山巫峡长，垂柳复垂杨。同心且同折，故人怀故乡。"诗中的垂杨当然也是指垂柳，理由不言自明，有谁见过枝叶下垂的杨树呢？

杨柳是指柳树而不指杨树和柳树，还有一个广为人知，其中奥妙却被人忽视的趣例。

这个趣例来自成语"百步穿杨"。"百步穿杨"的故事是这样的：春秋时期楚国有一个名将叫养由基，他箭法超群，百发百中，往往一箭就能制敌致胜，故而人称"养一箭"。养由基曾经在战场上创下过一箭射透七层铠甲的空前奇迹，但他最为人喜闻乐道的则是百步穿柳之能，所谓百步穿柳就是只要你给柳树上的任何一片叶子做上标记，养由基即能在百步之外毫无悬念地射中那片柳叶。

养由基百步射柳的事迹在《战国策》和《史记》中都有明确记载，具体内容大同小异，现引《史记》中的文字作为例证："楚有养由基者，善射者也，去柳叶百步而射之，百发而百中之。"这就证明了"百步穿杨"中的"杨"是指绿柳，非指白杨。既然"百步穿杨"中的杨都是柳树，那么古文里的杨柳单指柳树，而非指杨树和柳树就应该是不争的事实了。

# 也说"民之于仁也，甚于水火"

2011年6月23日的《新民日报》"夜光杯"栏目登载了白子超先生的《"民之于仁也，甚于水火"》一文。白先生的文章虽有一定道理，但对"民之于仁也，甚于水火"的解读好像还是不够通顺，笔者在此不揣浅陋，愿意和诸位交流一下对这句古语的理解。

大多数学者认为这句古语意为民众对于仁的需要，比对于水火的需要更急切；南怀瑾大师的解读是：认为民众害怕仁比害怕水火更甚；白子超先生的理解则是：民众远离仁比远离水火更甚。

相对来说，第三种解释更为通顺，但如果就此认为孔子说这句话目的在于批评民众无知，不知仁为何物，则很值得商榷。

这句话是孔子在和卫灵公交谈时说的，那么我们就应该先考察一下当时的背景。

公元前496年，孔子因为受到执政大贵族季孙氏的冷落排挤，被迫离开鲁国来到卫国。孔子之所以选择卫国，一是因为卫鲁两国相距较近，二是因为他可以通过徒弟子路的亲戚见到卫灵公。孔子和卫灵公会面的目的当然不是喝喝茶、聊聊闲天那么简单，他是想让卫灵公接受他的学说，在卫国实行"仁政"，这才有了"民之于仁也，甚于水火"这句话的诞生。

那么，在这句古语中，"水火"是指什么呢？当然不是"饮用之水，烧饭之火"，也不是一般的"患难困苦或危险"，而是猛于虎的苛政带来的水深火热的生活，所以，孟子才会在《梁惠王下》中指出："以万乘之国伐万乘之国，箪食壶浆以迎王师，岂有他哉？避水火也。"

这样，"民之于仁也，甚于水火。水火，吾见蹈而死者矣，未见蹈仁而死者也"，这句话就好理解了，民众和仁政之间的距离远远大于他们和苛政之间的距离，也就是说，仁政离百姓很远，而苛政却近在咫尺。我见过君王有因为施行苛政而国破身亡的，却从来没听说那个君王因为实行仁政而身首异处的。

很明显，孔子是想用这句话来说服卫灵公施行仁政，而非借此批评民众无仁，但卫灵公对孔子的仁政学说无动于衷，不感兴趣。结果，孔子在做了一番努力却发现徒劳无功之后，不得不离开卫国继续他的周游列国寻找伯乐之旅。

按照古今通行说法，孔子说"民之于仁也，甚于水火。水火，吾见蹈而死者矣，未见蹈仁而死者也"，这句话的目的在于"勉人为仁"，这个思路是对的，但孔子说这话时所面对的不是一般人，而是一国之君卫灵公，所以，他的目的应该是"勉君为仁"，而这与他奔波游走各国、宣传仁政学说、渴望君主赏识、期待建功立业的人生经历是无论如何也分不开的。

# 四川原来是个郡

现在，一提起四川，大家就会想起川菜、川剧、大熊猫，想起遥远神秘的大西南，但是，如果我们穿越时光隧道回到两千多年前去寻找四川，彼时的向导会指引着我们走向东部的黄淮地区，因为在秦朝和汉朝初年，四川是黄河和淮河之间的一个郡。

公元前221年，秦始皇统一六国，将全国分为三十六个郡，四川郡就是其中之一。此郡之所以以四川命名，是因为其境内有淮水、泗水、沂水和濉水这四条河流。

在秦末汉初那个风云动荡、群雄逐鹿的历史时代，很多重大事件都和四川郡有着密切关系。

秦始皇刚驾崩，陈胜、吴广就在蕲县大泽乡斩木为兵，揭竿为旗，点燃了秦末农民大起义的熊熊烈火，这个地方不在别处，就位于四川郡中北部，即现在的安徽省宿州市。

如果说陈胜、吴广是秦末农民起义前期的两个领军者，那么后期的代表人物则非刘邦、项羽莫属，碰巧的是，他们两个的家乡都在四川郡。

刘邦出生在沛县的丰邑（今江苏丰县），参加起义前是泗水亭的亭长，那时候的邑就是现在的乡镇，而亭则大体相当于人民公社时期的大队。项羽是下相县（今江苏宿迁）人，后来跟随叔父项梁到会稽郡的吴中（今江苏苏州）谋生，并在那里起兵反秦。

推翻秦朝后，作为楚军一把手的项羽分封了十八个诸侯国，其中就包括刘邦的汉国和他自己的西楚国。项羽认为"富贵不还乡，如锦衣夜行"，所以，他把他的封国安排在故乡下相县所属的四川郡以及第二故乡吴中所属的会稽郡和周围的另外几个郡，都城就定在四川郡的彭城（今江苏徐州）。

为了与陈胜建立的张楚以及后楚怀王熊心名下的楚国相区别，项羽把他创建的楚王国称为西楚，同时自命为西楚霸王，遗憾的是，代表日落的"西"字像不祥的谶语，项羽最终英雄末路。

长达四年的楚汉战争最终以刘邦胜出、项羽失败而告终，刘邦阵营的第一功臣韩信先是被封为齐王，后又改封楚王，领土正是项羽的西楚国的中心地带，其中当然包括西楚国都彭城所在的四川郡。

后来，韩信因罪被贬为淮阴侯，他曾拥有的楚国被一分为二，成了两个王国：一个称为荆国，归到了刘邦的同族弟兄刘贾名下；一个仍然叫楚国，国主是刘邦同父异母的弟弟刘交。

四川郡有幸被划到了刘交的楚国，之所以说其"有幸"，一则因为荆国几年后陷入了战乱，二则因为楚国，特别是位于四川郡的国都彭城，在刘交治理下很快成了当时的文化中心。

刘交是刘邦四兄弟中文化水平最高的，而且文武双全，深受三哥刘邦喜爱。刘交年轻时曾经跟随荀子的高徒浮丘伯学习《诗经》等古代典籍，以鲁诗（鲁派《诗经》）名世的申培公就是他的同窗好友之一。

刘交做了楚王后，一方面把申培公、穆生、白生等同学邀请到彭城讲学授徒，传播儒家文化，另一方面送二儿子刘郢客到京城长安向浮丘伯求学，他自己也在公务之余继续研读《诗经》，并且为之作注，这就是和鲁诗、齐诗、韩诗、毛诗等并称的元王诗（刘交又称楚元王）。四川郡在其后的二十多年内一直是天下士子心中最向往的理想国。

公元前154年，刘交的孙子刘戊在位的时候，"七国之乱"爆发了，而楚王刘戊就是参与叛乱的七个诸侯王之一。刘戊为什么要造反呢？据《史记》记载，他在薄太后大丧期间荒淫无度，汉景帝闻讯大怒，要削减他的领地，正好这时吴王刘濞（刘邦二哥刘仲的儿子）约他起兵"诛晁错，清君侧"，于是，他就和刘濞相互勾结打起了造反的大旗，结果弄了个兵败自杀，被仓促地埋进了还没完工的狮子山楚王陵。

汉景帝平定了"七国之乱"后，本来要废除楚国这个诸侯国，但考虑到楚元王刘交功勋卓著、受人敬重，就把四川郡的一半留给刘交的儿子刘礼，将他立为新楚王，同时把另一半改为沛郡，以表示对汉高祖刘邦出生地沛县的敬意。

时值公元前153年，从这一年起，四川郡就从历史上消失了，四川这个词也逐渐被人们遗忘了。

有意思的是，公元1001年，即北宋咸平四年，大西南的巴蜀地区分为益州、梓州、利州、夔州四路，合称"川峡四路"，后来就慢慢变成了

"四川"。于是，四川这个消失了一千一百多年的地名又凤凰涅槃般重生，并且一直沿用到21世纪的今天。

# 那条被忽视的大河

众所周知，汉族这个称谓来源于和罗马帝国双峰并峙、屹立东方四百余年的大汉朝，汉朝之所以以"汉"字立国乃是因为刘邦当年曾被封为汉王，汉王之"汉"则来自于刘邦当时在分封中获得的汉中之地，那么汉中是怎么得名的呢？原来此地恰好位于汉江的中上游，而最初设郡的时候是以其中游为中心的，故而被命名为汉中。

这样一路溯本清源向上追查，我们会有点意外地发现汉族之"汉"归根结底是从汉江之"汉"那儿来的。

实际上，汉江在我国的传统文化中是有着非常重要、非常特殊之地位的。

婉约派大词人秦观在他的代表作《鹊桥仙》中曾经写下如此的优美词句："纤云弄巧，飞星传恨，银汉迢迢暗度，金风玉露一相逢，便胜却人间无数。"相信很多人都知道其中的银汉就是银河，可是，如果问为什么银河被称为银汉，相信能给出答案的人就凤毛麟角、屈指可数了。在此，笔者愿不揣冒昧做一番推断——在晴朗的夜晚，我们仰望星空，会发现天宇中间的银河从左向右流淌，轻度倾斜，偶有曲折，和汉江的情况基本一致，而且汉江恰好位于神州大地的中部，这应该就是银河被称为银汉的关键所在。

伟大的爱国诗人屈原的《渔父》一诗中有这样的名句，"沧浪之水清兮，可以濯我缨；沧浪之水浊兮，可以濯我足"，但其实这并非屈原的创作，而是最晚在孔子时代就已经流行于楚国一带的《沧浪歌》。那么，歌中咏唱的沧浪之水在什么地方呢？据《尚书·禹贡》记载："嶓冢导漾，东流为汉。又东为沧浪之水。"遗憾的是，《尚书》的作者没有明确指出哪段河或哪条河被称为沧浪之水，所以后世有了汉江下游说、均水说、夏水说三种不同的结论，但是，沧浪之水属于汉江流域是毫无疑问的，因为均水和夏水都是汉江的支流。

另外值得一提的是，均水汇入汉江的地方就是现在湖北省的丹江口水库，也就是南水北调中线工程的水源地，也就是说，华北平原的老百姓们通过南水北调工程喝到的正是那两千五百年前的古歌中深情吟唱的沧浪之水。

汉水还是很多历史大事的见证者。

伟大诗人屈原曾经几次遭谗流放，而汉江以北就是他第一次被流放的地方；王莽末年，流民领袖王匡、王凤在汉江流域的绿林山掀起了农民大起义的狂飙巨浪；三国时期，关羽水淹七军，斩庞德，擒于禁，威震华夏的精彩戏码就在汉江这个大舞台上演；东晋中期，名将朱序和他的母亲韩老夫人坚守襄阳的感人事迹也发生在汉江岸边。

到了大唐王朝，诗歌风靡天下，汉江有幸成了唐诗中的主角之一，与其有关的诗作虽说算不得俯拾皆是，但绝对不在少数，比如初唐宋之问的《渡汉江》、盛唐王维的《汉江临泛》、崔颢的《黄鹤楼》（中有"晴川历历汉阳树，芳草萋萋鹦鹉洲"之名句）、中唐韦应物的《淮上喜逢梁州故人》（中有"江汉曾为客，相逢每醉还"之语）、晚唐温庭筠的《送人东渡》（中有"高风汉阳渡，落日郢门山"之句），而李白和孟浩然在汉江之上乘舟往往来来的身影更增添了这条大河的诗情歌韵、文采风流。

唐代之后，汉江依然在历史舞台上扮演着非常重要的角色。两宋之交，吴玠、吴璘兄弟二人曾在汉江流域英勇抗金，屡立战功；宋元相交之际，悲壮干云的襄阳保卫战就发生在汉江两岸；明朝末年，李自成和张献忠之间的双雄会在汉江边的谷城举行；公元1911年，辛亥革命的第一枪武昌起义在汉江汇入长江的地方打响……

现在，提起汉江，人们一般会想到它是长江最长的支流，而往往意识不到汉江与汉民族之间的密切关系，同时也忽略了这条大河在中国历史上所具有的重要地位。在这个意义上，如果我们说汉江是一条被忽视的大河或者一条没有被足够重视的大河，应该不算无中生有吧！

# 海昏侯的火锅宴上涮什么

2015年，江西的考古工作者在南昌的汉代海昏侯墓发掘出了总共75枚马蹄金和金饼，并且发现了一尊类似现在火锅的青铜器。于是，笔者脑海中闪出了这样一个问题：两千多年前海昏侯的火锅宴上都会涮些什么东西呢？

现在我们涮火锅时的主要食材包括羊肉片、牛肉片，白菜、菠菜、小油菜，豆腐、粉条加面条，土豆、萝卜、地瓜等等，这些东西虽然不是什么山珍海味、奇物异宝，其中有一些却是海昏侯无论如何也享受不到的，即使对于贵为天子的皇帝而言，也是不可能的任务。

羊肉片在海昏侯的火锅宴上出现应该是没有什么问题的，但牛肉片就不一定了，因为汉朝法律规定私宰耕牛是要充军流放的，而那时又没有什么肉牛养殖专业户，这就注定海昏侯没有合法牛肉片可涮。耕牛在古代一直是非常受重视、特别受保护的，因为"君所恃在民，民所恃在食，食所资在耕，耕所资在牛，牛废则耕废，耕废则食去，食去则民亡，民亡则何恃为君？"（《新唐书·张廷珪传》）汉代典籍《淮南子·说山训》中也有一个振聋发聩的警告——"杀牛，必亡之数"。

　　白菜和油菜都是勤劳善良的中华民族自古以来就一直在栽种的农作物，但菠菜却是远道而至的舶来品，据《唐会要》记载：菠菜种子是唐太宗时从尼泊尔作为贡品传入中国的。唐太宗活跃在公元7世纪上半叶，而第一代到最后一代海昏侯则生活在公元前1世纪到公元2世纪，也就是说，海昏侯要想在火锅宴上涮菠菜吃必须得活它个四五百年。

　　海昏侯无福品尝"秋天的菠菜"，但他可以享用冬天的萝卜，可是，如果他想涮点土豆、地瓜，那他就要等个天荒地老了，因为薯类家族的这两位老兄都是明朝后期才从遥远的南美洲来到中土大明的。土豆外形酷似马脖子上挂着的铃铛，也叫作马铃薯，味道与山药难分彼此，故又名"山药蛋"，由于来自西洋，所以又被称为"洋芋"；地瓜的小名番薯则明明白白地告诉我们它也是从异族地区漂洋过海来看咱们中国人的。

　　海昏侯涮不了地瓜、土豆也许还不算太令人吃惊，真正让你我大跌眼镜的是——他连粉条、粉丝都无缘邂逅。粉条的直径相对较长，在0.7毫米以上，制作起来难度较小，虽然已有一千余年的历史，离海昏侯生活的年代还是有一定距离。粉丝的直径必须小于0.7毫米，制作难度远远大于粉条，三百年前才得以面世，海昏侯要想在火锅宴上一品其细腻柔滑，恐怕得等到清朝了。

　　不幸中的万幸是，海昏侯还有美味的豆腐和面条可吃，但需要说明的是，那时候面条不叫面条，而是被称为面饼。饼者，水和面二者相并所成之食品也，面条这个名字则是在一千年后的北宋时期才出现的。

　　现在的火锅汤料通常分为麻辣、清汤、番茄等，如果海昏侯是个口味重的哥们，那他会颇为失望，因为那时只有麻味的花椒，没有辛味的辣椒。辣椒是什么时候来到我们身边的呢？也是明朝后期。辣椒是沿着长江从下游向上游传播的，有趣的是，最先吃到辣椒的江浙人浅尝辄止，稍晚接触辣椒的湖南人和四川人却后来居上，成了最能吃辣的人群。

对于海昏侯的舌尖来说，纯正的麻辣口味没指望了，那么番茄口味怎样呢？答案仍然是否定的。番茄和辣椒、土豆、地瓜一样，是在16世纪才来到中华大地的。番茄的老家也在南美洲，原名"狼果"，刚发现时谁也不敢下嘴，生怕咬了之后立马中毒倒地。番茄的忠粉，真的应该非常感谢世界上第一个吃番茄的人，没有他不怕牺牲的吃货精神，我们怎么能享受到如此美味的番茄呢？

在海昏侯的火锅宴上涮的到底是什么？行文至此，谜底已经小葱拌豆腐——一清二白了哟……

# 王维《鸟鸣涧》之谜

先请大家欣赏一首井冈山革命时期的民歌：

八月桂花遍地开，

鲜红的旗帜竖呀竖起来，

张灯又结彩呀，张灯又结彩呀，

光辉灿烂闪出新世界。

再请大家感受一下唐代大诗人王维的那首《鸟鸣涧》：

人闲桂花落，夜静春山空。

月出惊山鸟，时鸣春涧中。

现在，大家有没有感觉到有点奇怪呢？本应在八月盛开的桂花怎么会飘落在王维笔下的春山春涧之中呢？

原来，此桂花并非彼桂花也。

八月开放的桂花是我们非常熟悉的，而且经常出现在诗人的笔端，如张九龄的"兰叶春葳蕤，桂华秋皎洁。欣欣此生意，自尔为佳节"（《感遇十二首》其一）；白居易的"山寺月中寻桂子，郡亭枕上看潮头"。
（《忆江南》其二）；柳永的"重湖叠巘清嘉。有三秋桂子，十里荷花。
羌管弄晴，菱歌泛夜，嬉嬉钓叟莲娃"（《望海潮》）。顺便说一下，古
诗词中的"桂子"乃是诗人对桂花的昵称，并非桂树所结之子。

而王维《鸟鸣涧》一诗中的桂花则是一年到头都会开花的四季桂。

四季桂既有乔木，也有灌木，最高者可达十二米，其花呈乳白、金
黄、淡黄、橙红等色，果实深紫。

四季桂的优点是花期长，几乎随时可以欣赏，缺点是其花不像别的桂
树那么芳香浓郁，但对于《鸟鸣涧》一诗而言，四季桂的这个不足恰恰增
强了诗中之境的美感，试想一下，那清新淡雅的桂花香是不是与那朦朦如
水的月光珠联璧合、相得益彰呢？

无独有偶，欧洲也有一种春季开放的桂花，此花名为月桂，在罗马拉
丁语中有"赞美"之意，罗马人将其视为智慧、勇敢和和平的象征，因
此，在那时的体育竞技场上，获胜者会被戴上一个由月桂编成的花环，成
为勇敢的代言人；在那时的诗歌戏剧大赛上，最优秀的诗人也会获得一顶
这样的桂冠，成为智慧的象征，后世"桂冠诗人"的称号就来源于此。

在西方，人们还常常把桂树与太阳神阿波罗联系在一起，因为在古希
腊著名雕塑《阿波罗和达芙妮》中，阿波罗追逐的少女达芙妮变成了一棵
桂树。在东方神话中，月亮上广寒宫的院子里那棵大树也是桂树，东西方
文化无意中在桂树这个意象上走到了一起，这不也是一场意外而美丽的邂
逅吗？

# 沙门岛传奇
## ——从梁山好汉到八仙过海

按照《水浒传》的描写，梁山好汉之中的不少人有过刺字发配的悲惨经历，比如宋江因误杀阎婆惜被刺配江州；林冲被高俅陷害"披枷带锁配沧州"；武松斗杀西门庆，怒杀潘金莲后被发配孟州服刑。有趣的是，卢俊义和裴宣分别刺字发配时的目的地竟然是同一个地方——沙门岛，更为有趣的是，时至今日，沙门岛竟然凭借其海岛风光成了闻名遐迩的旅游胜地。肯定会有朋友想知道沙门岛是现在的哪个热门景点，请允许笔者在此先卖个关子。

早在军阀割据的五代十国时期，沙门岛就已经被作为监狱利用了，到了北宋更"升级"成了重刑犯集中营，根据《宋史》中的《刑法志》记载："配重隶者沙门岛寨，其次岭表，其次三千里至邻州。"看到这里，可能会有朋友提出这样的疑问——宋江、武松犯的都是杀人罪，为什么没被刺配沙门岛？那是因为他们和判案的县令都是老相识，而且宋江的老爸给县令送了银子。相反，卢俊义被告私通梁山盗匪一案中，梁中书收了诬告者李固的巨额贿赂；裴宣则是因为得罪了上司而被对方疯狂报复。

北宋吏治的腐败不仅体现在审案定罪上，监狱中频发的虐囚事件也是无可辩驳的证据。

喜欢《水浒传》的读者肯定对武松在孟州牢城营耳闻目睹的杀威棒、"盆吊"、"土布袋"等酷刑印象深刻，心有余悸，在四周是海的沙门岛上则有着一种与众不同的严酷惩罚方式。

北宋建隆年间，为了让新王朝有个新气象，宋太祖赵匡胤在全国展开了"反腐倡廉运动"，结果，沙门岛牢城营的犯人越来越多，远远超过了当初三百人的定额，如此一来，岛上囚犯的口粮供应就越来越紧张。在这种情况下，沙门岛牢城营的"一把儿"，监押李庆想出了一个非常狠毒的办法——他把那些没钱或有钱但不肯给他送礼的囚犯手脚捆到一起，然后将他们抛入深不见底、巨浪滔天的大海……

虽然李庆每次都对要被投入大海的囚犯的名号严格保密，但有一次还是走漏了风声，那五十多名即将命断深海的囚犯不甘心坐以待毙，决定孤注一掷，拼死一搏。他们趁着夜色，避开看守，逃到了海边，然后抱着树枝、木板、葫芦等有助于泅水的物件跳入大海，向对面的大陆方向拼命游去。从沙门岛到南面大陆的登州城之间有三十余里的广阔海面，这段距离对于现在的渡轮来说当然是小菜一碟，但那五十名囚犯长期艰苦劳作、缺食少衣，身体大多羸弱不堪，因此只有八个或年轻力壮或意志坚强的幸运者最终成功穿过"无风三尺浪"的茫茫大海，到达了对面的登州城丹崖山下，并且在山脚的狮子洞里藏了起来。

登州城当地的百姓碰巧发现了这八个死里逃生的囚徒。囚徒们自然不敢道出真相，他们说自己是远方的客商，乘坐的船只遭遇风浪不幸沉没。八个囚徒离开后，登州的百姓才知道对面的沙门岛有五十多名苦刑犯越狱逃脱，他们觉得那八个人能够成功游过三十多里的海面肯定是有神仙相助，或者说不定那八个人就是因为犯错而被贬下凡的仙人。这个故事很快传遍了登州城，接着又传遍了登州府，而且越传越远，越传越神乎其神，后来就产生了"八仙过海"这个美丽的传说。

说了这么多，那么沙门岛究竟是现在的哪个旅游胜地呢？其实前面提到的登州已经提供了一个重要线索——登州就是如今的山东省蓬莱市，沙门岛则是与蓬莱隔海相望的长岛县的长山岛，它是长岛县最大的岛，也是庙岛群岛中的第一大岛。

很难想象，当年囚禁苦刑犯的沙门岛在一千多年后竟然会成为闻名遐迩的避暑胜地，面对如此让人匪夷所思的惊世变化，我们禁不住要发出这样的感慨——天若有情天亦老，人间正道是沧桑……

# 布鲁克林大桥传奇

美国最大城市纽约的布鲁克林大桥全长1834米，桥身由上万根钢索吊离水面41米，犹如一条从天而降的巨龙连接着布鲁克林区和世界金融中心曼哈顿岛，无论谁第一次见到这座桥，都会被它的雄伟气魄和壮丽风采打动，情不自禁地为之赞叹不已。

布鲁克林大桥是世界上第一座钢材建成的大桥，当年落成时是世界上最长的悬索桥，而且被认为是继世界古代七大奇迹之后的第八大奇迹，并被誉为工业革命时代全世界七个划时代的建筑工程奇迹之一。

在庆祝布鲁克林大桥百年华诞的时候，美国特别发行了一枚二十美分面值的邮票作为纪念。美国著名诗人哈特·克雷恩还专门为这座大桥写了一首长诗，诗名就叫作《桥》。

和布鲁克林大桥的雄伟壮丽相比，它背后那个充满血泪、令人痛心却又热血沸腾、激励人心的传奇故事更能给人留下刻骨铭心、终生难忘的印象。

1883年，一位充满想象力的名叫约翰·罗布林的工程师决定要建一座大桥把纽约市区和长岛连接起来，然而，全世界的桥梁专家们都认为他的想法是实现不了的天方夜谭，因为之前从来没有人这样做过。

执着的罗布林没有听从别人的劝告，他夜以继日地考虑着如何建成他梦想中的大桥，因为他从心底相信这座梦想之桥是能够建成的。

在许多次的辩论和劝导之后，罗布林终于使他儿子华盛顿，一个前途无量的年轻工程师，信服了他的天才设想——这座桥是可以建成的。

首次合作的罗布林父子非常兴奋，他们一起完成了布鲁克林大桥的设计图表和建造细节，随后招来大批员工开始了梦想之桥的建设。

布鲁克林大桥的建设工程在开始时非常顺利，但是几个月后工地上却发生了一起意料之外的悲惨事故。这次事故夺走了约翰·罗布林的生命，华盛顿也在事故中严重受伤，失去了走路、说话的能力，甚至连动也不能动了。

一时之间，当初反对这个工程的专业人士的无情评论充斥报端——"我曾经警告过他们""疯子和他的痴梦""追求狂野视觉效果是愚蠢的"。人们普遍认为刚刚开始的布鲁克林大桥工程将被从地球上抹掉，因为只有罗布林父子才知道如何建设这座大桥。

但是，华盛顿用铁的事实击败了报端坊间的传言，向全世界证明了自己。

虽然那场惨重的工地事故使华盛顿陷入了严重残疾的深渊，但他心中仍然燃烧着要完成布鲁克林大桥的火热欲望，而且他的大脑思维一点未受影响，和过去一样敏锐。

华盛顿的妻子尽其所能地激励着他的同事和工友们，并且努力以丈夫的激情去感染他们，但他们都被面临的艰巨任务吓坏了，一时间，群龙无首，众人不知所措。

躺在医院病床上的华盛顿忽然有了一个好主意。

严重残疾之后的华盛顿只有一根手指可以动，而他决定要最大限度地利用这个动作。他用手指敲击着妻子的胳膊，慢慢地发明了一组和她进行交流的密码。随后，他用这种方法把他的想法告诉妻子，再由妻子传达给负责建桥的工程师们。这件事情听起来有些疯狂，难以置信，但是布鲁克林大桥的建设真的又开始了！

在之后的十三年里，华盛顿把建桥指导用他那根能力仅存的手指通过妻子的胳膊一点一点地敲打了出来，直到布鲁克林大桥完全地、成功地建造起来。

现在，雄伟壮观的布鲁克林大桥神采奕奕地屹立在纽约市中心，无声而有力地向一个男人永不服输的精神和意志表达着永远崇高的敬意……